옛 그림으로 본 서울

서울을 그린 거의 모든 그림

옛 그림으로 본 서울

서울을 그린 거의 모든 그림

최열 지음

혜화
11·17

한양의 기억은 서울의 미래다

　'서울'의 옛 공식 명칭은 '한양'이었지만 수도라는 뜻으로 '경성'이라 부르기도 했고 또 언제부터인가 '서울'이라 부르기도 했다. 일제강점기엔 '한양'을 버리고 '경성'이라고 했다. 오늘날 '서울'은 해방 직후인 1946년 8월 미군정기 때 채택한 명칭이다. 그러니까 대한민국 행정수도를 서울로 정한 주체는 미군정인 셈이다. 서울이란 이름은 19세기 박물학자인 수헌 유본예가『한경지략』에서 처음 쓴 호칭이다. 『한경지략』을 쓴 때가 1830년이니 서울이란 이름의 역사는 이백 년이 채 안 되는 셈이다. 물론 그 이전부터 사람들이 서울, 서울이라고 불렀음을 생각한다면 언제부터 한양을 서울이라 부른 건지야 알 수 없는 노릇이다.

　2020년은 한양천도 626주년이다. 또한 내가 이곳 한양으로 이주해온 지 삼십칠 년 되는 해이다. 기껏 그 정도일 뿐인 나에게 이곳은 어떤 의미일까. 욕망의 밀림일까, 고통의 늪일까, 환희의 도시일까. 아니다. 이 공간은 내 인생이다. 청춘을 보내며 아이를 얻고 글을 써 세상에 퍼뜨렸다. 이 도시는 내가 사랑하고 미워하는 그 모든 것을 품어주었다. 희망하던 민주화가 이루어지고 산림의 생애를 결심할 때도 시골로 내려가는 재야산림이 아니라 시장 안에 숨어사는 성시산림의 길을 택했다. 관직이나 정계 진출은 꿈조차 꾸지 않았지만 산골로 퇴거하는 길도 생각하지 않았다. 번화한 도심 곳곳에 숨어 있는 많은 도서, 서화 자료를 뒤져 글로 바꾸는 공부재주밖에 없는 나를, 주어진 생애 동안 미술비평과 미술사학을 공부하는 나를 서울은 붙잡아주었다. 그런 까닭에 서울을 떠나는 나를 상상조차 할 수 없다. 어른이 되고 한양살이 몇 해가 되었을 때 원주에서 유배를 살았으나, 집안 시조이자 기묘己卯 사학사四學士의 한 분인 신재 최산두1483-1536 어른께서 기묘사화로 유배를 떠나셨을 때의 그 마음을 잊지 않았기에 기어코 서울로 되돌아오기도 했다.

경복궁을 거닐 적이면 한가함이 온몸을 적셨고, 또 광화문 앞으로 탁 트인 육조대로를 지날 때 조각가이자 시인 김남조의 남편 김세중의 '이순신 장군' 동상이 눈에 들어오면 마냥 좋았다. 세종로를 뒤덮은 은행나무 가로수도 참 좋았다. 아름드리 은행나무가 사계절 내내 맑은 공기를 뿜어내니 더더욱 좋았다. 겨울엔 건강한 나목으로, 봄여름엔 그렇게나 울창한 잎사귀와 그늘이 시원했다. 가을엔 황금빛 물결로 온세상을 덮어 환상의 궁궐을 거니는 듯했다. 가난한 시절이었지만 세종로를 지날 때면 어쩐 일인지 행복했고 당당했다. 그러던 2008년 어느 날부터 은행나무를 베어내더니 시멘트로 발라놓고, 시민 행사라며 온갖 잡스러운 놀이판을 벌이기 시작했다. 그것도 모자랐는지 실내에 모셔야 할 세종대왕을 굳이 금물을 잔뜩 뒤집어씌운 동상으로 만들어 비바람 눈보라 몰아치는 벌판에 내놓는 걸 지켜보아야 했다.

지난 이십여 년 동안 서울을 그린 옛 그림을 찾아다녔다. 어렵게 구한 그림한 폭을 손에 쥐고 오늘의 서울을 돌아다녔다. 치솟은 건물과 쌓아올린 온갖 시설물이 도시의 위험을 키워왔다는 사실을 깨쳤다. 삶의 질을 드높여 행복지수를 최고 수치로 높인다는 명분을 내세워 시행해온 엄청난 규모의 개발과 재개발이며 신도시 건설 따위 그 많은 이름으로 벌어지는 토목공사는 공동체 삶의 위험지수만 높였다. 그럴수록 나는 자꾸만 옛 그림을 들여다보며 내가 사는 이 도시의 옛 모습

한양의 기억은 서울의 미래다

을 생각했다. 옛 모습으로 되돌리는 복원을 꿈꾼 것은 아니다. 이미 불가능한 것을 모를 리 없다. 권력과 자본의 욕망은 세월의 흐름에 비례하여 더욱 커지고 있지 않은가.

그렇다면 무엇을 할까. 할 수 있는 일을 하기로 했다. '기억 되살리기'가 그것이다. 최선을 다해 서울의 기억을 되살리는 일. 내가 할 수 있는 유일한 일이다. 능력이 하찮아 더 많이, 더 잘할 수 없는 것이 아쉬울 뿐.

한양, 그러니까 서울의 옛 모습을 담고 있는 매체는 두 가지다. 그림과 사진. 사진은 20세기의 기억이며 그림은 19세기 이전의 기억이다. 20세기 전반기 모습을 담은 사진을 먼저 보았다. 비극이었다. 침략자의 시선, 수탈의 현장들만 가득한. 참담하여 고개를 돌렸다. 세월이 흐르면서 조선시대 회화사에 탐닉했고 갈수록 실경에 점차 빠져갔다. 관동팔경, 단양팔경, 탐라승경을 만나고, 이윽고 한양을 그린 옛 그림을 하나씩 찾아 나섰다. 차례대로 만나면서 그제야 환희를 맛보았다. 조선시대 한양이 이토록 아름다웠던가. 실로 감탄했다.

서울의 옛 모습을 담은 그림은 대부분 산수화, 기록화, 그림지도다. 그중 산수화가 대부분이다. 행사를 기념하는 기록화는 계회도와 같은 것들이고 그림지도는 치안, 교통, 산업을 위한 통치와 군사적인 용도로 제작한 것들이다. 산수화는 다르다. 본시 산수화는 조선시대 그림 중 최고의 지위를 차지했고 가장 큰 인기를 누려 왔다. 여기에 더해 실경산수는 특정 지형에 담긴 감회를 새긴 것이어서 아주 특별한 취급을 받았다. 거대도시 한양을 산수화 형식에 담는다는 것도 흥미롭다. 도시 풍경을 그린 것이라면 도시화지 무슨 산수화냐 묻는 이가 있을지도 모르겠다. 서울을 그린 옛 그림을 보면 성벽이나 궁궐, 민가와 같은 온갖 인공물을 산수화처럼 그렸다. '도시 산수화'라고나 할까. 이게 가능한 도시가 바로 한양이다. 한양은 그 지형과 풍수를 거스르지 않은 자연의 도시였다. 어느 각도에서 보아도 한양은 한 폭 산수화였다. 주문자는 모두 그렇게 '서울 산수화'를 원했고 창작자는 그렇게 그릴 수밖에 없었다. 그러니 화폭마다 특정 장소와 특별한 날의 추억이 가득 담길 수밖에.

서울을 그린 옛 그림을 얼핏 보면 오늘날 풍경과 비슷하다. 하지만 조금만 눈여겨 살피면 완전히 다르다. 나는 옛 그림을 보며 시간여행을 떠나곤 한다. 사라진 옛 풍경을 만나는 추억여행이요, 그 풍경을 잊지 않는 기억여행이다. 옛 그림을 통해 서울의 기억을 되살리는 시간여행이 지금 당장 무슨 쓸모가 있으랴. 그러나 기억이 없다면, 추억조차 잊고 산다면 어떻게 내일을 꿈꿀 수 있을까. 기억을 되살려놓고 보면 서울의 내일은 조금이나마 달라지지 않을까. 모든 사람들이 '자연도시' 한양을 생생하게 기억한다면 미래의 서울은 오늘과는 또다른 도시가 되어갈 것이다.

이 책을 읽는 모든 이와 함께 옛 그림을 통해 서울을 보며, 아름답던 한양의 모습을 떠올리고 싶다. 더불어 오늘의 서울이 품었던 옛 풍경이 어떠했는지를 더듬어보는 그 순간의 감동을 누리고 싶다. 우리가 함께 누리는 감동이야말로 서울의 내일을 만들어나갈 힘이 될 터이다. 한양의 기억은 곧 서울의 미래이므로.

2020년 봄
어초당漁樵堂에서
코로나19의 반격을 견디며

최열

한양의 기억은 서울의 미래다

특별히 감사의 말씀을 전할 분들이 있다.
이 책에 사용한 작품을 몸소 그린 작가와 그 후손,
소장처와 소장가 여러분을 빼놓을 수 없다.
그 이름을 하나하나 적어둠으로써 깊은 감사의 뜻을 전한다.

개인 소장가, 간송미술관, 경기도박물관, 고려대박물관,
국립문화재연구소, 국립중앙도서관, 국립중앙박물관, 삼성미술관 리움,
삼성출판박물관, 서울대규장각, 서울대박물관, 서울역사박물관,
부산광역시립미술관, 선문대박물관, 여주이씨정산종택,
왜관수도원, 이화여대박물관, 조선미술박물관, 진주정씨우복종택,
호림박물관, 호암미술관.

그리고 개인소장품을 국공립박물관에 기증하신 손세기·손창근 부자,
이건희·이재용 부자, 수정 박병래, 동원 이홍근 님을 비롯한 이들에게 찬사를

보낸다. 문화예술유산은 개인의 소유가 아니라 모두의 소유였을 때
더욱 빛날 수 있기 때문이다.

실경 공부를 하는 동안
모두 밝혀둘 수 없을 만큼 많은 저술의 도움을 받아왔다.
참고문헌에 밝혀 기록한 것이나 그렇지 못한 것이나
실경과 관련한 저술을 해오신 모든 분들에게 감사를 드린다.

이 책은 오랜 세월 연재 지면을 허락해주신 '하나은행 사보'와 '문화와 나',
'서울아트가이드' 그리고 여러 잡지 편집자를 비롯해, 서울을 그린 옛 그림을 찾고
그 땅의 유래를 찾는 데 힘이 되어주신 많은 분들의 도움이 큰 힘이 되었다.
마음 깊이 감사의 말씀 올린다.
'혜화1117' 이현화 대표의 애정 어린 관심이 없었다면 이 책은 불가능했다.
정성껏 꾸려준 디자이너 김명선 님의 수고 역시 잊지 않겠다.

차례

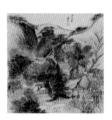

일러두기

1. 이 책은 미술사학자 최열의 조선 실경 연구의 집성으로, 그의 연구는 시작된 지 오래이나 이 책의 출발은 2002년경부터 시작한 연재에서 비롯되었다. 그는 몇몇 매체를 통해 지난 이십여 년 동안 끊임없이 조선 실경에 관한 글을 세상에 내보내왔고, 이 책은 그 글들을 바탕으로 삼았다. 다만 이 책의 출간을 위해 앞선 모든 글들에 없던 체제를 부여하고 원고의 보완 및 수정을 통해 일관된 맥락을 더함으로 이전과는 그 차이가 상당하다.

2. 본문에 나오는 작품명은 홑꺾쇠표(〈 〉), 화첩 및 도첩은 겹꺾쇠표(《 》), 시문이나 논문 제목은 홑낫표(「 」), 책자의 제목 등은 겹낫표(『 』), 전시와 강조하고 싶은 내용 등은 작은 따옴표(' ')로 표시하였다.

3. 본문에 수록한 그림의 기본 정보는 아래와 같은 순서로 정리하였다.

   작가명, 작품명, 화첩명, 크기(가로×세로), 재질, 제작 연도, 소장처, 현재 위치

   조선시대의 작품명은 대부분 작가가 지은 것이 아닌, 뒷날 연구자에 의한 것이 많다. 이 책에서는 기존 작품 제목을 따르긴 하되 일부는 그 의미가 잘 드러나도록 저자가 다시 붙였다.

   화첩명의 경우 해당 사항이 있을 경우 밝혀두었고, 크기 및 제작 연도 등 정보가 정확하지 않은 경우 항목을 생략하기도 하였다. 겸재 정선의 《장동팔경첩》은 국립중앙박물관 소장본은 화첩명 옆에 숫자 '1', 간송미술관 소장본은 화첩명 옆에 숫자 '2'를 넣어 구분하였다. 또한 그림 속 풍경에 대한 독자의 이해를 높이기 위해 현재 위치를 아울러 밝혔으나, 그 풍경이 오늘날과 달라 정확한 지점을 설명하기 어려운 경우 대략의 위치를 파악할 수 있도록 하였다.

4. 참고한 주요 문헌 및 자료 등은 책 뒤에 '주요 참고문헌'의 목록으로 따로 정리하였다. 고문헌의 여러 인용문은 한문 원문 대신 저자의 한글 번역문을 주로 사용하였다.

5. 주요 인물의 경우 최초 노출시 생몰년을 밝혀두었으나 한자 표기는 대부분 따로 하지 않았다. 다만 이 책에 작품을 수록한 작가는 책 뒤에 인물 소개 및 수록 작품을 일별하도록 부록으로 따로 실어 인물에 대한 독자의 이해를 도왔다. 본문에서 언급한 인물은 책 뒤 '인명 색인'을 별도로 두었다.

6. 같은 그림의 세부도를 같은 페이지에 배치한 경우 별도의 표시는 생략하였다. 다만 다른 그림의 세부도를 넣은 경우에는 일부임을 표시하였다. 아울러 해당 장에 실린 그림을 함께 모아 디자인한 각 장 표제지 역시 부분만 배치한 경우 별도의 표시는 생략하였다.

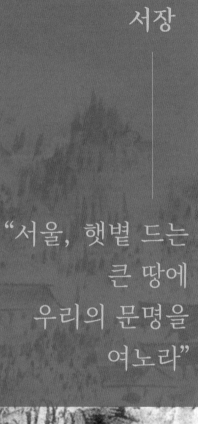

서장

—

"서울, 햇볕 드는
큰 땅에
우리의 문명을
여노라"

나는 오래전 서울, 다시 말해 한양으로 이주했는데 이때부터 한양이란 땅의 유래가 궁금했다. 그 궁금증은 가장 뛰어난 인문지리학자 청담 이중환1680-1752의 『택리지』를 읽고서야 해결되었다. 그 내용을 요약하면 이렇다.

고려시대 때는 한양을 남경南京이라 불렀는데 남경의 주인인 백악산에 도착한 무학대사1327-1405는 감탄을 감추지 못했다. 백악산이야말로 '하늘을 꿰뚫는 목성木星의 형국이요, 궁궐과 성곽의 주산主山'으로 보였기 때문이다. 무학대사의 감동을 소개한 다음 이중환은 이곳 남경은 동, 남, 북쪽이 모두 큰 강으로 둘러 있고 서쪽으로는 바다의 물결과 통하는데 그야말로 여러 곳 물이 모두 모이는 그 사이에 백악산이 서리고 얽혀서 온 나라 산수의 정기가 모인 곳이라 일컫는다고 썼다. 바로 그랬기에 태조 이성계1335-1408가 개성을 버리고 이곳으로 옮겨 올 수 있었다.

천년왕국을 창업한 위대한 군주 태조 이성계가 어느 날엔가 삼각산 백운대에 올랐다. 그곳에서 끝없이 펼쳐지는 천년왕국의 수도이자 자신의 이상향 한양을 보며 다음처럼 노래했다.

손을 뻗어 덩굴에 매달려 푸른 봉우리에 오르니
한 암자가 흰 구름 가운데 높이 기대앉았네
눈에 들어오는 세상이 나의 땅이 된다면
초나라, 월나라의 강남인들 어찌 갖지 못할게냐

이토록 호연지기 넘치는 시 「백운대에 올라」를 한바탕 토해낸 이성계는 모든 대신의 반대를 물리치고 새 나라 조선을 꿈꾸듯 천도를 단행했다. 때는 바야흐로 1394년 10월 25일, 건국한 지 이 년을 조금 넘긴 때였다. 그리고 햇볕 드는 큰 땅이라는 뜻을 품은 한양漢陽이라는 새 이름도 지었다.

왜 한양이었을까. 단지 천년왕국의 정기가 모인 땅이라서 그런 것일까. 꼭 그 이유만은 아니었을 게다. 첫째, 태조 이성계는 새로운 지배 세력을 구성하고 싶었다. 수도 개성에 오백 년의 뿌리를 자랑하는 지배 계급인 왕공호족 세력과는 새 왕국을 다스릴 수 없었다. 이성계 스스로가 한갓된 지역 무사 계급 출신이어서 그들 사이에 끼어 있기도 싫었다. 새로운 왕공귀족의 형성과 그를 육성하기 위해서는 새로운 도시가 필요했다. 둘째, 태조 이성계는 이곳에서 자신이 상상하는 천년 왕국의 이상과 가치를 실현하려 했다. 국정교학을 유학으로 채택한 그는 새 왕국이 민본의 이상을 실현하는 나라이길 희망했다. 철저한 귀족 국가였던 고려의 수도 개성은 꿈을 실현할 그릇이 아니었다. 셋째, 자신의 꿈을 이룩하기 위해 아름다운 자연 풍광이 필요했다. 개성도 무척 빼어난 도시였지만 한양만큼은 아니었다. 무엇보다 시내 바로 옆에 두려울 정도로 험준한 도봉산과 삼각산이 있을 뿐만 아니라 세상에 이렇게 넓고 깊은 강이 있을까 싶을 만큼 엄청난 한강이 흐르고 있어서 절로 탄성이 나온다. 봉우리마다 장엄하고 계곡마다 신비롭다. 강물은 또 어떠한가. 굽이마다 금빛 모래 반짝이고 굽이마다 절벽이 가파르게 숨 가쁘다.

새 도읍 한양은 어떤 땅인가. 뛰어난 문장가였던 보한재 신숙주1417-1475는 『보한재집』에 '한강 언덕에 우리의 문명을 열었다'고 천명했다. 그로부터 '문물이 강물처럼, 인걸이 구름'처럼 몰려들어 성세를 이룩해나갔다. 하지만 동쪽과 서남쪽이 낮고 비어 있어 이백여 년 뒤 두 차례나 외적 침탈을 허락할 수밖에 없는 땅이었다. 임진왜란과 병자호란 말이다. 그럼에도 민인의 빼어난 역량으로 일본인 왜적을 물리치고 청나라와 우호관계를 맺어가며 국가 재조에 성공할 수 있었다. 그리하여 천도한 지 삼백오십여 년이 흐른 1751년 이중환은 '이곳이 삼백 년 동안이나 명성과 문화의 중심 지역으로 되어 선비의 풍모를 크게 떨치고 학자가 무리 지어 나왔으니 엄연한 하나의 소중화小中華였다'고 큰 소리로 외쳤다.

한양의 문명에 대한 자부심을 형상화한 작품이 바로 1557년 8월의 작품 〈한강에서 도성을 보다〉漢江望都城圖이다. 조선 제13대 왕인 명종1534-1567이 순회세자

"서울, 햇볕 드는 큰 땅에 우리의 문명을 여노라"

1551-1563를 책봉하고서 수고한 대신들을 위해 잔치를 베푸는 장면을 기록하려 그린 《동궁책봉도감계회도》에 포함된 작품이다. 이 그림은 기록화라기보다는 수도 한양의 장엄을 드러내려는 뜻이 담긴 한 폭의 산수화다. 밖으로 왜구의 침탈과 안으로 권세가의 부패, 임꺽정?-1562의 항쟁과 같이 내우외환이 끊이지 않던 시절이라 개혁 군주였던 명종의 꿈을 장엄하게 드러내고 싶었기 때문일 게다.

행사 장면은 화폭 하단 오른쪽 구석에 아주 작게 밀쳐두고 강산을 거대하게 부각했다. 기록화가 아니라 국가 또는 왕실의 위엄을 보여주고자 연출한 풍경화였다. 화폭 최하단에는 한강대교가 지나는 노들섬이 있고 바로 위쪽 강변에는 용산 벌판을 굴곡지게 그렸다. 왼쪽에 남대문을, 오른쪽에 남산을 배치하였다. 화폭 중단 왼쪽으로는 인왕산 줄기가 약간 휘면서 수직으로 치솟아 오르고 그 오른쪽으로는 안개로 뒤덮인 한양 시가지의 넓은 규모를 암시하였다. 그 위쪽 중심부에 백악산을 배치했다. 왕성의 위엄을 순식간에 느낄 수 있을 만큼 정면을 바라본다. 그 뒤로는 더욱 높게 치솟은 삼각산이 하늘을 찌를 듯 장엄하고 멀리 도봉산이 구름에 떠다니고 있어 신비롭다. 이처럼 한양을 그린 절정의 걸작 〈한강에서 도성을 보다〉는 그러나 그린 이를 알 수 없을 뿐만 아니라 낡을 대로 낡아 세부가 지워져 더 자세히 살펴볼 수 없다. 그럼에도 불구하고 소재와 내용 및 구도와 기법 모두를 살펴볼 때 조선 오백 년을 통틀어 한양을 그린 명작임에 틀림없다.

그로부터 이백여 년이 흐른 1750년 무렵 사족 출신의 화가 관아재 조영석 1686-1761이 한양 땅을 한 번 훑어보았다. 화가의 눈에 들어온 풍경은 왕조 개국공신인 삼봉 정도전?-1398이 「신도팔영」에서 '큰 집들 구름 위로 우뚝이 솟고, 백성의 집들은 땅에 가득 서로 연이어, 아침마다 저녁마다 밥 짓는 연기, 대대로 번화하고 태평하리'라고 읊었던 노래 꼭 그대로였다. 그리하여 화가는 하늘 높이 날아올라 새가 되어 한양을 한눈에 본 뒤 누구도 시도하지 않았던 방식으로 〈한양도〉를 그렸다.

복판 중앙에 한양도성을 네모로 묘사하고서 그 뒤쪽을 마치 병풍처럼 높고

미상, 〈한강에서 도성을 보다〉, 《동궁책봉도감계회도》, 90.6×85, 비단, 1557, 일본 개인
용산의 한강에서 삼각산을 향해 바라본 풍경

조영석, 〈한양도〉, 41.5×23.5, 종이, 18세기, 개인
하늘 위에서 서울을 바라본 풍경

낮은 봉우리들로 감싸놓은 다음 아래의 남쪽은 시원스레 틔워버렸다. 남쪽 들판이 넓게 펼쳐지다가 그야말로 커다란 한강을 만나는데 화폭 하단 전체를 휩쓸어버리는 것이 통쾌하다. 화폭 상단에 쓴 화제를 보면 처음에 '일편고성'一片孤城 다시 말해 '한 조각 외로운 성'이라 묘사하고 또 중간에 '세간다사'世間多事 다시 말해 '숱한 일들이 펼쳐지는 세상'이라 하였으며 마지막은 '산고수장'山高水長으로 매듭을 지었다. 다시 말해 '산은 높고 물은 길다'는 것인데 그 안에 살아가는 사람들의 끝없는 이야기는 또 얼마나 많았을까.

조영석과 더불어 같은 시대를 살아간 화가 겸재 정선1676-1759은 한양 풍경을 여럿 그렸다. 그 가운데 백악산 서쪽 능선인 창의문 앞에서 남산 쪽을 바라보는 풍경을 그린 작품 〈장안연우〉長安烟雨가 특별히 아름답다. 안개 자욱한 사이로 숲과 가옥들이 빼곡한데 화폭 중단을 가로지르는 안개 띠가 신비로운 탓이다.

그로부터 약 일백여 년이 흐른 뒤인 1850년 무렵 생애가 잘 알려지지 않은 신비의 화가 북산 김수철1820?-1888?이 〈한양 전경도〉를 그렸다. 김수철은 조영석이나 정선과는 달리 화폭을 둘로 나누어 위로 산악, 아래로 도시를 배치하는 방식의 구도로 한양을 그려냈다. 그야말로 오늘날 사진으로 찍은 듯 전혀 새로운 한양의 모습 그대로다. 화폭 상단에 즐비하게 늘어선 산악 풍경을 살펴보자. 왼쪽 끝에 잘려나간 바위 월암月巖에서 인왕산까지가 우백호右白虎요, 오른쪽 낙산에서 낮게 깔려 나는 응봉까지가 좌청룡左靑龍이다. 그러니까 백악산은 우백호와 좌청룡을 거느린 채 복판에서 이곳 한양 산천의 주인임을 뽐내며 도성을 호령한다. 또한 저 멀리 삼각산에서 도봉산으로 뻗어나간 산줄기가 아득한데 구름처럼 솟구치며 하늘로 사라지니 한양의 기운이 어디서 흘러왔는지 알겠다. 이어서 화폭 하단을 가득 메운 도시 풍경은 어떠한가. 병풍 같은 산악 아래 궁궐이 들어섰지만 김수철은 오직 응봉 아래 창덕궁만을 특별히 이층 전각으로 그려두었다. 군왕이 머무는 곳이어서 그렇게 했을 것이다. 화폭 하단 중앙엔 우뚝 솟은 두 그루 소나무를 그렸는데

"서울, 햇볕 드는 큰 땅에우리의 문명을 여노라"

정선, 〈장안연우〉, 《경교명승첩-하권》, 39.8×30, 종이, 18세기, 간송미술관
창의문에서 남산을 바라본 풍경

어쩌면 필동의 노인정 자리 아닌가 싶다. 노인정은 당대 권문세가인 풍양조씨 가문의 조만영1776-1846, 조인영1782-1850 형제가 경영한 정자였다. 이곳 일대에는 최고의 권력자였던 정원용1783-1873, 김좌근1797-1869은 물론 이유원1814-1888, 김병학1821-1879과 같은 재상 반열의 인물들이 모여들어 시회를 열고 한껏 풍류를 누렸다. 땅이 깊고 샘물이 넘쳐흐르는 마을이었으니 이들 권세가들만이 아니라 숱한 사람들이 놀러왔을 게다.

눈길 거슬러 시내 복판을 보면 개천이 옆으로 길게 흐른다. 이게 요즘 청계천이다. 서얼 출신의 뛰어난 박학자인 수헌 유본예1778-1842가 1830년에 지은 최고의 한양 안내서인『한경지략』에서 말하길 '우리나라 강물은 모두 서쪽으로 흐르는데 오직 개천만이 동쪽으로 흘러 한양 사람들이 바른 길 다시 말해 정도正道를 얻었다'고 하는데 참인지 거짓인지 알 길이 없다. 서울에는 문물과 인걸이 끝없이 모이고 또 모여 더욱 잘난 이들만 살아남는 경쟁의 도시라 이중환이 말한 대로 예로부터 네 개의 당파인 사색四色이 모여 살고 있어 풍속이 고르지 못했다. 한양을 소중화라 자랑스러워했던 이중환이 쓴『택리지』의 「인심」 항목에 나오는 다음 구절은 그 시절 이야기이긴 하나 오늘날 서울 이야기와 다를 것도 없다.

대개 사대부가 사는 곳은 인심이 고약하지 않은 곳이 없다. 당파를 만들어서 일 없는 자를 거두어들이고 권세를 부려서 영세민에게 피해를 주기도 한다. 이미 스스로의 행실을 단속하지 못하면서 또 남이 자기를 논의함을 미워하고 한 지방의 패권을 잡기를 좋아한다. 딴 당파와는 같은 마을에 함께 살지 못하며 동리와 골목에는 서로 나무라고 헐뜯어 뭐가 뭔지 측량할 수조차 없다.

하늘을 나는 비행기 창문을 통해 바라본 서울 풍경은 중심과 주변이 없는 거

"서울, 햇볕 드는 큰 땅에 우리의 문명을 여노라"

김수철(전), 〈한양 전경도〉, 133.9×57.6, 종이, 19세기, 국립중앙박물관
남산 기슭 중구 필동 노인정에서 백악산을 향해 바라본 풍경

김정호, 〈도성도〉, 《동국여도》, 66×47, 종이, 19세기, 서울대규장각
삼각산으로부터 백악산 중심의 한양 도성을 지나 한강까지를 내려다본 풍경

김정호, 〈도성연융북한합도〉, 《동국여도》, 66×47, 종이, 19세기, 서울대규장각
도봉산으로부터 삼각산 일대 북한산성을 거쳐 백악산 중심의
한양 도성 아래 한강까지를 조망한 풍경

미상, 〈도성도〉, 92×67.5, 종이, 18세기, 서울대규장각
도봉산과 삼각산을 배경으로 삼아 창덕궁과
경복궁에서 남산을 바라본 풍경

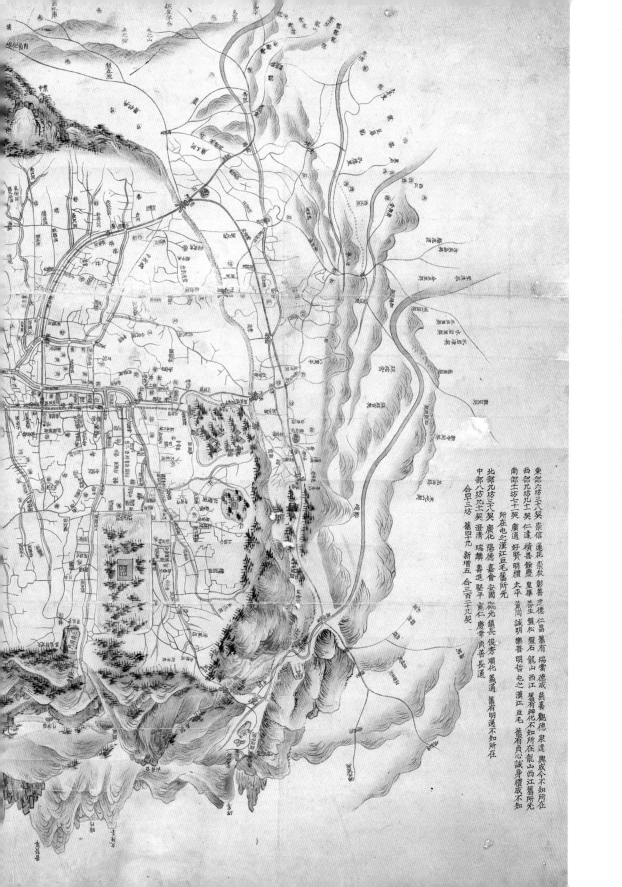

東部六坊三十八契　崇信　蓮花　崇敬　彭善　芳德　仁昌　舊有瑞雲德成　蕪喜歡德　泉達　興義今不知所在
西部九坊九土契　仁達　橫善　發慶　皇華　養生　蟠松　盤石　龍山　西江　舊有神化不知所在
南部十坊七十契　廣通　好賢　明禮　太平　薰陶　誠明　樂善　明哲　也之漢江　豆毛　舊有貞心誠身禮成不知
所在屯之漢江豆毛舊所无
北部九坊三十契　廣化　陽德　嘉會　安國　微光　鎮長　俊秀　順化　義通　舊有明通不知所在
中部八坊九契　澄淸　瑞麟　壽進　堅平　寬仁　慶幸　貞善　長通

合四十三坊　舊四十九　新增五　合三百三十九契

대한 평판일 뿐이다. 넓은 바둑판 같다는 말이다. 하지만 옛사람들은 땅을 평판으로 이해하지 않았다. 지도의 천재 고산자 김정호1804-1866가 제작한 《동국여도》 열일곱 폭의 작품 가운데 첫 번째인 〈도성도〉는 둥그런 한양성곽을 마치 달걀 노른자처럼 중앙에 배치하고 그 주위를 둘러싼 산과 강들을 묘사함으로써 한양을 평판이 아니라 타원형의 입체 구조물로 그려놓았다.

《동국여도》를 넘기다보면 네 번째로 〈도성연융북한합도〉都城鍊戎北漢合圖가 나온다. 얼핏 〈도성도〉와 같아 보인다. 화폭 하단의 경우 한강을 경계로 삼는 것 같지만 찬찬히 보면 화폭 상단은 북쪽으로 한참을 거슬러 올라간다. 〈도성도〉는 경복궁 뒷산인 백악산 뒤쪽 평창동의 몇몇 봉우리를 경계로 삼아 끝나는데 〈도성연융북한합도〉는 의정부 쪽인 도봉산 경계 지점 그러니까 삼각산 북쪽 끝까지 올라가서야 멈춘다. 그래서 이 작품은 북쪽 끝에 자리한 만경봉, 인수봉, 백운대 봉우리를 꼭짓점으로 하는 삼각형의 입체 구조물로 바뀌었다.

이 두 점의 작품은 제작자의 의도가 무엇이건 지도라기보다는 한 폭의 눈부신 산수화이자 조감도로 보인다. 사람이 구름 위로 올라가 새의 눈으로 내려다본 풍경 말이다. 중심과 주변이 뚜렷하고 울퉁불퉁 들쭉날쭉한 것이 우리 눈길을 이리저리 유혹한다. 또한 한양도성 안팎을 그려 타원형인 〈도성도〉와 한양도성에 북한산성까지 겹으로 그려 노른자가 두 개인 쌍란의 삼각형인 〈도성연융북한합도〉는 주변과 독립된 하나의 모양을 갖추어서 마치 소우주와도 같은 모습이다. 하지만 무엇보다도 이 작품이 지닌 놀라운 가치는 건물에 있는데, 붉은 색깔을 칠한 관청 건물은 물론 기와를 지붕으로 올린 민간 가옥이 그것이다. 이 작품 이전 그 어느 것에서도 민간 가옥을 이처럼 눈부시게 강조한 경우는 없었다. 그런데 〈도성도〉와 〈도성연융북한합도〉는 관아와 민가를 아주 자연스럽고 조화롭게 배치하면서도 민가가 관아를 압도하고 있음을 볼 수 있다. 특히 〈도성도〉의 경우 민가를 두 가지로 묘사하고 있는데 기와집은 회색 지붕, 초가는 황색 지붕으로 나누고 있는 것이 관아의 붉은색과 어울려 지극히 아름답다. 이런 풍경은 이전의 어떤 작품에서도 없었다. 19세기 민간 경제의 풍요로움이 반영된 것이다. 18세기 전반기의 화가 조영석이 그린 〈한양도〉에도 민가가 만만치 않게 포진해 있지만 19세기 전반기의 〈도성도〉와 〈도성연융북한합도〉에 등장하는 민가만큼은 아닌 것만 보아도 19세기의 시대 상황을 짐작할 수 있다. 한양을 그린 그림지도 중 눈여겨볼 것은 더 있다. 18세기 후반에 그려진 〈도성도〉다. 제22대 왕 정조1752-1800 시대를 대표하는 그림지도 가운데 절정의 아름다움을 뽐내고 있는 이 〈도성도〉는 궁궐을 중심 삼아 그렸는데, 성곽과 함께 한양을 빙 둘러싸고 있는 산악은 그 어떤 산수화와도 비교할 수 없을 만큼 경이롭다. 인왕산, 백악산, 낙산, 남산은 물론이고 삼각산에서 도봉산에 이르는 산줄기의 위용은 그저 장엄 그 자체다. 그 어느 산수화도 저토록 우람한 기세를 내뿜고 있을 수 없으며 어떤 실경산수와도 비교할 수 없을 만큼 한양의 풍경과 꼭 닮았다. 그러므로 한양 산수화 가운데 조선 오백년 최고 수준을 과시하는 바가 있다. 그 힘은 어디서 나온 것일까. 당연히 자연의 힘, 산악의 기운으로부터였을 것이다. 이 그림지도에서 눈여겨볼 지점은 또 있다. 봐서 알겠지만 우리가 흔히 보는 그림과는 위아래가 거꾸로다. 경복궁과 창덕궁이 화면 아래쪽에 있고 남산이 화면 위쪽에 자리하고 있다. 얼핏 뒤집힌 것처럼 보인다. 다 이유가 있다. 바로 임금님께서 몸소 볼 수 있도록 제작한 이른바 어람용御覽用이기 때문이다. 때문에 임금님이 머무시는 궁궐 어좌에서 보이는 이른바 '왕의 시선'에 맞춰 구도를 설정했다. 궁궐 또한 수목이 울창하여 그윽하기 그지없다. '왕의 지도'답게 말이다. 임금님께서 보시는 것이니 당대 최고의 화원이 정성을 다해 그렸을 게다.

한양을 그린 그림들은 이토록 아름답다. 도성을 감싸고 흘러내리는 겹겹의 산줄기와 물줄기를 타고 아름다움이 연이어 흐른다. 그 사이 어느덧 솟아오른 봉우리의 강렬함이야 더 말해 무엇할까. 마치 별빛이 노니는 은하세계처럼도 보이는 것은 그저 나만의 생각일까.

이인문, 〈도봉산춘경〉

김석신, 〈도봉도〉

이방운, 〈도봉서원〉

정선, 〈도봉추색도〉

미상, 〈도성도〉

김득신, 〈삼각산 노적봉도〉

정선, 〈백악산 취미대〉

정선, 〈백악 부아암〉

정황, 〈대은암〉

김윤겸, 〈백악산〉

김득신, 〈백악산〉

엄치욱, 〈백악산〉

정선, 〈취미대〉

정선, 〈독락정〉

정선, 〈독락정〉

정선, 〈대은암〉

정선, 〈대은암〉

장시흥, 〈독락정〉

정선, 〈청송당〉

권신응, 〈삼청동〉

정선, 〈은암동록〉

미상, 〈옥호정도〉

나라를 세우고 개혁을
꿈꾸던 이들의 영토, 도봉

태조 이성계, 천년왕국을 꿈꾸다

도봉산을 예로부터 한양의 금강산이라고들 불렀는데 빈말이 아니다. 하늘 향해 피어오르는 바위 봉우리들이야 말할 나위 없지만 문사동 계곡, 원도봉 계곡, 무수골, 오봉 계곡처럼 그 깊고 깊은 골짜기는 세상 어디에도 없을 아득함을 준다.

백두대간에서 한북정맥으로 내려와 철원, 포천, 양주를 거쳐 서울을 향해 불쑥 치솟은 도봉산에는 세 개의 봉우리가 서 있다. 선인봉과 만장봉 그리고 그 바로 뒤편에 칠백사십 미터의 높이로 가장 높은 자운봉이 자태를 뽐낸다. 이렇게 세 봉우리가 모여 서로 제모습이 우월하다며 다투고 있지만 그보다 훨씬 더욱 드센 산이 도봉산이다. 절집들이 수도 없이 들어섰던 걸 보면 이곳은 아주 오래전부터 스님들의 마음을 빼앗은 땅이었던 모양이다. 도봉산을 병풍 삼은 천축사天竺寺, 망월사望月寺, 회룡사回龍寺가 모두 신라시대 때 들어섰던 게 그걸 증명한다.

673년 신라시대 의상대사625-702가 멀리 노원 벌판에 도착했을 때 그의 눈에 띈 것도 이 거대한 화강암 봉우리였다. 그는 거기에서 상서로운 기운을 느꼈을 것

이인문, 〈도봉산 춘경〉, 《도봉산사계첩》, 33.3×26.5, 종이, 18세기, 개인
도봉구 도봉동 도봉서원터 옆을 흐르는 도봉천 언덕에서 본 풍경

이고 그래서 발걸음을 멈추어 머물며 그 자락에 천축사를 창건하셨던 것이겠다. 도봉산 기슭에 자리잡은 망월사는 천축사보다도 약 삼십오 년 전인 639년에 들어섰다. 산악의 상서로움을 의상대사보다 앞서 발견한 이가 있었던 게다. 신라시대 해호화상이 선덕여왕이 통치하는 왕실의 안녕과 융성을 기리고자 창건한 절이다. 무학대사 역시 이곳 도봉산에 이르렀을 때 저 해호스님이며 의상대사가 느꼈을 기운을 받아들였을 것이고 또한 신비로운 산의 힘을 사로잡고 싶었을 것이다. 그래서 그랬을까? 그는 이곳에 땅굴을 파고 몸을 숨기며 지냈다. 왕위에서 밀려나 함흥으로 물러나 있던 태조 이성계가 1398년 한양을 향해 가던 길에 이곳에 며칠 머물렀던 것도 무학대사를 만나기 위해서였고, 그래서 용이 되돌아왔다는 뜻을 지닌 회룡사가 이곳에 들어섰다.

천년왕국을 꿈꾸며 세운 조선왕조가 번영했던 까닭이 바로 이 도봉의 맑은 정기 때문이라고 하는 말이 널리 퍼져 오래 전해오는 것도 빈말이 아니다. 허나 천년을 다 못 채운 것도 바로 도봉의 산줄기와 관련이 있다고들 한다. 실제로 강원도 철원에서부터 그 세력의 높낮이가 극심하다가 도봉에 이르러서 절정을 이룬 뒤에야 멈추는 형세다. 바로 철원에서 도봉까지 거리가 오백 리라, 왕조도 오백 년 만에 멈추었다는 게다. 이곳을 잘 아는 사람들은 예부터 도봉산을 경기의 금강金剛이라 불러왔다고 하는데 참으로 날카롭게 각진 온갖 형상이 기이하고 신비롭다. 그렇다면 왜 그 이름을 길 도道 자를 붙여 도봉이라고 지었을까. 이곳에서 조선왕조의 길을 열었기 때문이라거나 또는 숱한 이들이 품어야 할 뜻을 세우고 가야 할 길을 깨우쳤다 해서 도道의 봉우리라 했다고도 한다.

누군가는 세 개의 봉우리를 묶어보면 닭벼슬같이 생겼다고도 하고, 19세기 사람 한산거사?-?는 「한양가」에서 이곳 도봉산의 아름다움을 부용꽃, 즉 연꽃 봉오리 같다고 했다. 그뿐 아니다. 노원 벌판을 가로지르는 중랑천의 기나긴 줄기에 사슴내라는 어여쁜 이름을 지닌 녹천이 있는데 또 이곳엔 초안산이 솟아 있다. 바로 이곳 사슴내에서 북쪽 하늘을 바라보면 도봉산 봉우리가 찌를 듯이 펼쳐진다. 그 모습을 본 사람들은 부용화가 아니라 사슴뿔이라 불렀다고 한다. 그 사슴뿔은 너무도 큰 한 덩어리 화강암인데 수려한 산세와 흐트러짐 없는 장엄 그대로다. 봉우리에는 사슴뿔처럼 꽃이 만발하여 기화요초 너울대는 느낌이다.

젊은 조광조가 사랑한 땅, 그곳에 들어선 도봉서원

1805년 어느 날이었을 게다. 형조판서로서 평판이 자자했던 지포 이재학 1745-1806이 다섯 해나 되는 유배를 마친 때였다. 그를 위로하고 또 사은사로 청나라를 향하는 좌의정 심재 서용보1757-1824를 환송하기 위해 야유회를 열었는데 그 장소가 도봉산이었다. 이때 화원가문의 명가인 개성김씨 가문의 화가 초원 김석신 1758-1816이후이 따랐다. 참석자들은 이 성대한 모임을 기념하여 김석신으로 하여금 그 풍경을 그리도록 하여 《도봉첩》을 엮었다.

김석신의 〈도봉도〉는 계곡과 산줄기를 엇갈리게 그려서 아주 현란하다. 화가는 또 화폭 안에 아주 커다란 건물들을 자연스레 배치했다. 왼쪽 멀리 망월사, 오른쪽 만장봉 아래 천축사를 그려넣고서 그 복판에는 도봉서원道峯書院이 떡하니 자리잡고 있게 했다.

사족 출신 화가 기야 이방운1761-1822이후이 그린 〈도봉서원〉은 도봉서원의 원형을 매우 자세하게 보여주고 있다. 앞서 살펴본 김석신의 〈도봉도〉는 도봉산 일대의 모든 모습을 그렸기 때문에 도봉서원의 모습을 변형했지만 이방운의 〈도봉서원〉은 화폭의 대부분을 서원의 풍경에 할애하고 있다보니 여섯 채나 되는 전각의 생김새는 물론 위치에 이르기까지 완벽한 조감도처럼 보인다. 더불어 한양대박물관이 소장하고 있는 정선의 〈도봉추색도〉는 이방운의 〈도봉서원〉에 자세히

김석신, 〈도봉도〉, 《도봉첩》, 53.7×36.6, 종이, 18세기, 개인
도봉구 도봉동 도봉서원터 옆을 흐르는 도봉천 언덕에서 본 풍경

이방운, 〈도봉서원〉, 46.5×71.9, 종이, 18세기, 개인
도봉서원터 옆 도봉천 언덕에서 본 풍경으로 김석신의 〈도봉도〉와 거의 비슷한 위치

정선, 〈도봉추색도〉, 56×80, 종이, 18세기, 한양대박물관
도봉서원터에서 남쪽 산정약수를 거쳐 도봉사까지 올라가는 곳에서 보이는 풍경

나오지 않는 서원 옆쪽에 딸린 건물을 그려둬서 이 두 작품을 합치면 완전한 조감도라는 생각이 들 정도다.

도봉서원은 조선왕조 오백 년 동안 태산북두泰山北斗라고 일컫는 인물인 정암 조광조1482-1519와 인연이 깊다. 이 땅은 경관이 아름다운 명승지였다. 조광조는 소년 시절부터 이곳의 풍광을 사랑하여 자주 드나들었다. 청년 시절에는 동료 및 제자들과 함께 이곳으로 와 학문을 토론하였으며 조정에 출사한 관료 시절에는 휴가 때면 이곳에서 개혁을 구상했다. 부패한 세력을 두려워하지 않고 거침없이 개혁의 길을 질주하던 조광조는 1519년 12월 20일 서른여덟 살의 젊은 나이에 유배지인 전라도 능주에서 입에 피를 쏟으며 세상을 떠났다. '밝은 해가 이 세상을 내리비추니 거짓 없는 나의 마음 환히 밝혀주리라'는 절명시를 남기고 말이다. 그때 눈부신 태양이 한 번 빛을 토해냈다. 그로부터 오십사 년이 지난 1573년 양주 땅의 수령인 동강 남언경1528-1594이 도봉서원을 건립하고 조광조의 넋을 모시는 향사를 하였다. 그후 17세기 후반 집권 노론당 소속 선비들인 우암 송시열1607-1689, 문곡 김수항1629-1689, 도암 이재1680-1746와 같은 이들이 부지런히 발길을 들여 더욱 잘 알려졌다.

도봉서원은 역사상 두 번 사라졌다. 한 번은 1592년 임진왜란 때 일본군이 불을 질러 사라졌고 또 한 번은 1871년 서원철폐 때 철퇴를 맞았다. 지금의 도봉서원은 서원철폐 후 꼭 일백 년 만인 1971년에 겨우 세 칸짜리 건물을 새로 지은 것에 불과하다. 다만 근처 일대 바위에 새겨놓은 글씨들이 남아 있어 그 옛날 화려했던 시절을 증언해준다. 그 가운데 하나는 송시열의 것이다. 1650년 도봉서원에 들러 조광조를 추모한 송시열은 계곡 큰 바위에 '도봉동문'道峰洞門이라고 새긴 뒤 부족하였는지 비 온 뒤 맑은 바람이란 뜻의 '광풍제월'光風霽月이란 글씨를 더 새겨 힘찬 필치로 우람한 자연에 감동 어린 찬사를 헌정하였다.

자신의 뜻과 무관하게 노론당파의 비조로 추앙 받고 있는 율곡 이이1536-1584

가 건물 배치를 자상히 설명하는 「도봉서원기」를 남겨두었던 건 아마도 선비의 태산북두인 정암 조광조를 모시는 공간이었기 때문이었을 것이다. 선비의 기풍을 일변한 조광조의 위패를 모신 사당은 남쪽을 바라보고 있고 사당 양쪽에 학생의 기숙사인 동재와 서재가 자리하고 있다고 했다. 또 남쪽에 위치한 서원에는 중앙에 강당을 세웠으며 강당 양쪽에 협실을 붙여 날개처럼 만들었고 맨 앞쪽에 자리한 행랑채는 시냇가에 있다. 행랑채 옆에 정문을 설치하였는데 이는 지형에 따른 것이라고 하였다. 이처럼 자세하고 보니 도봉서원을 당시의 모습으로 복원한다면 율곡 이이의 글과 이방운, 정선의 그림을 함께 아울러야 할 것이다.

삼각산, 이 아름다운
산세를 어디에서 만나랴

"이곳은 참으로 특별하여 그림에 담을 수 없구나"

도봉산이 끝나고 남쪽으로 연이은 줄기가 치솟으면 그곳이 곧 삼각산三角山이다. 사람들은 삼각산이란 이름을 잊어버린 채 자꾸만 북한산이라고 하는데 어찌하건 삼각산은 황홀함이 넘치는 산이다.

일본 제국은 조선을 침략하면서 국토의 혈맥과 힘줄을 끊어놓으려 한반도 산악 곳곳에 거대한 쇠목을 박았다. 1983년경 뜻 있는 이들이 삼각산 봉우리 가운데 하나인 백운대의 쇠말뚝을 뽑아내고야 말았다. 못을 뽑아버리니 피가 흘러 기운이 돌기 시작했을 법하다. 삼각산은 그렇게 되살아났다.

사람이 태어나 저토록 아름답고 장대한 산세를 또 어디서 마주할 수 있을까, 늘 묻곤 한다. 청담 이중환은 『택리지』에서 '기세를 도와주는 옆 산도 없이 오직 홀로 우뚝 선 삼각산'을 다음처럼 묘사했다.

삼각산은 도봉산과 연달아 얽힌 산세이다. 돌 봉우리가 한껏 맑고 수려하

여, 만 줄기 불이 하늘에 오르는 것 같고, 특별하게 이상한 기운이 있어서 그
림으로 나타내기 어렵다.

너무나 빼어나 그림으로 그리기조차 어렵다는 것이다. 하지만 이중환은 이
런 말을 덧붙여뒀다.

미더운 바는 다만 남산 한 가닥이 강을 거슬러서 판국을 만든 것이다. 물의
입구가 낮고 텅 비었으며, 앞쪽 관악산이 강을 사이에 두고 있으나, 또한 너
무 가깝다. 비록 불의 별인 화성이 앞을 받치고 있긴 하지만, 풍수하는 이들
은 항상 정남방으로 자리잡는 것을 좋지 못하다고 한다.

그래서 태조 이성계는 실제로 불을 뿜는 관악산에 맞서 물을 뿜는 해태를 광
화문 양쪽에 나란히 세워두어 경계하였다. 어쩌면 이중환은 한양을 싫어했는지도
모르겠다. 병조정랑 벼슬을 끝으로 1725년 체포당해 네 차례의 형을 받고 1726년
연이어 두 차례나 유배를 당한 뒤 서른 해 남짓 세상을 유랑하는 나그네의 삶을 살
았던 그였으니 말이다. 위대한 스승 성호 이익1681-1763의 제자로서 계급의 특권을
부정하는 사상의 소유자였던 이중환은 그러므로 권력의 중심인 한양을 품은 삼각
산에 대해 이 말 저 말 다른 말을 뒤섞어두었다.

그러나 판국 안이 명랑하고 흙이 깨끗하여, 길에 밥을 떨어뜨렸더라도 다시
주워서 먹을 수 있을 것 같다. 까닭에 한양의 인사가 막히지 않고 명랑한 점
이 많다. 하지만 영웅의 기상이 없는 것이 유감이다.

누가 그렸는지 모르지만 청담 이중환이 『택리지』를 쓰던 1751년에서 한참

〈도성도〉의 삼각산 일대 부분

서울 하늘에서 북쪽을 향한 시선으로 보이는 삼각산 인근 풍경

시간이 지난 1780년대에 제작한 〈도성도〉의 부분인 삼각산 일대의 모습은 황홀할 정도로 눈부시다. 오른쪽 백운대를 꼭짓점으로 인수봉과 만경봉이 우람하게 모여 삼각산의 형세를 이루고 서쪽으로 보현봉, 문수봉에 비봉까지 흘러내려 그 아래로 시가지와 경계를 이루는 나무들의 행렬이 활력을 불러일으킨다. 삼각산이 머금은 '이상한 기운이 있어서 그림으로 나타내기 어렵다'고 한 이중환의 말을 비웃기라도 하듯, 굴곡진 산악의 우람함을 화려한 필치로 묘사하는 데 성공한 이 화가는 대체 누구일까. 연구자 가운데는 겸재 정선의 후예가 그렸을 것이라고 짐작하는 이도 있는데 구도나 붓놀림의 섬세함만 보더라도 이 그림은 제22대 왕인 정조1752-1800 의 총애를 받던 단원 김홍도1745-1806이후나 그 동료의 것이라고 생각해야 할 듯하다. 하지만 누구의 것이면 어떠하랴. 삼각산이 이렇게 아름다운 줄 알려주려 했던 화가의 뜻을 헤아리면 그뿐일 게다.

선비의 눈길을 황홀경으로 이끌다

삼각산에 숱하게 솟은 봉우리 가운데 주인은 백운대白雲臺, 인수봉仁壽峯, 만경봉萬景峯이다. 이들 셋이 뾰족한 뿔 같아 삼각산이라 불렀다가 18세기 이래 북한산이라고도 불렀다. 그러나 어디 저 삼각산 깊고 넓은 굴곡에 봉우리가 세 개뿐이겠는가. 노적봉露積峯도 그 숱한 봉우리 가운데 하나로 무엇인가를 쌓아올려 우뚝 솟아오른 덩어리가 볼 만하다.

조선중기 문장사대가의 한 사람 월사 이정귀1564-1635가 삼각산 등산 기록인 「유삼각산기」에 쓰기를 노적봉 꼭대기에 올라가 '뜬구름 흐르고 해 떨어질 제 아득한 은하계'로부터 중국 땅을 보았다고 했다. 이어 '눈의 힘이 다해 더 이상 먼 곳을 볼 수 없지만 바라보이는 형세 끝이 없다'고도 했다. 노적봉이 그렇게나 컸던 모양이다. 또 이정귀는 노적봉 봉우리에서 '도성 일백만 호에 이르는 집들에서 밥 짓는 연기 내뿜는 것'을 보고서는 '그만 한 폭의 산수화를 보는 듯하다'고 감탄도 했다. 그리고 벼슬을 거절하며 서호정사에서 처사의 삶을 살아간 동명 정두경1597-1673 은 노적봉을 마주 보며 '폭포수는 거품과 더불어 일천 척을 흐르고, 구름 그늘은 일만 겹 맺히니, 속세 바깥으로 벗어나 혹여 신선의 짝을 만나지나 않을까'라고 노래하기도 했다. 삼각산은 이처럼 시인 선비의 눈길을 황홀경으로 이끌었던 모양 이다.

풍경이야 이렇게 아름답지만 그 산을 둘러싼 사람들 자취는 곱지 않았다. 산을 차지하려는 세력 다툼이 끝없이 이어져 왔는데 이곳은 한반도 중부 서해안의 전략 요충지였다. 멀리서 보면 치솟은 산봉우리뿐이지만 가까이 다가가면 봉우리 능선 따라 빙 두른 성벽이 장엄하다. 성 안쪽엔 중흥동이라는 동네가 별천지다. 이 산성을 조선시대에는 '북한산성'이라 하였고 예전엔 '중흥산성'이라 하였는데 중흥 산성은 노적봉 산등성이에 쌓은 것이었다.

산성 안에는 왕이 머물 궁궐인 행궁을 비롯해 어영청, 금위영, 훈련도감 예하 병사들이 주둔하는 부대가 있는가 하면 전국의 승려 조직과 불교 사업을 지휘감 독하는 팔도도총섭八道都摠攝이 머물던 중흥사中興寺도 있고 또한 산신각도 백제 이 래 오랜 세월 자리하고 있었다. 성능聖能이란 승려는 1711년부터 무려 삼십여 년 동안 팔도도총섭이었다. 바로 노적봉 아래 중흥동에 머물렀던 그가 1745년 11월 『북한지』를 탈고한 곳이 중흥동의 중흥사다. 여기서 오래 머물며 깨친 것일까. 그 는 삼각산을 이렇게 묘사했다.

우뚝 솟은 기이한 형상 몇만 겹인가
구름 속에 솟아나온 푸른 연꽃 같구나

삼각산, 이 아름다운 산세를 어디에서 만나랴

하늘 아래 가장 가까운 별유천지가 따로 있는 게 아니었다는 말이다. 그러고 보면 그 중흥동의 북서쪽으로 우뚝 치솟은 노적봉은 이곳을 흘연히 지키던 진산이요 생김새 꼭 그대로 든든한 장군의 위엄을 보여주고 있었다.

여기서 노적봉의 '노적'露積이란 들판에 곡식을 쌓아둔 '노적가리'를 뜻하는 말인데 왜 이 봉우리가 노적봉이란 이름을 가졌던 것인지 궁금하다. 둥그런 생김새가 노적가리 더미와 같아서겠지만 설명이 부족하다. 노적봉이란 이름 이전엔 중흥동의 중中 자를 따서 중봉中峰이라 불렀던 것인데 그렇게 불러오다가 임진왜란 때 '삼각산 밥 할머니' 이야기가 널리 퍼져 노적봉이라는 이름을 가졌다고 한다. '밥 할머니'는 누구인가. 고양시 삼송동 숫돌고개 다시 말해 여석현礪石峴에 자리한 도화공원엔 머리 없는 지장보살 입상이 서 있다. 사람들은 이 불상을 '밥 할머니'라 한다. 임진왜란 때 명나라 군대가 왜군에 패하여 곤경에 빠졌을 적 이야기다. 의기양양하지만 목마르던 왜병 진영에 늙은 떡장수 할머니가 나타나 동쪽의 봉우리 하나를 가리키며 '저 노적가리에 식량 수만 석을 쌓아놓고서 군량미를 씻고 있어 이곳 냇물이 뿌연 것'이라는 정보를 주었다. 그렇게 많은 군대가 있느냐며 겁을 집어먹은 왜병이 철수해버렸다. 그러니까 '노적가리'로 보인 봉우리가 다름 아닌 중봉이었고 이로 말미암아 중봉은 노적봉이란 이름을 얻었다.

그와 비슷한 전설이 또 있다. '염초더미' 전설이다. 염초焰硝는 화약인데 우리 군대가 저 염초를 산더미처럼 쌓아두었다고 하여 적군의 기세를 미리 꺾어버렸으니 저 백운대 서쪽 염초봉焰硝峯도 그렇게 얻은 이름이다. 이런 전설은 전남 목포 유달산이며 경주 서면 오봉산에도 있을 만큼 퍼져 있는데 사실을 떠나 전란의 승리와 평화의 염원을 새긴 것이었을 게다.

화원가문의 명가인 개성김씨 가문의 화가 긍재 김득신1754-1822은 1800년 7월 그믐날 저 노적봉을 그렸다. 7월이면 한창 무더운 여름날이다. 그런데 그림 속 노적봉과 소나무에 눈이 쌓여 있어 겨울날이다. 왜 겨울을 그린 것일까. 이를 이해하기 위해서는 1800년 새해에 단원 김홍도가 주희1130-1200의 시를 그림으로 그린 〈주부자 시의도〉 여덟 폭을 정조에게 올렸던 일을 떠올려야 한다. 〈주부자 시의도〉 가운데 중국 형산衡山에 있는 석름봉石廩峰을 그린 작품에는 주희의 시와 정조의 시 두 편이 나란히 실려 있었다. 그러니까 그림 한 폭에 주희의 원운시原韻詩와 정조의 차운시次韻詩 두 편이 생긴 셈이다. 먼저 주희의 원운시는 석름봉에 곳간이 가득 찰 만큼 풍년이 들었다며 좋아하는 것이었고 정조의 차운시는 곡식을 쌓아올린 조선의 노적봉을 떠올리며 풍년을 염원하는 것이었다. 새해에 그 같은 일을 치르고 보니 정조는 자신이 그때 지은 차운시 「어제팔장」을 그림으로 남기고 싶었다. 그 가운데 삼각산을 읊은 정조의 차운시는 이러하다.

한양 삼각산 푸른 하늘 닿았는데
노적봉은 석름봉 같다고들 하네
쌀창고 채워놓고 모두 웃고 노래하니
입춘첩 새로 쓰며 풍년 기원하노라

정조는 긍재 김득신으로 하여금 이 시를 여덟 폭의 그림으로 그리라고 하였다. 그런데 그만 같은 해 6월 28일에 세상을 떠나고 말았다. 한 번 받은 명이라 김득신이 임무를 다 하려 제작에 나섰는데 시의 내용에 입춘이라는 절기가 있어서 겨울 풍경을 그려야 했다. 이 그림을 보고 있노라면 쓸쓸한 기운을 느낄 수 있는데 그 까닭은 겨울이라서가 아니라 갑작스러운 정조의 죽음 소식에 화가가 황망한 마음 감출 길 없어서였을 게다. 아주 옅고 묽은 먹으로 어설픈 듯 아무렇지도 않게 뒤덮어 눈빛으로 환한 밤풍경이 그토록 쓸쓸하다.

御題

庚申十月晦日

김득신, 〈삼각산 노적봉도〉, 14.3×20.3, 비단, 1800, 개인

삼각산 개연폭포를 거쳐 대동사에 오르는 길목에서 동쪽을 향해 보이는 노적봉 풍경

"백악이야말로 산과 물의
형세가 옛글에 부합하다"

한양의 소문난 명승지, 산은 작으나 매우 깊은 땅

백악이란 낱말이 좋다. 소리가 좋다. 그래서 누구라도 함께 광화문통을 걸을 때면 백악산 이름부터 시작하여 정녀부인貞女夫人의 신사까지 이야기를 들려주곤 한다. 백악산은 오늘날 행정 지명으로는 북악산北岳山이다. 그래서 서울특별시사편찬위원회의『서울지명사전』이나 국토지리정보원의『한국의 산지』에서는 북악산만 있을 뿐 백악산은 찾아볼 수가 없다. 관료들의 답답함이 그렇다. 이 산 이름은 백악白岳만이 아니라 백악白嶽, 북악北岳, 북악北嶽, 면악面嶽이라고도 불렀고 또 공극산拱極山이라고도 불렀다.『동국여지승람』이나『문헌비고』,『한경지략』에서도 혼용하고 있다. 하지만 대개는 백악이라 했다.

백악산은 고려시대 이래 왕의 기운인 왕기王氣가 서려 있는 땅으로 알려졌고 실제로 태조 이성계가 이 산 아래 조선을 호령할 통치의 본산인 경복궁을 건설했다. 지금 광화문 앞 세종로라 부르는 육조대로 네거리에서 보면 뾰족한 삼각형 모습이 지극히 신기하다. 그런데 네거리에서 광화문 쪽을 직선으로 반듯하게 보면 백악산은 약간 왼쪽으로 치우쳐 있다. 다음과 같은 순서로 보면 그게 보인다.

고종황제 칭경기념비전 → 이순신 장군 동상 → 세종대왕 동상 → 해태상
→ 광화문 → 경복궁 근정전 → 청와대 → 백악산

이렇게 중심축을 슬쩍 틀어놓은 까닭은 한강 건너 남쪽에 있는 불의 산인 관악산이 뿜어내는 불덩이가 경복궁까지 미치지 않도록 설계했기 때문이다. 그렇게 틀어놓고 보니 광화문이며 청와대 지붕은 물론 세모난 백악산 모습이 훤히 잘 보인다. 그리고 보면 불을 막으려는 뜻도 있겠지만 시야를 가리지 않고 자연과 인공이 조화를 이루도록 설계한 게 아닌가 싶다.

백악산은 높이 343.4미터의 화강암 산이다. 세월이 흐르고 또 사람 출입을 못하게 금지하고 보니 여기저기 나무들이 자라서 초록빛으로 바뀌어버렸지만 속은 여전히 화강암 덩어리다. 아마도 수백 년 전에는 흰 산이었을 게다. 실제로 산의 서쪽은 가파르게 기운 절벽이어선지 흰 바위 속살이 그대로 드러나 있다.

백악산의 남쪽에는 주로 소나무를 심었다. 〈동궐도〉나 옛 그림들에 소나무 숲이 나타나는 것을 보면 그렇다. 소나무는 참나무와 같은 활엽수와 나란히 심지 않는다. 함께 있으면 이기지 못하므로 소나무만 따로 심었다. 그런데 일본 제국이 조선을 강점하고 있을 때인 1930년대에 소나무를 몽땅 베어내 그뒤로 갈참나무, 굴참나무와 같은 참나무숲으로 뒤바뀌었다.

백악산 북서쪽 부암동 54번지 일대는 사백 년 전 개성에서 가져온 능금 씨앗을 뿌려 능금나무 단지를 만들었던 곳이다. 창의문에서 북악스카이웨이라고 하는 백악산길로 가다 보면 아래쪽이다. 이곳의 토질이 미사토여서 능금이 잘 자랐다. 능금나무 단지는 궁궐 수라간에 공급하기 위한 것이었다. 처음엔 어느 정도의 그 규모였는지 알 수 없지만 뒷날 무려 약 십사만 제곱미터(약 사십만 평)나 되는 거대

"백악이야말로 산과 물의형세가 옛글에 부합하다"

한 능금 과수원이 조성되었다고 한다. 이곳 능금나무는 다른 곳으로 이식이 불가능했다니 신기하다. 왕의 기운이 서린 백악산에서만 가능했던 왕의 능금이었던 셈이다.

백악산 동남쪽에는 갈참나무, 아카시아, 벚나무가 울창하다. 하지만 삼청동 국무총리 공관터에는 오래된 등나무와 측백나무가 자라고 있다. 둘 다 천연기념물이다. 구백 살이나 된 등나무는 우리나라에서 자라는 등나무 중 가장 크고 오래되었다. 측백나무는 대체로 키가 낮은데 이곳의 측백나무는 그 높이가 십일 미터나 되어 가장 크다. 수령은 약 삼백 년으로 추정한다. 이 역시 왕의 기운을 한껏 받아 그런 것일까?

백악산 일대는 한양 명승지가 모여 있는 땅이다. 산은 작아도 깊은 땅이어서 산중턱엔 아기를 업은 엄마의 모습을 한 부아암, 서쪽 궁정동엔 대은암·맷돌바위·병풍바위가 물길인 만리뢰와 박우물을 품고 있고, 또 동서의 중간 그러니까 지금 청와대 자리에는 취미대가 버티고 있었으며, 동쪽 삼청동엔 기천석·말바위·민바위·부엉바위·영월암과 같은 바위며 성제정·양푼우물·영수곡과 같은 우물이 즐비하다. 그러므로『동국여지비고』에서 백악 기슭이야말로 산 맑은 산청, 물 맑은 수청, 사람 맑은 인청을 합해 삼청三淸이라 했다는 사실을 밝혀두었던 게다.

이 산을 그린 조선의 화가, 다섯

백악산을 그린 다섯 명의 화가가 있다. 그 가운데 가장 선배는 취미대를 그린 겸재 정선이다. 먼저 화폭에 '백악산 취미대'라고 그 제목을 써넣은 작품은 가느다란 선으로 산등성이마다 윤곽선을 그려넣음으로써 계곡으로 깊이 파인 주름이 무척 많아 보이도록 형상화했다. 비탈과 계곡이 많아 보이는데 이는 자신이 그린 〈인왕제색도〉와는 또 다르다. 또 다른 작품에는 '백악 부아암'이라고 써넣었다. 이 작품은 백악산 산세보다는 부아암이라는 바위를 돋보이도록 산의 윗부분만을 그리고 그 아래는 안개구름의 면적을 크게 넓혀 가려버렸다. 하단에 각각 인물을 그려 실재감을 살렸지만 아무래도 사람이 오르기 쉽지 않은 모습이라 백악이 신비한 산이라는 사실을 드러내고 싶었던 모양이다.

정선의 손자 손암 정황1737-19세기초의 〈대은암〉 속 백악산은 할아버지의 그림과 다르다. 지금 청와대 옆 육상궁처럼 보이는 건물의 담장을 강조하였고 안개구름을 그리지 않아 산악과 평지의 경계를 없애버렸다. 신비로운 신성불가침의 영역이 아니라 가까이 실재하는 백악산으로 그렸다.

명문세가 출신이지만 서자여서 평생 그림에 자신의 생애를 의탁했던 화가 진재 김윤겸1711-1775 역시 저 백악산을 그리기로 마음먹었다. 얼핏 보면 매끄러운 삼각형 봉우리인데도 화가의 눈에는 겹겹으로 골이 파인 주름이 드세다. 깎아지른 바위가 솟구쳐 하늘에 닿을 것만 같고 표정 또한 무섭도록 잔인하여 메마른 가운데 준엄하다.

긍재 김득신은 〈백악산〉의 화폭 멀리 오른쪽에 삼각산을 그려놓은 뒤 줄기를 왼쪽으로 흐르게 하고서 그 끝에 백악산을 배치했다. 산줄기 아래쪽으로는 구름안개가 마치 흐르는 강물처럼 가득하다. 화폭 하단은 삼청동의 기와집 마을이 숲과 뒤엉켜 있어 그저 평화롭다. 이렇게 하고 보니 검고 무거운 백악산이 한쪽으로 치우친 구도인데도 안개 강물에 둥둥 뜬 느낌이 들어 균형이 생기고 말았다. 그래도 불안했는지 백악산의 뒤통수를 이루는 화폭 중앙에 붉은 도장 두 개를 찍어둠으로써 시선의 무게를 잡아두었다.

1101년 고려 숙종1054-1105은 남경의 산기슭에 연홍전이란 궁궐을 지어두고 순행할 때면 머물곤 했다. 연홍전 자리는 오늘날 청와대터다. 태조 이성계도 한양 천도 이전에 남경을 방문할 적이면 연홍전에 들러 머물곤 했다. 그런데 천도를 하

"백악이야말로 산과 물의형세가 옛글에 부합하다"

정선, ⟨백악산 취미대⟩, 44×33.5, 종이, 18세기, 개인

경복궁 북쪽 담장과 청와대 사이 길에서 백악산을 바라본 풍경

정선, 〈백악 부아암〉, 23×39.5, 종이, 18세기, 개인
청와대 서쪽 궁정동 일대에서 백악산을 바라본 풍경

정황, 〈대은암〉, 16.3×22.7, 종이, 18세기, 국립중앙박물관
청와대 서쪽 담벼락의 육상궁 북쪽 언덕바위 대은암을 바라본 풍경

김윤겸, 〈백악산〉, 51.9×28.6, 종이, 1763, 국립중앙박물관

청와대 정문 앞에서 바라본 풍경. 화폭 하단의 숲은 지금 청와대 건물에 가려졌다.

김득신, 〈백악산〉, 36.5×29.8, 종이, 18세기, 간송미술관

삼청동 한국금융연수원 뒤편에서 감사원으로 향하는 오르막길 어느 어간에서 백악산 쪽을
바라본 풍경

려고 보니 아무래도 천년을 호령할 궁궐로는 너무 비좁았다. 그래서 지금 경복궁 자리로 내려와 커다란 궁궐을 짓기로 했다.

연흥전을 병풍처럼 감싸고 있던 뒷산이 백악산이다. 백악산은 왕의 기운인 '왕기'를 뿜어내는 산으로 형세가 험악하다. 너무 센 산의 기운을 억제하고자 태조 이성계는 1395년 12월 산신을 모시는 백악신사를 산꼭대기에 세웠다. 백악신사의 이름 백악은 산신의 이름에서 따온 것이다. '백악' 다시 말해 '하얀 모란'이라는 이 이름의 주인은 아름다운 여신이었다. 예전부터 전해내려오는 또다른 이름 '면악'은 '얼굴을 마주하고 있는 모란'이라는 뜻으로 훨씬 가까운 느낌으로 다가온다. 신사에는 정녀부인의 초상화를 봉안하여 주인으로 삼아 백악의 기운을 모란꽃처럼 곱디 곱게 다스릴 수 있게 했다. 정궁인 경복궁을 감싸는 산은 조선의 왕이 머무는 궁궐을 상징하여 국토를 호령하는 진산鎭山이므로 그 산의 주인은 곧 나라의 주인인 진국백鎭國伯이 될 터인데 여성이라니 놀라운 일이다. 나라에서는 봄 가을로 제사를 지냈으며 숱한 이들이 찾아와 경배했다.

그런데 이곳에서 엉뚱한 일이 펼쳐졌다. 풍속을 어지럽히는 자들이 침범하곤 했던 것이다. 제7대 왕 세조1417-1468가 조카인 제6대 왕 단종1441-1457을 폐위하고 끝내 죽여버린 뒤 세상 인심이 혼란스러워지면서 백악산 곳곳에서도 흉흉한 기운이 끊이질 않았다. 한성부의 단속에도 불구하고 스님들이 매일 밤 불을 켠 땅굴이며 초가인 굴암窟庵, 초암草庵이 즐비했다고 한다. 또한 제10대 왕 연산1476-1506을 쫓아내고 왕위에 오른 제11대 왕 중종1488-1544 때인 1508년에도 높은 바위 아래 깊이 숨은 공간인 밀덕密德에서 양반집 부녀나 잡인들의 질탕한 놀이인 유연遊宴을 펼쳐대곤 해서 이를 금지하는 조처를 내리기까지 하였다.

그렇다면 산의 주인인 여신은 뒷날 어찌되었을까. 모란처럼 눈부시게 환한 여신의 모습은 사라지고 말았다. 임진왜란이 일어나기 전 천재 시인 석주 권필1569-1612이 어릴 때 백악산에 놀러가 신사의 주인이 여성이라는 것에 분개하여 그

"백악이야말로 산과 물의형세가 옛글에 부합하다"

초상화를 파괴해버렸기 때문이다. 수십 년 뒤 유배길에 죽었으니 한서린 정녀부인에게 복수를 당한 셈일까.

지금껏 살핀 여러 화가의 그림 속 백악산은 대체로 주름이 파인 삼각형 모양일 뿐, 연꽃 닮은 여신을 암시하는 그림은 찾아볼 수 없다. 겸재 정선이 그린 백악산은 다른 군더더기 없이 온전한 삼각형으로 웅장하고, 진재 김윤겸의 백악산은 삼각형이되 좌우 양쪽으로 날개를 떨치며 치솟는 모습으로 장엄하다. 또한 긍재 김득신의 백악산은 뒤로 몸통과 꼬리를 길게 늘어뜨려 유장하다. 모두 백악을 지키는 아름다운 여신과는 거리가 멀다. 그들 중 누구도 백악신사를 염두에 두지 않았던 것일 게다.

중인 출신 화원인 관호 엄치욱1770경-?의 〈백악산〉은 다르다. 백악산을 그린 여러 작품 가운데 가장 곱고 아름답다. 그는 어찌하여 이처럼 부드럽고 곱게 이 산을 그릴 수 있었을까. 그 까닭을 생각해보면 백악산을 그리기에 앞서, 세상에 널리 소문난 바처럼, 그 산의 모습이 활짝 펴기 직전 한껏 부풀어올라 곧 터질 것만 같은 모란꽃 봉오리와도 같다는 이야기를 충분히 새긴 것은 아닐까. 그는 봉우리를 왼쪽으로 치우치게 배치하고 한쪽은 가파르게, 한쪽은 굴곡의 깊은 맛이 솟구칠 듯 가파르면서도 완만하게 처리하였다. 또 두툼한 산주름을 꿈틀거리면서 휘어지듯 반복함으로써 마치 살아 있는 듯 기운이 샘솟는 형상으로 그려냈다. 또한 이끼점인 태점을 전면에 흩뿌리듯 찍음으로써 눈 내리듯, 잎이 날리는 듯 활기가 넘친다. 무엇보다 듬성듬성 자리하고 있는 바위와 나무숲이 저 이끼점과 어우러져 변화의 울림을 크게 북돋운다. 능선 양쪽에다 성곽을 띠처럼 그려놓은 것 또한 이 그림이 다른 백악산 그림과 다른 점이다.

『신증동국여지승람』 한성부 편에 실려 있는 「면악」面嶽 항목에는 다음과 같은 기록이 있다.

고려 숙종 때 이곳을 조사한 기록에 따르면 백악산이야말로 산과 물의 형세가 옛글에 부합한다고 지적하고 바로 이곳 백악산이야말로 주류골간의 중심지로 남쪽을 향하는 곳이므로 이러한 형세에 따라 도읍으로 삼을 만한 곳이다.

이러한 견해를 따른 이가 바로 태조 이성계였고 그의 왕국은 오백 년 성세를 누리기에 이르렀다. 그뒤로도 백악을 진산으로 삼고 있는 서울은 일백 년을 훨씬 넘겨 지금에 이르기까지 수도의 위용을 과시하는 중이다.

"백악이야말로 산과 물의형세가 옛글에 부합하다"

엄치욱, 〈백악산〉, 39×28, 종이, 19세기, 간송미술관
광화문 앞 세종로에서 백악산을 바라본 풍경

"이곳은 하늘 아래
으뜸가는 복 받은 땅"

남경, 한양, 그리고 서울로 이어지는 통치의 심장

백악산에서 내려와 눈길을 끄는 곳은 청와대다. 지금 청와대가 있는 땅은 어떤 땅인가. 오랜 옛적부터 이 땅 일대가 통치의 심장은 아니었을 게다. 앞서 얼핏 언급했듯 그 기원은 저 고려시대로 거슬러 올라간다. 고려 숙종은 1099년 한양에 가까운 양주 땅을 남쪽의 수도인 남경으로 삼으려는 뜻을 밝혔다. 왜 이곳을 선택했을까. 그로부터 두 해가 지난 1101년의 기록에 그 비밀이 숨겨져 있다. 그해 10월 숙종의 명에 따라 이곳 일대를 답사하고 온 신하들이 다음처럼 아뢰었다.

신이 노원역과 해촌, 용산 세 곳에 가서 산수를 살펴보았는데, 도읍을 세우기에는 적당하지 않았으며 오직 삼각산 면악의 남쪽이 산의 모양과 물의 형세가 옛 문헌에 부합합니다. 큰 줄기의 중심에서 남쪽으로 향하는 그 형세를 따라 도읍을 건설하기를 청합니다.

01— 도봉에서 삼각산을 거쳐 백악에 이르다

지금 서울 동쪽의 노원구와 남쪽의 용산구를 살펴본 끝에 결국 삼각산의 남쪽이야말로 남경으로 삼기에 알맞다고 아뢴 것이다. 여기서 신하들이 말한 '옛 문헌'이란 『도선비기』道詵祕記를 가리키는데 『도선비기』에는 '삼각산 면악' 지대를 '천하제일 복지福地'라 했다.

하늘 아래 으뜸가는 복 받은 땅. 1990년 2월 실제로 '천하제일 복지'라는 글씨를 새긴 바위가 나타났다. 청와대 본관이 낡았다면서 새로 짓고 있을 때 가로 250센티미터, 세로 120센티미터의 커다란 바위가 솟아나왔다. 본관에서 동북 쪽으로 계곡을 지나 150미터 떨어진 가파른 땅에 배수로를 만들던 중이었다. 솟아난 바위에는 거대한 글씨가 새겨져 있는데 글씨 한 자가 무려 50센티미터나 되는 크기여서 사람들을 놀라게 했다. 고려시대 비석이 천 년 만에 발굴이 된 순간이었다. 하지만 며칠 뒤 이 글씨를 조사한 금석학자 청명 임창순1914-1999은 청나라의 영향을 받은 글씨체라고 판단했다. 그러니까 임진왜란 이후에 제작한 것이라는 게다. 기적 같은 신비함은 반감되었지만 바위에 '연릉오거'延陵吳据라는 낙관이 있어서 호기심은 사라지지 않고 있다. 또한 임진왜란을 제14대 왕 선조1552-1608와 더불어 겪은 오봉 이호민1553-1634의 시호가 연릉군延陵君이므로 두 사람 사이에 얽힌 사연이 있을지도 모르겠다는 짐작도 있다.

조선왕조를 개창한 태조 이성계는 수도를 옮기기 위해 뛰어난 학자인 동고 권중화1322-1408로 하여금 궁궐터를 조사하게 했다. 1394년 9월 권중화는 '고려 때 남경 궁궐터가 너무 좁으므로 그 남쪽으로 내려와 개창할 것'을 아뢰었고 그렇게 해서 건설한 것이 바로 오늘의 경복궁이다. 태조는 기왕의 고려 궁을 경복궁 담장 바깥에 방치했다. 그러다 보니 호랑이가 출몰하는 일도 생기곤 했다. 그뒤 1426년 제4대 왕 세종1397-1450이 그 빈터에 서현정, 취로정, 관저정, 충순당과 같은 누각을 세우고서 상림원이라는 후원으로 조성했다. 고려의 궁궐을 놀이터로 바꾼 것이다.

이런 행위는 일본 제국이 조선을 강점한 직후인 1911년 창경궁에 동물원,

"이곳은 하늘 아래으뜸가는 복 받은 땅"

식물원을 만들어 창경원 같은 유원지로 만든 것이라든지 또 1915년 경복궁의 전각을 모두 헐어내버리고 공진회 박람회장으로 만든 일과 같다. 한 나라의 궁궐을 놀이터나 박람회장으로 삼는 행위는 역사를 모독하는 것이니 비판 받을 일이다.

이곳은 모두 1592년 임진왜란을 겪으며 황량한 벌판으로 변했다. 다만 겸재 정선의 그림 〈취미대〉를 보면 상림원터를 짐작할 수 있다. 지금 청와대 뒤쪽에 서서 경복궁과 남산 쪽을 바라본 풍경 말이다. 화폭 상단에 뾰얀 산이 남산이고 그 아래 회색 띠가 경복궁 북쪽 담장이다. 담장 아래로 텅 빈 터가 바로 오늘날 청와대 땅이요, 조선시대 상림원 땅이며, 고려시대 남경 궁궐터다. 그리고 하단에 둥그런 바위가 곧 취미대다.

이곳 서쪽으로는 농번기 때면 왕이 친히 농사를 짓곤 하던 논과 밭도 있었다. 또한 북쪽과 동쪽에 경호군대인 금위군, 서쪽에 말 키우는 마궐이 자리하고 있었으며 건물로는 과거 시험을 위한 융문당과 융무당, 경무대 그리고 농사를 위한 경농재가 있었다. 제26대 왕 고종1852-1919 시대 경복궁 재건을 진두지휘한 석파 이하응1820-1898은 이곳 상림원터에 담장을 설치하고 문무를 아우르는 과거 시험장으로 사용하기도 했다.

그뒤 조선을 강점한 일본 제국의 조선총독은 1939년 자신의 거주지인 총독관저를 이곳에 세웠다. 정확히 말하면 조선시대 과거 시험을 치르기 위해 세운 건물 가운데 경무대景武臺가 자리했던 터였다. 총독은 일찍이 남산 밑 필동 2가에 화장대和將臺라는 관저를 갖고 있었는데 조선총독부가 경복궁으로 옮겨오면서 이전했다. 총독관저로 거듭난 경무대는 철근 콘크리트로 지은 지하 일층, 지상 이층 규모에 그 겉을 백색 타일로 장식한 흰색 건물이었다. 하지만 지붕의 기와가 광채 나는 청색이어서 아주 먼 거리에서도 그 색깔이 눈에 들어올 만했다고 한다. 오늘날 청색 기와라는 뜻의 청와대란 이름은 거기서 왔다.

총독관저인 경무대로 사용하기 시작한 지 육 년이 지난 1945년 일본 제국

정선, 〈취미대〉, 22.5×30, 종이, 18세기, 개인
청와대 뒤쪽에서 경복궁과 남산 쪽을 바라본 풍경

이 물러가고 9월부터 군정장관 하지Hodge 중장이 경무대를 관저로 사용했다. 그 뒤 1948년 대한민국 정부 수립과 더불어 이승만1875-1965 전 대통령이 입주했다. 일본인 통치자가 사용하던 이름인 경무대라는 이름을 청와대靑瓦臺로 바꾼 것은 1960년 4·19혁명 이후의 일이다. 물론 이 건물은 김영삼1927-2015 전 대통령이 1993년 10월 철거해버렸고 지금의 청와대 건물은 1992년에 다시 지은 것이다.

오늘날 청와대 건물은 지나치게 높고 화려하다. 광화문 광장에서 보아도 푸른 청기와가 번쩍인다. 조선시대 궁궐은 저처럼 높이를 뽐내거나 색깔을 번득이지 않았다. 정조는 「경희궁지」에서 궁궐이란 어떠해야 하는지를 이렇게 일렀다.

그 거처를 호사스럽게 하거나, 외관을 화려하게 하기 위한 것은 아니다.

왕이 나라의 주인이라 떠받들던 시대도 이러했다. 민주주의 시대인 오늘날은 어때야 할까. 지방의 관청 건물들은 또 어때야 할까.

대은암, 풍광을 빗대 권력자를 비웃다

청와대 서쪽에는 조그만 궁궐이 붙어 있다. 육상궁이다. 바로 그 북쪽에 큰 바위가 있었으니 바로 대은암이다. 예전에는 그 곁에 개울물도 흐르고 바위도 제법이어서 무척이나 깊고 아름다운 풍광을 자랑하는 명승지였다. 지금은 개울이며 바위는 흔적도 없다. 그나마 겸재 정선의 그림과 앞에서 살핀 정선의 손자 정황의 〈대은암〉이 전해져 짐작할 따름이다. 겸재 정선은 두 점의 〈대은암〉을 후대에 남겼다. 모두 계곡의 물길과 기와집에 초가까지 아기자기하다.

『신증동국여지승람』에 대은암 옆 개울을 만리뢰라 하였는데 그림에 등장하는 냇가가 바로 그 만리뢰다. 만리뢰는 대은암에서 시작해 경복궁 서쪽 담장을 따라 흐르다가 궁궐 안으로 들어가 연못으로 흘러들었다. 연못을 나온 물줄기는 삼청동 쪽에서 흐르는 냇물과 만나서 지금 대한민국역사박물관과 종로구청 사이 길을 빠져나가 혜정교를 거쳐 청계천으로 흘러들어 개울을 이뤘다.

대은암이 대은암으로, 만리뢰가 만리뢰로 불린 데에는 까닭이 있다. 대은암은 당대 문장의 권력으로 영의정에 이른 인물인 지정 남곤1471-1527의 집 바로 뒤에 있었다. 이곳에 해동 강서시파의 두 거장 읍취헌 박은1479-1504과 용재 이행1478-1534이 드나들곤 했다. 박은은 「이행과 함께 남곤의 북쪽 정원에 노닐며」에서 대은암의 주인 남곤을 다음처럼 통쾌하게 희롱했다.

주인남곤은 산봉우리를 가졌으니 그것이 우리들박은, 이행의 향로인 셈이고, 주인이 계곡을 가졌으니 그것이 우리 집 처마 낙숫물인 셈이네. 주인의 벼슬과 권세가 대단하여 문 앞에 찾아온 수레 많기도 하다. 삼 년이 지나도록 단 하루도 찾지 않는 동산이라 산신령이 있다면 꾸지람을 당하리라.
찾아온 손님 다른 사람이 아니라 주인과 오래 사귄 벗이지. 대문 앞 지나며 차마 안 들어갈 수도 없고 냇물 따라 되돌아가는 것도 잘못된 생각이라 바위 틈에 잠시 쉬니 풍경을 다시 만나 참으로 반갑구나. 여울에 감춰진 곳, 안개 개어 나를 위해 열리니 학과 원숭이도 놀라 달아나며 울지 않는구나.
금이며 옥이며 가진 주인, 열 겹으로 싸두어 누구에 함부로 주리오. 자물쇠 굳게 채워 밤중에도 지키지만 대낮에 산이며 냇물을 옮겨 갈 줄은 모르는구나. 오래 앉아 날 저물고 흰 구름 먼 산봉우리에서 일어난다. 무심하기로 치면 내가 저 구름보다 못하여 자취 남기니 스스로 부끄럽구나.

박은과 이행 두 사람이 이곳에 올 적이면 정작 집 주인 남곤은 새벽에 출근해

"이곳은 하늘 아래으뜸가는 복 받은 땅"

정선, 〈대은암〉, 《장동팔경첩》1, 29.5×33.1, 종이, 18세기, 국립중앙박물관
청와대 서편에 있는 육상궁 북쪽 백악산 기슭

정선, 〈대은암〉, 《장동팔경첩》2, 29.5×33.7, 종이, 18세기, 간송미술관
청와대 서편에 있는 육상궁 북쪽 백악산 기슭

깊은 밤에야 퇴근하므로 서로 마주치지 않았다. 이에 박은이 그 바위를 '대은암'이라 이름하고, 그 여울을 '만리뢰'라고 이름 하였던 것인데 남곤을 희롱하여 놀린 것이다. 자신들은 이 바위를 즐겼으나 정작 주인은 바위를 즐기기는커녕 제집에 바위가 있는 줄도 몰랐으므로 '대은'大隱이 되는 셈이고, 여울 역시 가까이 있으나 즐기지 못하니 만 리나 떨어져 있는 셈이어서 '만리뢰'가 되었다. 박은과 이행은 이 시를 바위에 적어두었다고 한다.

박은과 이행이 남곤을 그렇게 놀린 데는 까닭이 있었다. 남곤은 1519년 기묘사화를 일으켜 열정에 넘치는 개혁 관료들인 조광조를 비롯해 양팽손, 기준, 최산두와 같은 기묘사학사를 비롯한 신진 사림파 세력을 대거 숙청해버린 주역이었다. 그토록 참혹한 짓을 저지르고서도 좌의정을 거쳐 1523년에는 영의정에까지 올랐다. 죄악의 대가로 권세를 누리던 남곤일지언정 제집 근처 바위를 알아보지 못하고, 권세와는 거리가 멀던 박은과 이행 앞에서라야 바위와 여울이 제모습을 드러내 함께 어울리곤 했으니 이 또한 자연의 섭리가 아닐 수 없다.

계곡 따라 들어선 누정의 아취, 권세의 흔적

지금의 육상궁 옆길에서 경복고등학교를 거쳐 청운중학교 정문까지 가는 길 어딘가에 폭포가 있었고 그 폭포 위쪽에 있는 만리뢰 계곡을 따라 독락정이 있었다. 지금은 그 흔적조차 찾을 수 없는 독락정은 영의정에 오른 퇴우당 김수홍1626-1690이 집 가까이에 지은 정자다. 그의 집은 궁정동 2번지 무속헌無俗軒터로 지금은 주한교황청대사관이 자리잡고 있다. 풍수에서 말하는 명당으로 조선초기 명승 학조대사가 조카인 김번1479-1544에게 정해준 집터였다. 김번은 천문지리 분야의 경전인 『주역』의 이치에 맞게 집을 지었고, 그덕에 후손들이 크게 번성할 수 있었다

01— 도봉에서 삼각산을 거쳐 백악에 이르다

고 하는데 김수홍이 바로 그 후손이다. 독락정을 그린 작품은 모두 세 점이다. 그 중 두 점은 겸재 정선의 것이고 한 점은 방호자 장시흥1714-1789이후의 것이다.

독락정을 세운 김수홍은 장동김문의 적자요, 서인당의 영수였다. 장동김문에 관한 설명은 뒤로 미루는 편이 나을 듯하다. 김수홍은 1674년 영의정에 올랐는데 탄핵당해 춘천에서 유배를 살다가 1680년 서인당이 집권했을 때 또 다시 영의정에 올랐다. 두 차례나 영의정에 오른 그였지만 1689년 제19대 왕 숙종1661-1720의 후궁 희빈 장씨의 소생을 세자로 책봉하는 문제로 남인당이 권력을 잡은 기사환국으로 몰락한 뒤 유배당했다가 그곳에서 별세했다. 영광과 굴욕의 굴곡진 생애를 살아가면서 고단할 적이면 이곳 독락정에 올라 그윽함을 누리곤 했던 그는 이곳이 워낙 좋았던지 가문 사람들에게도 개방하여 멋진 풍광을 누리도록 베풀었다. 1682년 어느 날 그의 조카이자 동생 김수항의 아들인 삼연 김창흡1653-1722과 모주 김시보1658-1734가 어울려 독락정에서 작별의 회포를 나누었다는 기록은 그 사례라 할 것이다.

지금 전해오는 세 점의 작품은 주인이 바뀐 뒤의 그림이다. 김수홍의 집과 독락정은 1743년에는 이미 심공량沈公良이란 사람의 차지가 되어 있었다. 이런 사실은 『승정원일기』 1743년의 기록에서 확인할 수 있다. 그해 11월 27일 눈이 내리던 날 밤, 이곳 독락정의 주인 심공량의 집에 호랑이가 들어와 돼지 한 마리를 잡아가는 사건이 일어났다고 했다. 그러니까 김씨가에서 심씨가로 주인이 바뀌었고 또 호랑이가 출몰하던 곳이라는 사실도 알 수 있다.

정선의 〈독락정〉 두 점은 각각 1751년과 1755년에 그린 것이고 장시흥의 〈독락정〉은 1784년에 그린 것이다. 작품의 시차도 삼십 년쯤 나는 데다 작가가 달라서인지 풍경도 다르다. 몰락한 양반 출신 화가인 정선의 작품은 계곡의 굽이굽이를 과장하여 가파른 느낌을 준다. 하지만 중인 출신 도화서 화원 장시흥의 작품은 계곡을 평안하게 설정하여 아늑한 느낌이 든다. 정선의 작품에는 사람이 없는

"이곳은 하늘 아래으뜸가는 복 받은 땅"

정선, 〈독락정〉, 《장동팔경첩》1, 29.5×33.7, 종이, 1751, 국립중앙박물관
청와대 서편에 있는 육상궁 북쪽, 대은암 위쪽 계곡 풍경

정선, 〈독락정〉, 《장동팔경첩》2, 29.5×33.7, 종이, 1755, 간송미술관
청와대 서편에 있는 육상궁 북쪽, 대은암 위쪽 계곡 풍경

장시흥, 〈독락정〉, 40×33, 종이, 1784, 개인

청와대 서편에 있는 육상궁 북쪽, 대은암 위쪽 계곡 풍경

데 비해 장시흥의 작품에는 홀로 외로움을 누리는 선비 한 사람이 앉아 있고 아랫길엔 술 채운 오리병을 들고 정자를 향하는 머슴이 있어 훨씬 정겹다. 사람들은 장시흥이 정선을 따라 그렸으나 진수를 터득하지 못했다고 한다. 하지만 그 '진수'라는 게 모호하다. 설령 장시흥이 진수를 터득하지 못했다고 해도 그의 그림이 정겹고 여유로워 그 또한 좋지 않은가.

18세기 중엽의 도화서 화원 장시흥은 그 출신과 행장을 알 수 없는 인물이다. 국가 기록화 사업인 의궤 제작 업무에 숱하게 참여했음을 알 수 있을 뿐이다. 다만 17세기 화원 장자성1664-?으로부터 비롯하는 화원 명가 인동장씨 가문 출신이 아닐까 싶지만 막연한 짐작일 뿐이다. 뒷날 연구자들은 장시흥이 겸재 정선이나 현재 심사정1707-1769의 화풍을 되풀이 하고 있어서 주목할 만한 화가가 아니라고 낮춰보고 있지만 기껏 열 점밖에 남지 않은 화가의 작품을 두고 그렇게 간단없이 판단해버릴 일이 아니다. 그나마 남아 있는 그림은 모두 도성 명승지를 그린 것으로 당대 권문세가의 주문에 따른 제작이었을 터이다. 하지만 주문 제작이라고 해서 어찌 화가 자신의 눈길과 감흥을 감출 수 있겠는가. 화폭에 쓴 대로 그 아호가 방호자方壺子라, 네모진 항아리란 뜻인데 이처럼 기이하여 알 수 없는 말을 제것으로 삼는 인물이라면 특별한 세계를 갖춘 이였을 게다.

만리뢰 계곡에는 독락정 말고도 청송당이 있었다. 정암 조광조 문하에서 자라난 인물인 청송 성수침1493-1564이 살던 집이다. 지금은 사라져 볼 수는 없으나 정선의 그림이 남아 있어 그 시절 그 풍경을 짐작할 수 있다. 같은 그림 두 점이 남아 국립중앙박물관과 간송미술관에 전해진다. 청송당 앞 냇가 어느 어간의 큰 바위에는 '유란동'이란 글씨가 있었고 또 뒷날 청송당이 사라지자 누군가가 청송당이 있던 터라는 뜻으로 '청송당 유지'란 글씨를 새겨두었다. 지금 그 글씨가 새겨진 바위는 경기상업고등학교 뒤뜰에 자리잡고 있는데 이게 학교터에 있었으므로 그나

"이곳은 하늘 아래으뜸가는 복 받은 땅"

정선, 〈청송당〉, 《장동팔경첩》1, 29.5×33.7, 종이, 18세기, 국립중앙박물관
경기상업고등학교 뒤뜰 청송당터 풍경

마 보존되어 있는 것이지 만약 학교 담장 너머 갖은 집들이 다닥다닥 붙은 마을로 바뀌었다면 흔적조차 사라지고 말았을 게다.

청송당의 원래 주인 성수침은 어릴 때 당대의 개혁정치가였던 조광조 문하에 나갔다. 스물일곱 살 때인 1519년 기묘사화가 일어나 스승 조광조와 그 친구들이 죽임을 당하거나 유배를 떠나는 걸 지켜보고는 이 마을로 숨어들었다. 하지만 경복궁 바로 뒤쪽이어서 숨어버렸다고 하기에는 궁궐이 너무 가까웠다. 물론 그 동네 이름이 유란동임에서 알 수 있듯 계곡이 깊은 땅이라 웬만한 산 속보다도 훨씬 깊은 땅이었다. 그는 중년에 이르러 벼슬을 거절하고 파주로 들어갔는데 또 다시 벼슬이 내려왔지만 끝내 거절했다. 평생을 학문에 빠져 있었으므로 별세할 적에 장례마저 치를 수 없을 만큼 가난했다. 그래서 사간원이 상소하여 국가에서 장례비용을 지급해주었다. 동시대의 처사였던 남명 조식1501-1572은 어린 시절 이곳으로 이사를 왔다 그를 만나 평생의 벗이 되었다. 성수침이 세상을 떠나자 당대의 탁월한 학자들인 퇴계 이황1501-1570, 고봉 기대승1527-1572, 율곡 이이가 글을 써 그의 생애를 추모했다. 학문과 생애 양쪽 모두에서 눈부신 업적을 쌓은 위대한 인물이자 여러 당파에 의해 비조로 추앙 받는 이들이 한결같이 깊은 애도의 뜻을 드러낸 것이다. 이후 당파가 생기고 나서부터는 결코 찾아볼 수 없던 일이다.

본시 이 땅은 서인당의 최대가문인 장동김문이 독점하다시피 하던 터라 동인, 남인, 북인은 범접하기 어려웠다. 그래서였을까, 서인당의 동토 윤순거1596-1668, 미촌 윤선거1610-1669 형제가 임진왜란 때 불타버린 청송당을 1668년에 중건했다. 성수침의 외손자인 이들에게는 집안일이었지만 이후 서인당이 노론과 소론으로 나뉘고 난 뒤에 저 청송당은 갈래갈래 찢어지는 당파의 거점으로 바뀌고 말았다.

청송당은 비록 사라졌으되 당쟁에서 비켜선 채 흐르는 물과 불어대는 바람을 벗삼아 살던 성수침과 청송당이란 이름은 여전하다. 그 이름 청송당은 성수침의 아버지와 교유하던 눌재 박상1474-1530이 지어준 것이다. 유래는 이렇다. 성수

"이곳은 하늘 아래으뜸가는 복 받은 땅"

침이 이곳에 정자를 짓고 주위에 소나무를 심었다. 그러고 보니 소나무의 푸르른 색이 볼만해서 이를 본 박상이 '청송'聽松이라 이름 지었다. 소나무를 스치는 바람 소리를 듣는다는 뜻인데 새길수록 그 뜻이 깊고도 깊다.

겸재의 그림으로 떠올리는 경복궁과 숭례문 옛 풍경

정선의 그림으로 바라볼 수 있는 풍경은 또 있다. 경복궁 서쪽 물길의 근원인 대은암 일대를 그린 〈은암동록〉隱岩東麓이 그것이다. 화폭 중앙 아래 넓은 빈터에 네모난 바위가 보인다. 그 오른쪽 나무 아래 둔덕에 살짝 머리를 드러낸 굴뚝 같은 두 개의 기둥이 서 있는 모습도 이채롭다. 어디 그뿐인가. 멀리 남산 꼭대기엔 소나무가 외로이 솟아 있고 아주 희미하게 그려놓은 남대문 너머 한강 저편의 관악산이 보인다.

하지만 무엇보다도 이 그림에서 눈길을 끄는 것은 화폭 가운데를 가로지르는 담벼락이다. 경복궁 담장인데 그 모습이 예사롭지 않다. 두 군데가 허물어진 채 방치되어 있다. 왜 허물어졌던 것일까. 1592년 부산에 상륙한 일본군이 질풍처럼 북상해 5월 3일 한양을 점령했다. 그뒤 일본군은 1593년 4월 19일 한양을 버린 채 남쪽으로 후퇴할 때 남산 쪽 일부를 제외한 도성 전역에 불을 질렀고, 물론 경복궁마저 폐허로 만들어버렸다. 일본군을 밀어낸 다음, 한양을 수복한 선조 일행은 일본군이 불태워 황량해진 경복궁을 버리고 창덕궁으로 가야 했다. 그로부터 약 일백오십 년이 지난 뒤 겸재 정선이 그릴 때에도 여전히 경복궁은 담벼락과 소나무만 무성한 숲이었다.

이 그림에서 눈여겨볼 곳은 또 있다. 한양 일대를 그린 그 많은 그림 가운데 남대문이건 동대문이건 문을 그린 그림은 그리 많지 않다. 신기한 일이다. 마침

〈은암동록〉화폭 오른쪽 위로 아주 작지만 남대문이 등장하므로 여기서 남대문 이야기를 해볼 셈이다. 남대문의 정식 이름은 숭례문崇禮門이다. 남쪽을 상징하는 문자가 예禮라서 존중한다는 뜻의 숭崇을 붙여 숭례문이라 이름 지었다. 숭례문은 도성의 정문으로 어떤 문보다 규모가 크고 아름다운 건물이다. 뒷날 국보 제1호가 되었다.

현판 글씨는 세종의 형 양녕대군1394-1462이 써주어 새긴 것이다. 가로가 아니라 세로로 세워 새긴 까닭은 풍수와 관련이 있다. 저 멀리 보이는 관악산이 불을 뿜는 화산이므로 관악산을 정면에서 마주하고 있는 숭례문이 불기운을 막는 역할을 해야 했다. 그래서 관악산으로 하여금 예의를 갖추라는 뜻으로 위엄 있게 세로로 세운 것이다. 하지만 예를 갖출지 어쩔지 알 수 없었으므로 경복궁 앞에다가 물을 뿜는 해태 두 마리를 세워두었다. 물 뿌리는 소방수였다. 그런데 2006년부터 광화문을 다시 짓는다고 해태상 둘레에 천막을 쳐버렸다. 그래서였을까. 2008년 2월 저 숭례문이 순식간에 타오르고 말았다. 관악산에서 뿜어대는 불기운을 견디지 못한 것일까.

함께 불에 탈 뻔한 숭례문 세로 현판은 임진왜란의 수난조차 견뎠을 만큼 대단한 것이었다. 임진왜란 때 일본군이 떼서 버렸는데 이후 행방을 알 수 없었다. 그러던 언젠가 숭례문 밖 청파동의 넝쿨내라 부르는 만초천 아래 배다리라 부르는 주교 웅덩이에서 현판이 나타났다. 이것을 다시 걸었고 현판은 일제강점기와 한국전쟁을 거치면서도 제자리를 지켜왔다. 바로 그런 숭례문 현판이었기에 소방관의 손에 의해 살아남았던 것일까.

기억해둘 이야기는 더 있다. 일본 통감부가 압력을 가해 1907년 8월 1일 훈련원에서 조선군대를 해산하자 명령을 거부한 채 해산식에 참석하지 않은 시위대 제1연대 박승환1869-1907 대대장의 이야기다. 박승환 대장은 '대한제국 만세'를 외친 다음, 자신의 사무실에서 권총 자결을 감행하였다. 그는 다음과 같은 유서를 남

"이곳은 하늘 아래으뜸가는 복 받은 땅"

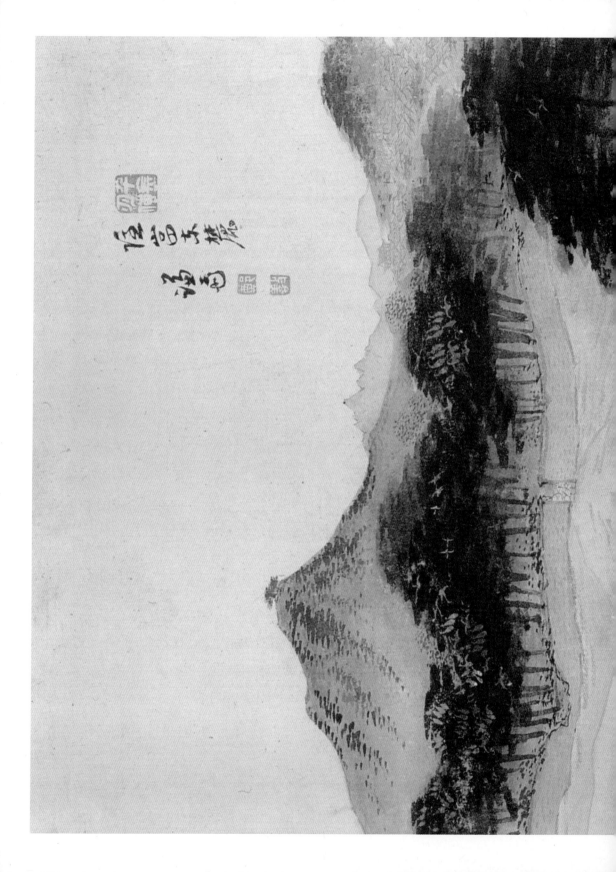

정선, 〈은암동록〉, 《경교명승첩-하권》, 30.3×31.4, 종이, 18세기, 간송미술관

청와대에서 경복궁 담장 너머 남산과 승례문을 바라본 풍경

겼다.

군인은 국가를 위하여 경비함이 직책이어늘, 이제 외국이 침략하고 있음에
도 불구하고 홀연히 군대를 해산하니 이는 황제의 뜻이 아니요, 적신賊臣이
황명皇命을 위조함이라. 내 죽을지언정 명령을 받을 수 없다. 군인이 능히
나라를 지키지 못하고 신하가 능히 충성을 다하지 못하면 만 번 죽어도 아
깝지 않다.

이를 지켜본 장병이 소식을 전하니 따르던 이들이 격분하여 탄약고를 부수
고 무장봉기를 개시하였다. 제2연대도 함께 일어나 숭례문 일대를 무대로 격렬한
시가전을 전개하여 비록 이백여 명 사상자를 냈지만 적군에게도 일백여 명 사상자
를 내는 전과를 올렸다. 이때 전투에 참가했던 장병들이 그뒤 의병으로 전환함으
로써 불굴의 의지를 천명했다는 사실은 더욱 눈부시다.

이날의 무장봉기로 말미암아 숭례문 일대는 국권을 수호하는 전적지로 자리
잡았다. 이런 사실이 매우 불편했던 통감부는 1908년 일본 황태자 방문을 핑계 삼
아 숭례문을 철거하고자 하였다. 하지만 어디 감히 철거하느냐는 반대 여론으로
뜻을 이루지 못하자 남쪽 성벽을 파괴하여 외톨이로 만들어 고립시켜두었다. 오늘
날 숭례문이 섬처럼 고립당해 있는 것은 그런 연유다.

문예사족의 집결지, 삼청동 풍류는 모두 다 어디로

사족 명문가 출신 근와 홍석모1781-1857가 1849년에 지은 『동국세시기』를 보
면 새해 첫날과 정월대보름 사이 어느 날에 한양 여성들이 삼청동을 거쳐 숙정문

까지 세 차례씩 오르내렸다고 한다. 한 해의 불운을 미리 막는 이른바 액막이 치레였다. 숙정문과 창의문은 조선 개국 초부터 닫아두었다고 하는데, 이 문으로 기운이 새어나가는 것을 막기 위해서였다. 숙정문과 달리 창의문은 통행에 불편이 있다는 논란이 계속 이어지자 1501년경부터는 열어두었다. 숙정문도 꽉 닫아두기만 한 건 아니었다. 가뭄이 들면 숭례문을 닫고 이곳 숙정문을 연 다음 기우제를 지내곤 했다. 숙정문은 음陰과 물水을 뜻하는 북쪽 방위문이고 숭례문은 양陽과 불火을 뜻하는 남쪽 방위문이었기 때문이다.

숙정문이 어둡고 축축한 음문陰門 다시 말해 여성의 성기이기 때문에 문을 닫아두었다는 전설도 있다. 중인 출신 학자 오주 이규경1788-1856이 1840년에 지은 『오주연문장전산고』에는 다음처럼 써 있다.

> 이 문을 열어놓으면 성 안 여염집에서 여자의 음탕한 움직임이 많이 생겨
> 서울 장안의 풍기가 문란해지기 때문에 문을 그대로 닫아두었다.

숙정문이 있는 삼청동은 음기가 가득하다고들 했다. 전설에 의하면 음기는 냇물이며 우물이며 계곡에도 가득했다. 우물로는 성제우물, 양푼우물이 있고 계곡으로는 영수곡, 운장곡이 있어 이 모든 것이 음기를 더욱 강하게 했다. 이곳 삼청동엔 거대한 바위들이 즐비했다. 이 바위들은 음기가 흐르는 삼청동 냇가에서 그 음기를 뚫고 솟아오른 양기를 상징했다. 삼청동 입구임을 알리는 병풍바위, 말바위, 부엉바위와 윗부분이 평평하다 해서 민바위 그리고 북두칠성에 제사를 지내는 기천석이며 백련봉 아래 달빛 그림자처럼 아름다운 영월암은 음기 속에서 노니는 양기였다.

사족 화가 권신응1728-1786이 《북악십경첩》에 그린 〈삼청동〉은 일대의 지형을 그대로 그린 작품이다. 한복판에 '고래등짝' 같은 기와집이 있고 기와집 바로 뒤

"이곳은 하늘 아래으뜸가는 복 받은 땅"

권신응, 〈삼청동〉, 《북악십경첩》, 25.7×41.7, 종이, 1753, 개인
삼청공원 풍경

쪽에 봉우리 하나가 봉긋이 솟아올랐다. 백련봉이다. 백련봉을 중심으로 커다란 봉우리들이 둘러 있어 둥그런 분지를 만들어 놓았다. 여성의 음부 깊은 안쪽처럼 말이다. 삼청동의 주인은 19세기 전반기 세도정권의 집정자 풍고 김조순1765-1831 과 그 아들 황산 김유근1785-1840이었다. 특히 〈삼청동〉에 보이는 저 백련봉 아래 기와집은 김유근에 이르러 옥호정이란 이름을 갖추고서 당대 명사들을 끌어들여 문예의 보금자리로 떠올랐다. 김유근이 널따란 집터를 마련하고 집을 지은 곳은 종로구 삼청동 백련봉 아래 삼청공원 길 건너편 백악산 동쪽 기슭이다. 삼청동 일 대는 워낙 바위가 많아 계곡이 발달했고 우물도 많다. 예로부터 한양 도성의 명승 가운데 제일경으로 손꼽았다. 황산 김유근은 이곳 옥호정에서 아우인 하옥 김좌근 1797-1869과 더불어 사족예원 집단 백련사를 경영했다. 백련사는 김유근의 아버지 이자 세도정권의 제일인자 김조순의 벗들인 김이양1755-1845, 이명오1750-1836, 김 이교1764-1832, 이복현1767-1853, 김려1766-1821와 같은 당대 사족 문인 집단으로, 이 들은 대체로 당대 예원맹주 자하 신위1769-1847의 동료들이다. 이 백련사는 문예집 단의 활력이 중인예원으로 옮겨가던 시절, 사족예원 최후의 집단이었으며 누가 그 렸는지 모르지만 〈옥호정도〉는 백련사의 보금자리가 어떠했는지를 알려주는 풍경 화다. 〈옥호정도〉는 김유근의 정자인 옥호정만 그린 게 아니다. 옥호정이 포함된 집터 전체와 북쪽으로는 백련봉, 동쪽으로는 삼청동천을 그린 지도인 셈이다. 〈옥 호정도〉를 보면 상단에 백련암이 있고 하단 오른쪽에 냇물이 흐르는데 그 지형으 로 미루어볼 때 이는 삼청동천이다.

삼청동천은 백악산 동쪽 기슭에서 시작해 금융연수원 앞으로 해서 국립현대 미술관 서울관과 동십자각을 지나 미국대사관과 종로구청 사이를 거쳐 광화문 네 거리 교보문고 뒷길을 빠져 청계천으로 흘러드는 기나긴 하천으로 지금은 시멘트 로 뒤덮인 채 길 아래 땅굴이 되어버린 복개천이어서 겉으론 흔적조차 없다.

황산 김유근이 별세한 뒤 그 집이 황량해짐에 따라 이 땅은 1960년대까지

"이곳은 하늘 아래으뜸가는 복 받은 땅"

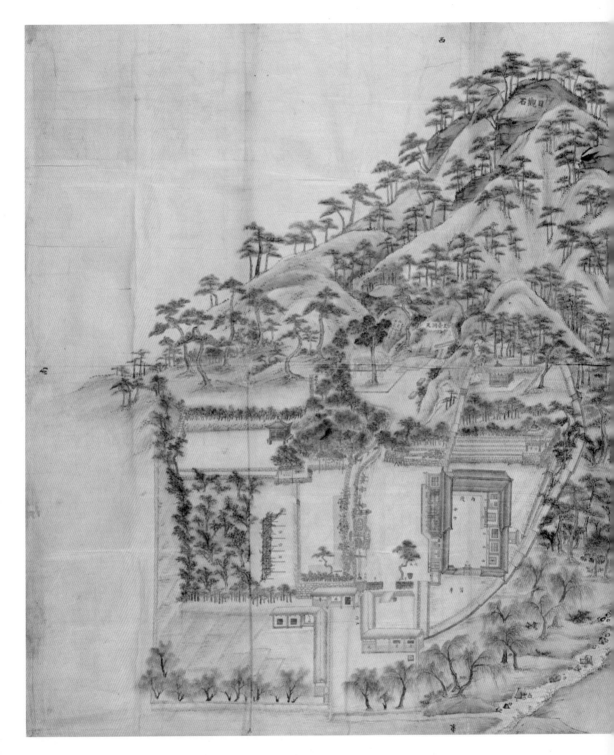

미상, 〈옥호정도〉, 193×150.3, 종이, 19세기, 국립중앙박물관(이춘녕 유족 기증)

삼청공원 건너편 백악산 동쪽 기슭 풍경

아주 오랫동안 '황산터'라 불렸다. 그래서 이 터가 김유근의 집터로 알려져 있지만 사실 첫 주인은 김유근의 아버지이자 세도정권의 집정자 김조순이다. 그가 김유근에게 물려준 땅인 것이다.

그보다 거슬러 올라가보면 이 땅의 주인은 다른 이였던 것 같다. 이 땅의 진산인 백련봉은 그 모양이 흰 연꽃 같다고 해서 그렇게 부르는데 백련봉 아래쪽에 바위벽이 있고 그곳엔 '영월암'影月嵒이란 커다란 글자가 새겨져 있다. 달빛 그림자 비치는 바위란 뜻인데 이 글씨는 청백리로 만년에 벼슬을 마다하고 학문에 탐닉하며 살아간 은자 연봉 이기설1558-1622이 새겼다고 한다. 이기설의 아호인 연봉도 바로 저 백련봉에서 따온 것으로 그는 도시에서 사는 은일지사였다. 그러니까 이 땅의 주인은 아무래도 이기설이 아닌가 한다.

또한 이곳 백련봉 아래 삼청동은 국가 시설인 삼청도관이 있어 삼청동이라고 불렸다. 삼청도관은 도교의 세 신선인 태청太淸, 상청上淸, 옥청玉淸을 모시는 성전으로 태조 이성계는 이곳에 소격서를 두어 봄과 가을 두 차례에 걸쳐 하늘에 제사를 드리는 이른바 천제를 지냈다. 이렇게 하늘에 제사를 지내는 건 제후국가에서 감히 할 수 없는 행위였다. 이성계는 그러니까 도교의 형식을 빌리긴 했지만 스스로 천자天子의 위엄을 갖추고 싶었던 것이다. 그런데 그로부터 한 세기가 지난 1517년 사림의 태산북두라 하는 정암 조광조가 나서서 제후가 어찌 하늘에 제사를 지내느냐며 소격서와 삼청도관의 폐지를 강력히 주장함에 따라 예부터 해오던 천제를 폐지해버렸다.

1905년 을사늑약을 규탄하는 궐기호소문인 「시일야방성대곡」을 발표하여 일본헌병에 체포, 투옥당한 위암 장지연1864-1921은 「유삼청동기」란 글에서 이렇게 묘사했다.

삼청동 골짜기는 바위와 비탈이 깎아지른 듯 나무도 그윽히 우거진 속을 이루고, 높은 데서 흐르는 물이 깊은 연못을 짓는다. 다시 물은 돌바닥 위로 졸졸 흘러 이곳저곳에서 가느다란 폭포를 이루며 물구슬마저 튀기곤 한다. 여름철에도 서늘한 기운이 감돌아서 해마다 한여름이면 장안의 놀이꾼 선비는 말할 것도 없고 아낙네들까지도 꾸역꾸역 모여들어 서로 어깨를 비빌 만큼 발자국 소리도 요란하였다.

그러니까 장지연이 살던 1921년 이전까지 삼청동은 도시의 계곡이었다. 일제가 조선을 강점한 뒤 도시를 훼손하면서부터 삼청동에 살림집이 들어앉기 시작했고 1929년에는 이곳 삼청동 계곡을 공원으로 만들어야 한다는 주장이 나오기 시작했다. 이에 경성부가 임야 약 십육만오천 제곱미터(오만 평)에 순환도로, 산책도로와 정자, 의자와 목욕장을 시설해 1934년 3월에 공원으로 개장했다. 그 이후로 해방 뒤에도, 지금까지도 그 모습 그대로다. 그뿐만인가. 오늘날 이곳에는 그저 음식점과 옷가게만 천지다. 문예와 풍류는커녕 잡동사니 시장터만 우리 몫으로 남았다.

"이곳은 하늘 아래으뜸가는 복 받은 땅"

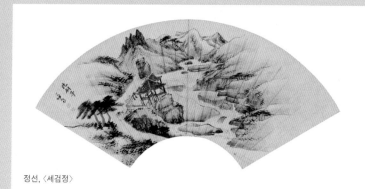

정선, 〈세검정〉

권신응, 〈세검정〉

유숙, 〈세검정〉

권신응, 〈총융청〉

권신응, 〈홍지문 수문루〉

권신응, 〈삼계동 석파정〉

정선, 〈창의문〉

정선, 〈백운동〉

정황, 〈이안와 수석시축〉

장시흥, 〈창의문도〉

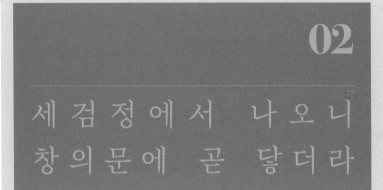

02

세검정에서 나오니
창의문에 곧 닿더라

정선, 〈홍지문 수문천석〉

권신응, 〈사일동〉

냇가와 바위가 어울려
참으로 좋구나

칼과 붓을 씻은 땅, 세검정

주변 풍광이 모두 망가진 지금이야 이곳에 나아가 즐기는 사람이 없지만 세
검정은 예전엔 최고의 명승지였다. 세검정 그 바로 위쪽 탕춘대 또한 냇가와 바위
가 어울려 아름답기 그지없었다고 한다. 이 모습 지켜보던 연산 왕이 왕위에 오른
지 십여 년째인 1505년 탕춘대 곁에 있던 장의사 스님들을 쫓아내고 궁궐로 삼아
풍류를 즐겼다. 장의사는 신라시대 때 백제와 싸우다 전사한 화랑인 춘랑春郞과 파
랑罷郞을 기리기 위해 659년에 지은 팔백 칸 큰절이었다. 조선을 개국하고서 이곳
이 너무도 아름다워 '경도십영'의 하나인 '장의심승'藏義尋僧으로 뽑힐 정도였다. 연
산 왕은 장의사와 탕춘대 유희가 제풀에 겨워질 때면 아래쪽 시냇가로 내려가 흐
르는 물결과 구름에 파묻혔다. 이때 누워 있을 정자가 필요해 지은 게 세검정이었
을 것이다.

탕춘대야 방탕하다는 뜻 그대로지만 세검정은 칼을 씻는다는 뜻이어서 잠시
답답하다. 항변하는 신하 목 베고서 피 묻은 칼 씻었을까. 연산 왕이 정변으로 쫓

겨난 뒤 일백 년이 지나면서 탕춘대 풍류 또한 전설처럼 사라질 무렵 제15대 왕 광해1575-1641를 폐위하려고 음모를 꾸미던 이귀1557-1633, 김류1571-1648 같은 무리가 1623년 6월 12일 이곳 정자에서 검을 씻은 다음 경복궁 뒤쪽 창의문을 통해 궁궐로 난입하였다고 하니 비로소 알 듯 싶다.

하지만 세검정은 칼을 씻는 장소만은 아니었다. 역사가들이 『조선왕조실록』 편찬을 완료하고 난 뒤 버려야 할 문서들의 먹물 글씨를 깨끗이 씻어내는 이른바 '세초' 장소였다. 세종은 이곳에 종이 만드는 공장인 조지서를 세웠다. 1883년에 펴낸 『동국여지비고』에 나오는 이야기다. 역사를 기록하는 붓을 칼에 빗대 붓 씻기를 칼 씻기라는 뜻으로 세검이라 했음을 생각하면 먹물 잔뜩 머금은 개울 속에 왕국의 흥망성쇠가 모두 담겨 있을 것만 같다. 제21대 왕인 영조1694-1776는 이곳에 수도를 경비하는 사령부인 총융청을 설치하고 군수창고인 평창平倉을 두어 비상시에 대비하였다. 그러고 보니 평창동이란 동네 이름은 이때 생긴 것이다. 전시 체제를 준비하는 동네 말이다.

세검정 풍경은 겸재 정선과 노론 명문가의 선비 권신응, 그리고 19세기 중엽 중인 출신의 도화서 화원 혜산 유숙1827-1873처럼 빼어난 화가들의 그림으로 당시 모습이 전해진다. 공교롭게도 정선과 유숙은 한 세기 간격으로 그렸는데 영조와 정조의 기개를 표현한 작품을 꼽으라 한다면 단연 정선의 작품이다. 그야 그렇지만 나는 유숙의 그림에 주목한다. 수헌 유본예의 『한경지략』에 등장하는 모습과 아주 비슷해서다. 그는 세검정에 대해 '매년 장마철 물이 불어날 때 성 안 사람들이 나가서 구경한다'고 기록했다. 또 '그 물줄기를 거슬러 올라가면 동령폭포가 있다'고 했다. 또한 정자 앞에 널린 바위가 널빤지같이 매끈하므로 소년들이 모여들어 글씨 연습을 하였기에 늘 먹물이 배어 있었다는 이야기가 재미있는데 유숙의 그림에 바로 그 먹물 밴 바위가 보인다. 성근 붓자국으로 그려낸 바위와 물결이 어설퍼서 그런 것인지 몰라도 먹물이 흐르는 느낌이다. 정선의 옹골차고 깔끔한 〈세검

냇가와 바위가 어울려참으로 좋구나

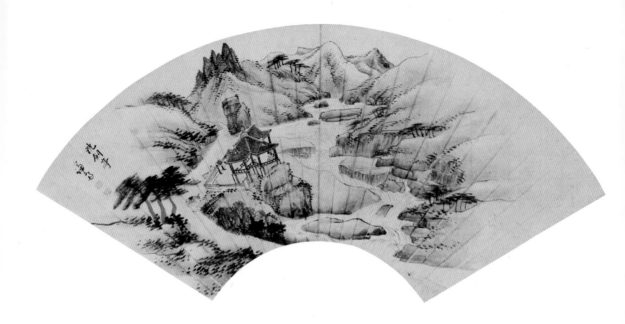

정선, 〈세검정〉, 61.9×22.7, 종이, 18세기, 국립중앙박물관
세검정 건너편 언덕배기에서 세검정을 내려다본 풍경

권신응, 〈세검정〉, 《북악십경첩》, 25.7×41.7, 종이, 1753, 개인

세검정 건너편 언덕배기에서 세검정을 내려다본 풍경

유숙, 〈세검정〉, 58.3×26.1, 종이, 19세기, 국립중앙박물관
세검정 건너편 아래쪽 길에서 세검정을 내려다본 풍경

洗劍亭

정〉에 비해 유숙의 〈세검정〉은 평퍼짐해서 높은 평가를 얻지 못했지만 오히려 사실성이 더욱 돋보이고 또한 네 명의 선비 말고도 화폭 한가운데 승려가 있어 현장감마저 살아 있다.

그런데 재미있는 건 정선의 세검정은 '정'丁자형이고 유숙의 세검정은 '일'一자형이라는 사실이다. 건물 생김이 다르니 분명 일백 년 사이에 다시 지은 게다. 기록은 없지만 그림이 그러하니 말이다. 그로부터 일백 년이 흐른 뒤인 1941년 세검정은 그 옆 종이공장에 불이 나서 함께 사라졌다. 그 빈터를 기억하고 있다가 1977년에 다시 지었는데 이때는 정선의 그림을 따랐으니 지금 세검정은 18세기 때의 모양인 셈이다.

권신응이 《북악십경첩》에 그린 〈세검정〉은 할아버지뻘 선배인 겸재 정선이나 일백 년 뒤의 후배 혜산 유숙이 그린 세검정과는 또 크게 다르다. 권신응의 세검정은 세검천을 상하로 나누어 위쪽에 한양성곽이 보이는 백악산을 가파르게 그려두었고 그 아래쪽 냇물의 발원지인 백사동천부터 일직선으로 흐르는 세검천을 그려놓았다. 흥미로운 것은 풍류를 즐기는 선비와 빨래하는 아낙네를 함께 그린 점이다. 명승지 특히 북악십경과 같은 승경을 그리면서 여성을 등장시키는 예도 없고 더구나 빨래하는 모습이라니 참으로 놀라운 발상이라 아니할 수 없다.

총융청에서 비롯한 신영동의 유래

오늘날 세검정초등학교 자리에는 군부대인 총융청이 들어서 있었다. 그전에는 장의사란 절집이 있었다. 앞서 연산 왕이 이곳에서 유흥을 즐겼다고 했는데, 이미 그 이전 세종 시대인 1426년에는 독서당으로 사용한 전력이 있다. 불교를 배척하던 국가 권력이 폭력으로 앗은 것이다. 워낙 빼어난 승경지여서 겪은 수난이라 하겠다.

화가 권신응의 그림 한복판 명당터에 늠름하게 자리잡고 있는 기와집 건물이 바로 총융청이다. 권신응이 이곳 풍경을 그리던 1753년에는 총융청 건물 규모가 무려 삼백 칸이 넘었다고 하므로 원래의 팔백 칸 장의사 건물과 합쳐 그 위용이 대단했을 것이다. 이 그림 왼쪽 하단 바위에는 '탕춘대', 그림 오른쪽 중단 숲에는 '조지서'란 글자를 써놓았다. 기와집에는 '영각'營閣이라고 써뒀다. 총융청 본영 건물이란 뜻으로 그렇게 쓴 것이다.

『동국여지승람』에 따르면 총융청은 정변을 일으켜 정권을 잡은 제16대 왕 인조1595-1649가 1624년에 설치한 군부대였다. 처음엔 이곳이 아니라 지금의 사직동 북쪽에 설치했다고 한다. 제18대 왕 현종1641-1674 때인 1669년에는 삼청동으로 옮겼고, 영조 시대인 1747년에는 북한산성 사무를 관리하던 경리청을 흡수, 병합하여 규모가 커졌다. 조직이 커지자 1750년에 비로소 장의사터로 옮겨갔다. 이렇게 새로운 군부대가 들어섰으므로 이 동네를 신영동이라고 부르기 시작했는데 지금도 그 이름을 사용하는 것을 보면 총융청이 대단하긴 대단했던 모양이다.

인조가 총융청을 설치한 것은 이괄1587-1624이 반역 사건을 일으키자 이에 겁을 먹은 것이 계기였다. 총융청의 활동 영역은 한양에 한정하지 않았다. 궁궐 바로 옆 사직동에 한양 내청을 설치하고 수원, 광주, 양주, 장단, 남양 다섯 지역에 외청을 두었으니 거의 수도경비사령부였다. 이토록 밀도 있는 보호망을 쳐둔 까닭은 정변으로 집권한 자신의 처지가 너무도 두려웠기 때문이었을 게다.

이괄은 인조와 함께 제15대 왕 광해1575-1641를 축출한 공신이었다. 일등 공신이었음에도 한성부판윤이라는 낮은 관직을 제수 받았고 나아가 평안병사로 좌천당하고 말았다. 영변 땅에 머무르던 이괄은 1624년 1월 24일 휘하의 일만 군대를 이끌고 바람처럼 진격하여 정부군을 제압하고 벽제까지 당도했다. 겁에 질린 인조는 충청도 공주까지 도주했다. 자신이 정변을 일으켜 옥좌에 오른 지 한 해

냇가와 바위가 어울려참으로 좋구나

平沙村落遠
長川岳色周
遺山有天下
忘中間營泃
勢濺陽
宮開五雲邊

孤戌營

권신응, 〈총융청〉, 《북악십경첩》, 25.7×41.7, 종이, 1753, 개인
세검정에서 세검정초등학교를 바라본 풍경

도 채 되지 않았는데 이제 자신을 향해 겨눈 반란의 칼끝이 다가오니 혼비백산했던 것이겠다. 왕이 비운 도성을 점령한 이괄은 2월 11일 인조의 작은아버지 뻘인 흥안군을 추대해 왕으로 삼았다. 하지만 정부군에 패배하여 도주하던 중 2월 15일 내부의 배신으로 죽음에 이르렀다. 인조는 그런 뒤에야 환궁했다.

반역의 역사로 세워진 총융청이 오랜 세월이 흐른 뒤 탕춘대와 세검정이 있는 이곳 승경지로 옮겨온 것은 배신의 두려움과 기억이 사라진 시절을 상징하는 일이었다.

탕춘대에서 오간수문까지, 홍지문의 안과 밖

자하문터널을 지나 한참 가다보면 삼거리 정면 비탈에 상명대학교가 우람한 모습을 드러낸다. 오른쪽으로 꺾으면 탕춘대와 세검정이고 왼쪽으로 돌면 홍지문과 오간수문이다. 삼거리를 가로질러 흐르는 냇가는 홍제동으로 흐르는 홍제천 상류다. 오간수문은 동대문 옆 오간수문과 구조가 같다. 그러니까 오간수문이란 물 높이를 조절하기 위한 시설이 아니라 물길로 몰래 출입하려는 사람을 통제하려고 만든 수문이다.

예전엔 홍지문 양옆으로 탕춘대성이라 하여 커다란 성벽이 있었다. 한양을 그린 옛 지도를 보면 위 아래로 둥그런 성곽이 두 개가 있는데 아래쪽이 한양성곽이고 위쪽이 북한산성이다. 한양성곽은 사대문을 빙 둘러 싸고 도는 성벽이고 북한산성은 삼각산 깊은 곳에 원형을 그리며 자리잡고 있던 성벽이다. 그리고 두 곳을 이어주는 일직선의 성벽이 바로 탕춘대성이다. 지금은 성벽이 사라지고 덩그렇게 홍지문만 남아 있는데 예전의 탕춘대성은 인왕산의 한양성곽과 삼각산의 북한산성을 이어주는 성곽이었다. 탕춘대성의 이름은 여러 개였다. 서쪽에 따로 있는

냇가와 바위가 어울려참으로 좋구나

성이라고 해서 서성이라고 부르기도 했으며 커다란 두 개의 성곽 옆구리에 붙은 날개 같다고 해서 익성이라고도 했다.

　지금이야 옛 모습 잃어버렸지만 이곳 풍경이 여전하던 18세기에 옥소 권섭 1671-1759이란 인물은 이 일대를 북악십경의 하나로 꼽았다. 권섭은 명문세가 출신이었지만 관직에 나가지 않은 채 생애를 예술로 일관한 산림처사였으며 18세기 문예창신의 비조 삼연 김창흡의 삼연문하에 드나든 인물이다. 권신응은 바로 권섭의 손자로 그가 할아버지 뜻에 따라 그린 〈홍지문 수문루水門樓〉는《북악십경첩》가운데 한 폭이다.

　《북악십경첩》은 세검정부터 옥류동과 삼청동에 이르는 명승지를 그린 작품집으로 모두 마흔일곱 점이나 되는 그림을 묶었다. 이 작품들을 누가 그렸는지 모두 기록해두지 않았지만 권섭이 쓴「몽기」라는 글을 보면 절반가량을 손자 권신응으로 하여금 그리게 하였다고 했다. 게다가「몽기」에 실려 있는 그림과《북악십경첩》의 풍경이 모두 비슷해서 저《북악십경첩》은 권신응이 그린 것이라고 추론한다.

　〈홍지문 수문루〉는 홍지문을 하단에 배치하고 홍제천 상류를 따라 올라가는데 아주 멀리에 문수봉을 배치했다. 이 그림의 주제인 홍지문은 다른 이름으로 한북문漢北門이라고도 불렀는데 문 안팎으로 나귀를 탄 선비 일행 셋이 있어 할아버지 옥소 권섭과 손자 권신응 일행 그리고 겸재 정선이 어울려 노는 게 아닐까 싶기도 하다. 권섭은 젊은 날 삼연문하의 인물들, 특히 정선과 가까이하였는데 스스로 그림을 그리지는 않았지만 정선을 칭찬하고 부러워하곤 했던 애호가였다.

　겸재 정선도 홍지문과 주변 경치를 그렸는데 정선의 〈홍지문 수문천석水門川石〉을 보면 옆으로 긴 화폭을 선택해서 오간수문을 잘 보이도록 하고서 홍제천은 아주 급하게 휘어져 빠르게 흐르는 냇가로 그린 게 눈에 띈다. 화폭 상단의 흙산은 봉긋하여 부드럽지만 멀리 문수봉은 우람한 바위산으로 그려서 이곳의 자연이 뿜

권신응, 〈홍지문 수문루〉, 《북악십경첩》, 25.7×41.7, 종이, 1753, 개인

홍지문 아래쪽에서 세검정 쪽을 바라본 풍경

정선, 〈홍지문 수문천석〉, 50×37, 종이, 18세기, 개인
홍지문 아래쪽에서 상명대학교를 바라본 풍경

어내고 있는 강렬한 기운의 근원을 암시하고 있다. 그 기운이 흐르는 것일까. 홍제천이 오간수문에 이르면 급격히 방향을 틀어 쏟아지는데 사이사이 바위들이 요란하다. 화폭 왼쪽에는 버드나무숲 사이로 초가가 아늑하고 오른쪽에는 인왕산 바위가 험준하다. 마치 성벽과 줄다리기라도 하는 듯 긴장감이 드높다. 초가 안에 그려놓은 사람도 매우 흥미롭다. 워낙 작아서 잘 안 보이지만 분명히 어깨를 낮추고 고개를 숙인 채 무언가 열심히 쓰거나 그리고 있다. 그리고 홍지문 안팎으로 세 사람이 보인다. 문 안쪽의 처사는 창의문을 넘어 초가를 향하고 있고 문 밖의 선비는 먼 길을 걸어온 선비의 모습인데 시동을 거느린 채 초가 주인을 방문하러 오는 길이다.

탕춘대성은 1636년의 병자호란과 깊은 관련이 있다. 실제로 1718년 윤8월 이전까지는 없던 성벽이었으니까 홍지문도 오간수문도 그 이전까진 없었다. 병자호란 후 삼십팔 년이나 지난 1674년 8월 숙종이 즉위하고 겨우 석 달째인 11월, 난리가 일어나면 북한산성으로 피난해야 한다는 주장이 등장했다. 그래서 북한산성을 보강하자고 나서자 또 누군가는 한양성곽을, 또 누군가는 남한산성을, 또 누군가는 강화성을 수리하자고 나섰다. 그로부터 틈틈이 논의만 하다가 삼십 년이 지난 1704년 한양도성부터 수복 공사를 시작했다.

그렇다면 탕춘대성은 어찌된 것일까. 1702년 우의정으로 재임하던 경암 신완1646-1707은 병자호란 때를 거론하며 바로 이 탕춘대성을 새로 건설할 것을 발의하였다. 이에 대해 찬반 논란이 일어나 세월을 끌다가 1718년 윤8월 착공하여 1719년 3월에 완성하였다. 길고 긴 열매에 감격한 숙종은 스스로 '홍지문'이란 글씨를 써주었고, 이를 편액으로 달았다. 왜 '넓은 지혜'라는 뜻의 홍지弘智라고 지었는지는 알 수 없다. 다만 병자호란과 같은 오랑캐의 침략으로부터 지켜줄 슬기로움을 그렇게 표현한 것이 아닐까 짐작할 뿐이다.

그러니까 권섭의 나이 마흔아홉 살, 정선의 나이 마흔네 살 때 완공한 홍지문과 오간수문은 오랑캐의 침략을 상기하는 상징이요 새로운 명물이어서 뭇 시선을 사로잡은 건축물이었다. 권섭은 홍지문을 북악십경의 하나로 지정했고, 정선 또한 그를 따라 이토록 강건한 성벽을 그렸다.

그로부터 오랜 세월 수도를 지켜오던 홍지문과 오간수문은 1921년 8월 을 축년 대홍수로 모두 쓸려나가고 말았다. 반세기가 흐른 뒤인 1977년 7월 다시 세 웠고 편액은 당시 대통령 박정희1917-1979가 써서 새겼다. 왜 다시 세웠는지 알 수 없지만 병자호란의 두려움 때문에 세웠던 것처럼 1968년 암살의 임무를 띤 간첩 김신조가 이곳을 거쳐 침투한 사건을 겪은 뒤 도저히 견딜 수 없는 두려움 탓은 아 니었을지 모르겠다.

석파정, 말없이 일러주는 권력의 무상함

홍지문에서 인왕산 기슭을 거슬러 오르는 곳에 대원군 석파 이하응의 별장 석파정石坡亭이 있다. 물론 그 이전으로 거슬러 올라가면 장동김문 세도가로 영의 정을 역임한 유관 김흥근의 정자였고 또 일백 년을 거슬러 올라가 보면 형조판서 를 역임한 오재 조정만1656-1739의 별장이었다. 석파 이하응이 별세한 뒤로도 주인 이 계속 바뀌었다. 이처럼 시대와 권세의 변동에 따라 그 주인이 바뀌었음에도 우 리는 왜 석파정이라 부르는 것일까. 아마도 소유자 가운데 그가 최고의 권세가여 서인지도 모르겠다.

지금 저 석파정을 품고 있는 땅의 이름은 삼계동이다. 창의문 너머 왼쪽으로 인왕산 동쪽의 거대한 바위와 울창한 소나무들이 가득한 계곡 바위에 한자로 '삼계 동'三溪洞이라는 글자가 새겨져 있는데 그 삼계가 어떤 사람의 아호가 아닐까 해서 찾아보았다. 삼계라는 아호를 가진 이들은 대개 의병장 또는 청백리가 아니면 한

냇가와 바위가 어울려참으로 좋구나

양에서 멀리 떨어진 지방 사람이라 이곳 인왕산 계곡에서 풍류를 누리는 주인일성 싶지 않았다. 따라서 계곡이 여러 곳이란 뜻으로 '삼계'라 불렀다고 보아야겠다.

삼계동에 암자를 지어놓고 별장으로 쓴 최초의 인물은 오재 조정만이다. 노론당에 속한 조정만은 숙종 때 출사하여 지방관을 역임하였는데 제20대 왕 경종1688-1724 시대 신임옥사로 유배를 갔지만 1725년 영조 시대에 풀려났다. 이후 호조참판, 한성부판윤을 거쳐 공조, 형조판서에 이르렀는데 경학만이 아니라 제자백가에 능통하였고 특히 시문과 서예에 뛰어난 재사였다. 조정만은 이곳 별장에 가끔 머무르곤 했다. 그가 별세하고 약 십오 년이 지난 뒤인 1753년 권신응이 이곳 풍경을 그렸는데 그게 바로 오늘날까지 전해 오는 〈삼계동 석파정〉이다.

〈삼계동 석파정〉 화폭 하단 왼쪽 모서리에 '창의문'彰義門이라는 글씨가 있고 또 한복판에 자리잡은 바위에 '삼계동'三溪洞이란 글씨가 있다. 하단 기와집에는 '소운암'巢雲庵이라고 썼고 또 그 옆 큰 바윗덩어리에는 '소수운렴암'巢水雲簾庵이라고 써놓았다. 소수운렴암이란 '물을 품고 구름으로 발을 삼는다'는 뜻인데 이 글씨는 1721년 한수재 권상하1641-1721가 조정만에게 써주었다고 한다.

하지만 주인은 바뀌었다. 언제인지 모르지만 1851년 유관 김흥근이 영의정에 올랐으니까 아마도 이때였을 게다. 그러나 김흥근의 정자는 그리 오래가지 못했다. 19세기말 매천 황현1855-1910에 따르면 1863년 고종이 즉위하자 고종의 아버지 이하응은 김흥근을 권력에서 밀어내고 재산도 빼앗기 시작했다. 도성 제일가는 별장인 삼계동 정자가 빠질.리 없었다. 이를 가지려고 이하응은 아들 고종으로 하여금 그곳에서 하룻밤 자고 오도록 했다. 왕이 머물던 곳이라 하여 그날로부터 김흥근은 아무리 제집이라고는 해도 감히 가지 못했고 이로 말미암아 이하응이 가로챌 수 있었다. 이하응은 이렇게 훔친 이곳에 일곱 채의 건물을 지었다. 안양각安養閣, 낙안당樂安堂, 망원정望遠亭, 유수성중관풍루流水聲中觀風樓 같은 것인데 그중 유수성중관풍루는 청나라풍으로 지어 변화하는 시대의 건축술을 보여준 건물로 유

권신응, 〈삼계동 석파정〉, 《북악십경첩》, 25.7×41.7, 종이, 1753, 개인
창의문에서 북쪽 인왕산 기슭의 석파정터를 바라본 풍경

명했다.

집주인은 또 바뀌었다. 1950년 한국전쟁 이후 천주교가 운영하는 코롬바 고아원 및 병원으로 쓰이다가 아예 터전도 달라졌다. 서예가 소전 손재형1903-1981이 1958년에 별채를 상명대학교 건너편의 음식점인 석파랑 쪽으로 옮겨버린 것이다. 그때 이후로 연못도 없어졌다. 2012년에는 사립미술관인 서울미술관이 들어섰는데 이 미술관 건물이 삼계동 계곡을 막아버렸다. 이후 미술관 측이 정원으로 꾸며 관객을 맞이하곤 있지만 옛 모습은 아니다. 풍경마저 권세와 재물을 따라 변해온 발자취가 이곳에 있다. 세월이 무상하고 권력은 덧없음을 그 흔적이 남아 전해준다.

창의문, 이 일대의
아름다움은 도성의 제일

창의문, 더욱 드러나 밝게 빛나리

인왕산과 백악산 사이 창의문 일대의 아름다움은 도성 제일이었다. 봄이면 꽃과 나비 가득하고 여름이면 나무가 무성하다. 가을은 온통 노랗고 붉으며 겨울이면 흰빛 바위가 웅자雄姿를 드러낸다.

창의문을 그린 그림 두 점이 있다. 하나는 방호자 장시흥의 그림이고 또 하나는 겸재 정선의 그림이다. 두 작품 모두 창의문 남쪽 기슭을 묘사하고 있다.

태조 이성계가 1396년 한양성곽을 건설할 때 북쪽으로 뚫은 창의문은 성곽의 여러 문 가운데 북쪽의 큰문으로 동대문, 남대문, 서대문과 함께 북대문이었다. 창의문의 이름은 여러 개였다. 자핫골에 있으므로 자하문이라고도 불렀고 또『조선왕조실록』에는 이 문이 장의동을 거쳐 올라갔으므로 장의문藏義門 또는 장의문壯義門이라고 섞어 썼다. 장의藏義 또는 장의壯義란 '깊이 숨어 있지만 큰 땅'이라고 해서 그 뜻이 같아 어떻게 써도 상관없지만 그것만으로 부족했는지 '더욱 드러나 밝게 빛난다'는 뜻으로 창의문彰義門이라고 했단다. 덧붙이자면 멀지 않은 곳에 또 하

장시흥, 〈창의문도〉, 15.5×19, 종이, 18세기, 고려대박물관
청운중학교 쪽에서 바라본 창의문 풍경

정선, 〈창의문〉, 《장동팔경첩》1, 29.5×33.1, 종이, 18세기, 국립중앙박물관
청운중학교 쪽에서 바라본 창의문 풍경

나의 문을 만들었는데 숙정문이 그것이다. 창의문 위에는 닭을 새겨 걸었다. 문 밖의 지형이 지네 모양이라 상극인 닭을 걸어둠으로써 지네가 침범하지 못하게 하려는 뜻이었다.

그로부터 얼마 뒤 제3대 왕 태종1367-1422 때인 1413년 풍수학자 최양선은 창의문과 숙정문이 경복궁의 양쪽 팔에 해당한다고 하였다. 창의문은 경복궁의 오른쪽 팔이고 숙정문은 왼쪽 팔이라는 것이다. 또한 풍수설에 따르면 백악산 오른쪽 창의문은 백호이고 왼쪽 숙정문은 청룡이라고도 했다. '좌청룡 우백호'를 한꺼번에 열어두면 땅의 기운이 순식간에 빠져나가버리니 두 팔에 온전한 기운이 흐르게 하려면 문을 항시 닫아놓아야 한다는 것이 그의 말의 요지였다. 이를 들은 태종이 두 문을 닫으라 하였고 이때부터 북쪽으로 출입하는 이들의 불편은 이루 말할 수 없었다. 그래서 또 어느덧 문을 열어두었던 모양이다. 왜냐하면 1452년 또 다른 풍수학자 문맹검은 제5대 왕 문종1414-1452에게 또 다시 '창의문은 하늘의 기둥을 뜻하는 천주天柱의 자리인데 사람이 밟고 다니는 것이 편하지 않으므로 항상 닫고 열지 않아 천주의 자리를 보전하게 하옵소서'라고 아뢰는 일이 생겼기 때문이다. 그래서 생각해낸 것이 창의문은 닫아두되 그 곁에 샛문을 만들어 사람들의 왕래를 가능케 하는 것이었다.

기우제라든지 군사 훈련이 있을 때를 제외하고는 정문인 창의문을 여는 일이 없었는데, 강제로 열린 일이 딱 한 번 있었다. 1623년 3월 12일 정변을 꾀한 무리들이 세검정에서 칼을 씻고 창의문에 이르러 도끼로 문을 부순 뒤 경복궁으로 난입해 들어간 것이다. 인조반정이다. 내용을 따져 보면 틀린 것을 바로잡은 반정反正이 아니라 그저 권력만을 바꾼 정변政變에 불과하다. 그렇게 정변을 일으킨 군대는 광해 왕을 폐위시켜 유배를 보낸 뒤 인조를 옹립했다. 일백여 년이 지난 1743년 영조는 이곳으로 와 기우제를 지냈다. 그때 창의문을 지나다가 오래전 정변을 일으킨 공신들의 이름을 새긴 현판을 새겨 걸어두게 하였다.

그렇게 오랜 세월이 흐른 뒤 언젠가부터 개방되었고 20세기에는 언제 폐쇄했냐는 듯 통행이 자유로웠다. 하지만 상황은 또 달라졌다. 1968년 1월 김신조를 비롯한 서른한 명의 무장 북한군이 침투하는 사건으로 말미암아 정부는 다시 창의문을 폐쇄했다. 지금은 또 달라졌다. 그로부터 약 이십 여 년이 지난 1993년 12월 창의문은 다시 열렸다. 열고 닫히는 것이 이렇게 번복되는 운명을 타고난 것일까. 물론 닫혀 있다고 늘 닫히기만 했던 것도 아니다. 폐쇄되었던 동안에도 창의문 옆으로 길은 나 있었고 또한 1986년 8월 자하문터널이 뚫리고 보니 창의문은 그나마 문이라는 의미마저 찾을 일조차 사라지고 말았다.

동네 이름, 여전하거나 바뀌었거나 사라졌거나

자하동은 백악산 서쪽 기슭을 가리킨다. 자하문이라고도 부르는 창의문을 넘어가는 고개 마을부터 자하문터널이 뚫린 비탈진 마을까지를 자핫골이라고 하는데 저녁노을에 물든 불그스레한 안개가 그리도 아름다웠기 때문이라고 한다. '붉은 노을 속에 잠긴 마을'이라는 이 이름은 그러나 이곳에서만 쓰는 지명이 아니다. 비슷한 풍경을 지닌 곳이면 쓰던 이름인데 그중에서도 관악산 기슭 서울대학교 교정 안에 있는 연못 이름이 자하연이고 또 서울대에서 신림역에 이르는 계곡의 이름도 자핫골 다시 말해 자하동이었다. 어디 그뿐일까. 태조 이성계가 한양으로 천도하기 이전의 수도였던 개성에도 자하동이 있었다. 한양으로 옮겨온 뒤 창의문 아래쪽이 개성 자하동과 비슷해 보여 자하동이라 했는지도 모르겠다.

1786년 9월 3일 남기한1726-1795이후이란 인물이 회갑을 맞이하여 절친한 벗들을 불러 시회를 열었다. 남기한의 집은 오랜 세월을 대대로 살아온 세거지인 자하동이었다. 그의 집에는 별채가 따로 있었는데 그 이름을 편안한 움집이라는 뜻

창의문, 이 일대의 아름다움은 도성의 제일

으로 이안와易安窩라 했다. 의령남씨 가문으로 남인당에 속한 남기한은 평생 출사하지 않고 살아간 선비다. 시서화금기詩書畵琴碁 그러니까 시와 서예, 회화, 거문고와 바둑에 젖어 살아간 것이다. 딱히 당색에 구애 받지도 않았다. 자하동이 남기한의 오랜 세거지인 것처럼 이웃 청풍계는 장동김문의 오랜 세거지였다. 그 이웃 인왕산 기슭 옥류동은 기계유씨의 오랜 세거지였다. 그런 까닭에 남기한은 성주이씨 가문 출신으로 당대 최고의 서예가인 경산 이한진1732-1815이후과 같은 남인당 인물, 해주오씨 가문의 오재순1727-1792은 물론이고 장동김씨 가문이자 청풍계의 주인 김호순1726-1795과는 어린 시절부터 절친한 벗으로 어울렸고, 여섯 살이나 손아래인 기계유씨 가문의 옥류동 주인 유한준1732-1811과 같은 당대의 노론 인사와도 거리낌 없이 어울렸다.

남기한은 이날 모임에도 모두를 초대했다. 궁궐 가까운 곳 자하동, 청풍계, 옥류동에 살던 이들이 흰머리 흩날리던 이날의 모임에는 겸재 정선의 손자이자 화가 손암 정황도 특별히 불렀다. 기록화를 남겨야 했기 때문이다. 정황이 그린 〈이안와 수석시축〉易安窩壽席詩軸 화폭을 살펴보면 여덟 명이 방석 위에 앉아 있고 늦게 도착한 두 사람이 막 들어서서 자리가 마련되기를 기다리고 있다. 이안와는 꽃나무들이 화려하고 또 담장에는 수석과 화분을 갖춰 아주 우아하다. 이곳에서 남쪽으로 보면 시야가 확 트여 남산이 잘 보인다. 그러니 화폭 왼쪽 담장 밖으로 뾰족하게 솟은 산은 자하동에서 멀리 보이는 남산이다. 산봉우리 큰 나무는 그 유명한 '남산 소나무'이다.

참석자 가운데 한 사람인 이한진은 그림 바로 위에 큼지막한 전서체 글씨로 화제를 썼고, 유한준은 그림 양쪽에 아주 작은 글씨로 서문을 썼다. 이한진은 통소를 잘해서 담헌 홍대용1731-1783의 거문고와 짝을 이루던 쌍벽으로, 당대 전서체의 대가였는데 그야말로 '서예계의 신선'이라 불리고 있었다. 유한준은 옛글을 숭상하는 고문주의자古文主義者로 예술의 독자한 가치를 옹호한 인물이었는데 연암 박지원

1737-1805과 나란히 당대 문장제일인 자리를 다투면서 '사원詞苑의 거장'이란 칭송을 받고 있었다. 이한진과 유한준은 동갑내기 친구였다. 서예와 문장의 쌍벽이 한자리에 참석했으니 글씨와 문장은 당연히 이들 쌍벽의 몫일 수밖에 없었다. 유한준은 그날 이야기를 꼼꼼하게 기록해나갔고 이한진은 그림을 능가할 만큼 우아한 필체로 화제를 써내려갔다.

유한준의 서문은 평범하지만 화가의 현란한 그림과 서예가의 단아한 글씨를 어울리게 이끌어주는 역할을 한다. 하지만 〈이안와 수석시축〉에서 이한진이 쓴 화제가 차지하는 비중은 대단하다. 알록달록 담채가 화려한 데다 화면을 꽉 채워 요란한 분위기의 시회 장면을 그윽하게 억제하는 것이 바로 저 상단의 전서체 글씨의 화제다. 가느다란 굵기에 느린 속도의 흐름 그리고 공간의 시원함으로 완만한 데다가 예스러운 자연스러움까지 품고 있는 그의 서체는 경산 이한진의 아호를 따라 경산체京山體라 할 만큼 독특한 고전미를 풍긴다. 이 글씨만 해도 담담하여 완만하지만 어설픈 듯 천연의 자연스러움이 절로 흐른다. 물론 서예를 다룬 기록「서청」에서 이한진의 글씨는 '당나라 소전小篆을 따라 했는데 옷차림과 신발은 저절로 꾸몄지만 힘줄과 뼈는 끝내 부족하다'는 비판을 받기도 했다. 그러나 이런 비판은 어설픈 평론가의 시선으로 미적 감각의 다채로움을 외면한 트집일 뿐이다.

자하동의 자하문터널 가까운 곳 일대는 예로부터 백운동이라 했다. 밝은 낮에 흰빛 햇살이 가득해 그렇게 이름을 지었다는 것이다. 그러다가 해질녘이면 붉은 노을이 가득해져 그 윗동네는 자하동이라 했다. 하지만 지금은 그 이름으로 불리지 않는다. 청풍계의 '청'과 백운동의 '운'을 합쳐 청운동으로 바뀌었다. 1914년의 일이다. 동네 이름은 그림에 남아 전한다. 겸재 정선의 〈백운동〉 화폭 한복판에는 기와집 여러 채가 자리잡고 있다. 이 집은 이염의1409-1492란 사람의 대저택이었다. 이염의는 1450년 재령군수로 재직할 때 훔친 물건을 챙긴 장물죄로 파직을 당한 부패한 관리였다. 하지만 세조의 왕비인 정희왕후1418-1483의 형부라는 권세를

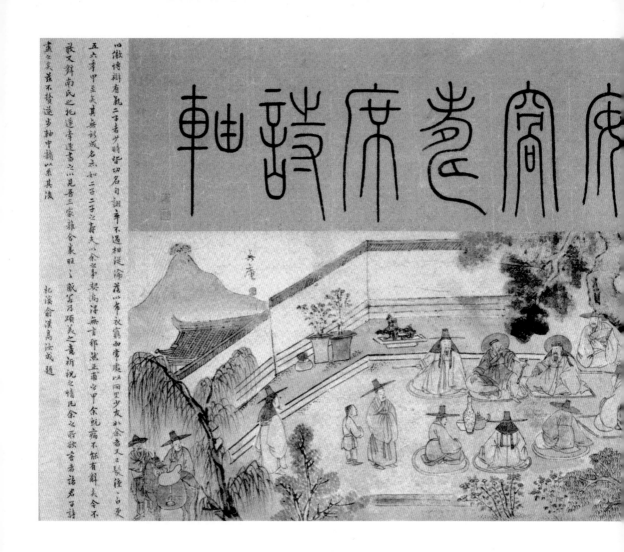

정황, 〈이안와 수석시축〉, 57.3×25.3, 종이, 1789, 개인
백악산 서쪽 기슭 청운동의 건물 이안와 풍경으로 화폭 왼쪽 멀리 남산이 보인다.

上之十年九月癸酉宜寧南伯宗甲□之日也里中諸君子咸有詩以賀其壽其謂遠來令余序之故余家屢溪

師之北君流洞漢師之北士大夫多去居者惟着掘之金氏紫霞之南氏武沆之俞氏為長文故三氏之八目光古以來

去修昭絰相好之後余家徙南山下而南氏金氏至今字光歷以終其身盖余雖若十年滿南鄰人而吹聲騎竹夢

床常不在抱故里水丘之側二氏宅間也金民有金止甫者興伯宗同年尚生俱民余六歲伯宗幸友誅識予物謝正甫者

이용해 곧바로 복직했다. 이후 평생 관직을 전전하며 호사를 누리다가 1492년 지중추부사가 된 지 얼마 안 되어 세상을 떠났다.

그림을 보면 위쪽 바위 사이에서 계곡을 이루어 물 흐름이 또렷하다. 여러 채로 이루어진 저택에 연못은 보이지 않지만 화면 복판에 흐드러진 수양버들이 늘어져 있고 아래쪽엔 궁궐에서 열리는 조회에 참예하기 위해 나귀 타고 나서는 선비의 모습이 부지런해 보인다.

하지만 저택은 곧 다른 사람에게 넘어간 모양인데 수헌 유본예가 『한경지략』에서 지적한 대로 이 땅이 워낙 좋은 곳이라 주인이 바뀌어도 늘 '이염의가 옛날에 살았던' 장소로 기억될 정도였다.

세월이 흘러 이곳에는 영조의 둘째 딸 화순옹주1720-1758와 혼인한 부마 월성위 김한신1720-1758의 집이 들어섰다고 한다. 하지만 정확하지 않다. 김한신은 추사 김정희1786-1856의 증조할아버지로 그는 증손자인 추사에게 통의동 백송나무집 월성위궁을 물려준 것으로 알려져 있다. 그러니 어쩌면 백운동 이 저택은 김한신의 아버지로 영의정이었던 급류정 김흥경1677-1750의 집이었던 게 아닌가 싶다. 김흥경은 숙종 때 대사간에 올랐고 경종 때 신임사화로 파직당했지만 1724년 영조 즉위로 노론당이 집권함에 따라 왕의 비서실장 격인 도승지가 되었다. 노론당에 속한 김흥경은 당성이 강한 인물로 영조가 당파를 척결하려는 탕평정책을 펼치자 이를 반대하다가 파직을 당하기도 했다. 하지만 또 다시 복직하여 1732년 아들 김한신을 영조의 사위로 장가 보내 왕실과 인척을 맺었고, 이후 우의정·영의정에 이르며 권세를 누렸다.

그림으로는 남아 있으나 도대체 어디를 말하는지 알 수 없는 곳이 있어 덧붙여둔다. 사일동四─洞이 그곳이다. 노론당 명문가 출신으로 평생 아름다운 땅을 찾아다니며 노래하던 옥소 권섭이 북악십경의 하나로 포함시킨 곳인데도 어느 곳인

정선, 〈백운동〉, 《장동팔경첩》1, 29.5×33.1, 종이, 18세기, 국립중앙박물관
창의문 아래와 인왕산 동쪽 기슭 사이 백운동에서 발원하여
청계천으로 흐르는 백운동천의 시작 지점

권신응, 〈사일동〉, 《북악십경첩》, 25.7×41.7, 종이, 1753, 개인

창의문과 인왕산 동쪽 기슭 사이 백운동에서 발원하여 경기상업고등학교
뒤편을 거쳐 청운초등학교 앞으로 흐르는 백운동천 계곡 풍경

지 알 수가 없다. 잘 알려진 한양의 팔경, 구곡, 십경에도 없는 지명일 뿐 아니라 『신증동국여지승람』이나 『한경지략』에도 나오지 않는 이름이다. 그럼에도 딱히 어디라고 써놓지 않았다. 다만 상단 오른쪽 봉우리에 '백악'白岳이라고 써두었고, 하단 오른쪽 맨 아래에 '청람대'靑嵐臺라고 써두었을 뿐이다. 그러니까 이곳은 창의문과 인왕산 동쪽 기슭 사이에서 발원하여 경기상업고등학교 뒤쪽을 지나 청운초등학교 앞으로 흐르는 백운동천 계곡을 그린 것만은 틀림없는데 사일동이란 땅이름은 모르겠다. 짐작해보면 예부터 전해오는 도성의 다섯 명승名勝으로 일 삼청三淸, 이 인왕仁旺, 삼 쌍계雙溪, 사 백운白雲, 오 청학靑鶴이라 하였는데 바로 저 네 번째 명승이라 일컫는 백운동을 또 다른 말로 사일동이라 한 것은 아닐까 싶다. 그저 그렇게 짐작만 할 뿐이다. 그 땅에 살던 사람들 사이엔 그냥 있던 이름일 텐데 세월이 흘러 사는 사람이 바뀌니 이름도 함께 사라져버렸다. 하지만 모를 일이다. 이렇게 사라졌다가도 언젠가 어디에서 누군가의 기록에 홀연 그 이름이 등장할 수도 있으니 말이다.

미상, 〈장동김문 세거지〉

정선, 〈한양 장동 청풍계〉

정선, 〈한양 장동 청풍계〉

정선, 〈청풍계〉

정선, 〈청풍계〉

권신응, 〈옥류동〉

정선, 〈옥류동〉

정선, 〈괴단 야화도〉

정선, 〈서원소정도〉

정선, 〈한양전경도〉

권신응, 〈청풍계〉

강희언, 〈인왕산도〉

정선, 〈수성구지〉

정선, 〈인왕제색도〉

03

청풍계의 벗, 인왕산
그림, 필운대 꽃놀이

정선, 〈수성동〉

이인문, 〈송석원 시회도〉

김홍도 〈송석원 야연도〉

임득명, 〈등고상화〉

김윤겸, 〈필운대〉

정선, 〈필운대 상춘도〉

이백오십 년 권력의 산실,
문예의 꽃을 피우다

장동김문 세거지에서 이룩한 문예창신

1620년 봄 어느 날 인왕산 자락 선원 김상용1561-1637의 집 태고정에서 일곱 명의 문장가들이 시회를 벌였다. 그 일곱은 병조판서 이상의1560-1624, 판돈녕부사 민형남1564-1659, 예조판서 이덕형1566-1645, 형조판서 이경전1567-1644, 호조판서 김신국1572-1657 그리고 이필영1573-1645이후, 최희남 같은 이들이었으니까 '태고정 칠인 모임'은 대신들의 꽃놀이였던 셈이다.

이들의 모임은 심상치 않은 바가 있다. 모인 사람 모두는 당시 권력을 둘러싸고 치열하게 대립, 경쟁하고 있던 북인당 인물들이요, 그 모임 장소는 뜻밖에도 서인당의 영수라 할 장동김문의 적장자 김상용의 집이라는 사실이 그러하다. 장동김문은 임진왜란 이래 무려 이백오십 년 동안 집권한 안동김씨의 한 갈래로, 이들이 주로 장동, 그러니까 오늘날 종로구 청운동 일부 지역에 모여 살았기 때문에 장동김문이라 불렸다. 워낙 이 집안이 대를 이어 살아온 탓에 장동 전체를 장동김문의 동네라 여길 정도였다. 장동은 깊고 센 기운이 넘치는 땅이라 맑고 시원한 바람이 부는 별세계라는 뜻으로 '청풍별업'淸風別業이라 불리기도 했다. 이 가문의 영광은 끝이 없었다. 이백오십 년 동안 무려 열다섯 명의 정승, 서른다섯 명의 판서, 세 명의 왕비를 배출했다. 김상용 역시 예외가 아니었다. 그는 훗날 병조판서로 시작해 우의정까지 올랐다.

이들의 모임이 열린 1620년 봄날이라면 전쟁영웅이자 1608년 즉위한 광해 왕의 눈부신 정책으로 임진왜란의 황폐함을 딛고 국가 재건의 발걸음에 박차를 가하던 무렵이었다. 무엇보다 광해 왕은 즉위와 더불어 실시한 대동법과 양전量田 시행, 탁월한 외교 정책 및 문예부흥 정책으로 말미암아 큰 업적을 쌓아나가고 있었다. 허준1546-1615의 『동의보감』, 허균1569-1618의 『홍길동전』이 그의 시대에 탄생했으며 『신증동국여지승람』 간행은 이 시대의 빛나는 성취다. 빛이 있으면 그림자가 생기는 법이어서 탐욕의 권세가들이 준동함에 수탈과 독점의 부패라든지 또는 북인당의 한 갈래인 대북당의 독재에 따른 정국의 혼란이 가중되던 시절이기도 했다. 특히 광해 왕은 서자라는 이유로 즉위 과정에 논란을 빚은 이래 왕실과 당파의 권력투쟁이 이어져 고통을 받아야 했고 이로 말미암아 끝내 정변의 빌미를 주어 1623년 3월 폐위당하고 말았을 만큼 어이없던 시절이었다.

논쟁은 그 이전에도 극심했다. 1617년 3월 9일 당대의 권력자들 셋이 장원서掌苑署에 모였다. 모든 권력을 장악하고 있던 대북당의 영수 이이첨1560-1623과 유희분1564-1623이 함께 선조의 왕비인 인목대비1584-1632를 폐위하자고 주장하였는데 퇴우당 박승종1562-1623은 이를 극력 반대하였다. 그래서 모임은 결렬되었다. 박승종의 반대에도 불구하고 다음 해 1618년 1월 29일 인목대비는 폐위당해 서궁西宮으로 유폐당했다.

태고정 칠인 모임은 인목대비 폐위 사건 두 해 뒤에 열린 셈이다. 여기에 참가한 형조판서 이경전은 대북당인이었고 호조판서 김신국, 예조판서 이덕형은 소북당인이었으며 병조판서 이상의는 남인당원이었다. 특이한 건 그 집 주인 김상용

이백오십 년 권력의 산실, 문예의 꽃을 피우다

이 집에 없었다는 점인데 그는 서인당원으로 지난 1617년 인목대비 폐위론이 일어나자 벼슬을 버리고 원주로 물러나 은신하는 중이었다. 이렇듯 정쟁이 치열한 시절, 주인도 없는 집에 그것도 소속당이 다른 이들이 모여 정치 토론도 아닌, 꽃놀이를 즐긴다는 건 기이한 장면이다. 이들은 태연히 시를 읊고 그 장면을 그림으로 그려 책을 엮었다. 그 책이 바로 《청풍계첩》이며, 《청풍계첩》에 끼워져 있는 단 한 장의 그림에 묘사된 풍경이 바로 저 김상용의 집이다.

김상용은 자기 가문의 세거지인 이곳 청풍계의 요충지 청운동 52-8번지에 장동 일대를 거의 차지할 만큼 넓은 집을 짓고 '청풍지각'清風池閣이란 이름을 붙였다. 자랑스러웠는지 당대 최고의 명필 석봉 한호1543-1605에게 글씨를 받아 새기는 정성을 보였다. 게다가 선조가 '청풍계'란 세 글자를 써서 내려주니 당연히 이를 새겨 자랑했다. 그리고 남쪽 창문에는 비운의 왕자인 소현세자1612-1645의 시편도 받아서 걸어두었다. 1608년부터 주변 일대를 조성해나갔는데 이 조경 사업은 상당한 규모여서 와유암臥遊菴, 청풍각清風閣, 태고정太古亭, 회심대會心臺를 새로이 건축하는 것이었다. 오래전 이 땅의 주인인 김영1475-? 때 이미 조심지照心池, 함벽지涵壁池, 척금지滌衿池라는 연못을 조성해두었으므로 여기에 더해 여러 채의 누각을 세우고 보니 그 규모가 저 그림에서 보듯 광대해지고 말았다.

지금이야 주택가로 변해버린 청운초등학교 건너편에 집터 표석만 덩그러니 남았을 뿐이지만 이곳은 요즘으로 말하면 거대한 사립 박물관이자 미술관이었다. 이 가운데 와유암은 아주 특별하다. 김상용은 와유암이라 부르는 집을 짓고 명화와 골동을 양옆에 늘어두었다. 개인 미술관 설립자인 셈인데 그 아버지 사미당 김극효1542-1618도 사미당四味堂이라는 이름의 박물관을 운영한 바가 있으므로 대를 물린 셈이다. 또한 김상용은 당대의 화가 나옹 이정1578-1607과 허주 이징1581-1645 이후을 좋아해서 그들의 작품에 글씨를 쓰곤 했을 정도의 후원자이자 수장가였다. 김상용의 아우로 뒷날 좌의정에 오른 청음 김상헌1570-1652은 자신의 저서 『청음

미상, 〈장동김문 세거지〉, 《청풍계첩》, 51×38, 종이, 1620, 여주이씨정산종택

청운초등학교 뒤편

집』에 쓰기를 명화, 골동을 진열하고 감상하는 곳이 와유암이며 그 와유암에는 함께 청나라에 인질로 잡혀갔다 귀국한 소현세자가 써준 글씨 '창임절간문유수'窓臨絕磵聞流水가 걸려 있었다고 자랑스레 기록해둘 정도였다.

화폭 복판에 세 개의 연못이 있고 오른쪽에 기와지붕, 왼쪽에 태고정이 자리 잡고 있다. 태고정 서쪽으로 계곡 물줄기가 폭포처럼 흐르고 그뒤로 인왕산이 겹겹이 쌓여 어깨를 펼치는데 오른쪽으로 조선의 진산 백악산이 치솟아 꼭대기만 내보이고 있다. 시원스러운 공간 감각이 눈부시다.

장동김문을 크게 일으킨 인물은 김상용의 아우 청음 김상헌이다. 김상헌은 병자호란 당시 청나라에 끝까지 맞서자고 고집을 부리다가 인조의 항복 이후 결국 청나라에 인질로 끌려갔다. 포로 신세인 그는 황제 앞에 나가서도 무릎을 꿇지 않았는데 그 기개를 높이 산 황제는 그를 죽이기는커녕 칭찬하는 아량을 베풀었다. 그 사건으로 말미암아 김상헌이란 이름과 장동김문의 위세가 더욱 빛나기 시작했다. 그는 청나라 심양에 잡혀 있던 중에도 한양의 숲속 자기 집 청풍계를 '한 폭의 수묵화'라 추억하면서 거기 바위를 푸른 병풍이란 뜻의 '창옥병'蒼玉屏이라 일렀다.

김상헌의 자손 중 기억해둘 이름이 있으니 바로 삼연 김창흡이다. 김상헌의 증손자이면서 앞서 독락정을 세운 김수흥의 조카이자 그의 동생 김수항의 아들인 김창흡은 18세기 문예창신의 비조로 일컬어질 만큼 뛰어난 문예운동의 기획자였고 또한 조선예원을 쥐락펴락하는 지도자였다. 그를 비롯해 장동김문의 세거지 청풍계에서 나고 자란 여섯 형제는 각자의 명성이 하늘을 찔러 '육창'六昌이라 불렸는데 그 가운데 셋째인 삼연 김창흡은 18세기 학문과 문예를 뒤바꿔버린 격정의 지도자였다. 그런 김창흡의 명성을 듣고 자란 문예군주 정조는 질투를 느꼈는지 '동네 꼬마들마저 삼연, 삼연 하는데 그만들 두라'고 투덜대기조차 했을 정도다. 이런 김창흡일지언정 오늘날 사람들은 겸재 정선의 명작 〈인왕제색도〉는 알아도 인왕산 아래 살던 삼연 김창흡의 『삼연집』은 모른다. 그러나 문예계를 일변한 혁신의 거장 김창흡이라는 이름을 모르고서야 겸재 정선이라는 화가를 제대로 알 수 없다.

무엇보다도 김창흡과의 인연은 겸재 정선이 당대 최고의 화가로 성장해 가는 데 지극히 큰 은총이었다. 몰락한 양반 가문인 겸재 정선의 재주를 발견하고 아낌없는 찬사를 보내준 인물이 바로 김창흡이었기 때문이다. 가난에 찌든 청년 시절을 보내고 있던 겸재 정선에게 김창흡의 칭찬은 더할 나위 없이 커다란 힘이었다. 이 두 사람의 교유가 얼마나 밀접했는지 영조 시대의 빛나는 문장가이자, 뛰어난 시인이었던 진암 이천보1698-1761가 '그림을 논하는 세상 사람들은 꼭 정선의 그림과 김창흡의 시를 짝지웠다'고 할 정도였다.

오늘날 청운동 경복고등학교 길 건너 청운초등학교 북쪽 담장 옆의 자하문 길 어느 어간에 있던 청풍계는 『동국여지비고』에서 묘사했듯이 '그 골 안이 깊고 그윽하며 냇가와 바위가 아늑하고 아름다워 놀며 즐기기에 좋은 곳'이었다. 그러나 오늘 그곳은 기억의 저편으로 사라지고 없다. 바위 잘라 담장 치고 나무 베어 기둥 삼고 꽃밭 갈아엎어 길을 내니 영락없는 시가지로 변하고 말았다. 이제 누구라서 저 풍경을 찾아낼 수 있을까. 버드나무, 소나무 아래 흐르는 계곡 사이 구름안개 엿보려면 할 수 없이 정선의 그림이나 볼 수밖에.

1755년 무렵 칠십 대의 거장 겸재 정선은 삼십 년 전 세상을 떠나버린 삼연 김창흡과 몇 해 전 곁을 떠난 벗이자 영조 시대 최고의 시인 사천 이병연1671-1751 을 추억하며 자신을 후원한 가문의 세거지인 장동 일대를 거침없이 그려냈다. 《장동팔경첩》이 그것으로, 국립중앙박물관과 간송미술관에 각각 전해 온다. 하나를 쪼개 나눈 게 아니라 서로 다른 두 첩이다. 그리고 보면 정선은 같은 화첩을 여러 권으로 만들어 나눠주었던 모양이다. 시회나 계회 같은 행사에 불려간 화원들이 했던 일을 따라 했던 셈이다.

겸재 정선이 청풍계를 그린 그림은 더 있다. 《장동팔경첩》 이전에 그린 것인

정선, 〈청풍계〉, 《장동팔경첩》1, 29.5×33.1, 종이, 18세기, 국립중앙박물관
청운초등학교 뒤편

정선, 〈청풍계〉, 《장동팔경첩》2, 29.5×33.7, 종이, 18세기, 간송미술관

청운초등학교 뒤편

데 고려대박물관과 간송미술관에서 소장하고 있다. 고려대박물관의 것은 봄날의 청풍계를, 간송미술관의 것은 여름날의 청풍계를 그렸다. 두 작품의 소장처가 달라 한자리에서 볼 수 없지만 사진 도판을 나란히 둔 채 비교해보면 흥미롭다. 바위가 웅장한 것은 둘 다 같지만 봄 풍경은 유연한 것이 아주 맑고 여름 풍경은 안개가 낀 데다 녹음마저 우거져 울창하다. 봄은 가볍고 따스한데 여름은 무겁고 축축하다. 그렇게 계절에 따라 바뀌는 풍경이 아름다운 것은 정선이라는 천재 화가의 먹과 붓을 운용하는 솜씨로부터 비롯하는 것일 게다. 봄 풍경엔 사람 하나 없지만 화폭의 곳곳에 옅게 깔린 연둣빛 색채 탓에 웅성거리는 봄바람이 부는 듯하고, 여름 풍경엔 화폭 하단 샛문으로 들어서는 길손과 그가 타고 온 나귀 한 마리와 시동이 있어 깊은 곳 사람들 말소리가 들리는 듯하다. 정선은 가을과 겨울 풍경의 청풍계도 그렸을 것이다. 어떤 풍경일까 궁금하기 그지없다.

1753년 노론 명문가의 선비였던 권신응도 청풍계를 그렸다. 그림을 보면 상단 높은 곳에 '인왕산'이라 써두었고 바로 아래쪽 우뚝 치솟은 바위에는 '백세청풍' 百世淸風, 그 아래 기와집에는 '산앙루'山仰樓, '선원영당'仙源影堂, '늠연당'凜然堂, 화폭 왼쪽 냇가에 초가지붕에는 '태고정'太古亭이라고 써두었다.

화폭 중단 초가 옆 세 개의 네모판은 조심지, 함벽지, 척금지라고 이름 지은 연못이다. '조심'은 마음을 비추고, '함벽'은 옥돌을 담그고, '척금'은 옷깃을 씻어낸다는 뜻이다. 그러니까 이 연못은 자신을 거울에 비추어 성찰할 것, 맑은 빛으로 모든 것을 포용할 것, 세파에 더럽혀진 때를 한시라도 용납하지 말 것을 의미하는 상징이었다. 그야말로 조선후기 최고의 권문세가인 장동김문이 집안 단속을 어찌 하는가를 보여주는 증거요 과연 그러했기에 이백오십 년 번영을 누릴 수 있었는지도 모를 일이다.

하지만 이백오십 년 집권 가문도 나라를 빼앗기고 나니 허무하게 스러지고 말았다. 아름다운 청풍계곡도 주인이 바뀌었다. 뛰어난 학자 호암 문일평1888-1936

이 지은 「근교산악사화」라는 글을 보면 일제강점기 때 이곳 청풍계 일대의 소유자는 군수산업 대재벌 미쓰비시三菱였다. 미쓰비시는 천 년 동안 청풍계를 청풍계답게 해주던 바위를 깨뜨렸다. 그저 직원 숙소나 지어볼까 해서 그랬다니 어이가 없다. 그런 중에 1935년 이윤영이란 사람이 태고정 뒤쪽에 청운양로원을 짓고 그 일대를 더 이상 손대지 않음으로써 그나마 남은 풍경의 흔적을 유지할 수 있었다.

이곳에 깃든 겸재 정선의 자취

1752년 2월 깊은 밤 겸재 정선이 그림 한 폭을 그렸다. 〈괴단 야화도〉槐壇夜話圖가 그것이다. 오랜 벗 사천 이병연, 외사촌 형제인 박창언1677-1731과 함께 어울리던 옛 추억의 한 장면을 그린 것이다. 물론 두 사람 모두 세상을 떠난 뒤 그린 것이므로 기억을 더듬어 그린 그림인데 여기에 정선은 '추억하노라. 이병연과 박창언과 함께 홰나무 아래 쌓아올린 흙터인 괴단에서 깊은 밤 이야기 나누던 일을. 1752년 2월 어느 날에'라고 썼다.

여기서 말하는 '홰나무 아래 쌓아 올린 괴단'이 어느 곳에 자리한 누구네 집의 괴단을 말하는지는 알 수 없다. 다만 정선의 외할아버지 박자진1625-1694의 집 후원 담장 안에 높이 솟은 측백나무 단壇이 있었다고 하는데 이 그림에 나오는 괴단이 바로 그곳 아니냐는 주장도 있다. 박자진의 손자인 박창언이 이 집 별당에서 정선과 이병연 그리고 이병연의 아우 이병성1675-1735과 더불어 강론했다는 기록이 그 근거라고 한다.

정선은 가난하기 그지없는 집안에서 태어났다. 그의 나이 열네 살 때 부친이 세상을 떠났다. 홀로 남은 모친은 두 아들과 딸 하나를 키우기 벅차 장남 정선보다 일곱 살 아래 아우를 재당숙 집안 양자로 보냈다. 그나마 이웃에 살던 외할아버지

　　　　　　　　이백오십 년 권력의 산실, 문예의 꽃을 피우다

정선, 〈한양 장동 청풍계〉,

58.8×133, 비단, 1739, 간송미술관

청운초등학교 뒤편

정선, 〈한양 장동 청풍계〉,

36×96.2, 종이, 1730, 고려대박물관

청운초등학교 뒤편

권신응, 〈청풍계〉, 《북악십경첩》, 25.7×41.7, 종이, 1753, 개인

청운초등학교 뒤편

의 도움으로 가까스로 생계를 이어갈 수 있었다. 기록이 남아 있지 않아 정확하지는 않으나 정선은 외할아버지에게 학문을 익힌 듯하다.

앞서 말한 이병성은 아주 먼 훗날 '측백나무 단 앞에 눈발이 희끗희끗 등잔불 화롯불은 꿈처럼 아득하네. 어둠을 휘두르던 박창언은 간 데 없고 경서를 논하던 정선은 이미 백발이로구나'라고 했는데 어린 시절 정선의 외할아버지 박자진 집 후원에서 다같이 모여 어울리던 때를 추억하는 글이 아닌가 한다.

〈괴단 야화도〉를 보며 상상하는 즐거움을 누리는데 그림의 배경을 정선의 외할아버지 집 후원이라고 한다면 그곳은 지금 종로구 청운동 123번지 일대 청운초등학교가 있는 곳에 있었다. 정선의 집은 길 건너 청운동 89번지 경복고등학교와 청운중학교 부근이다. 어린 정선은 틈만 나면 길 건너 저 괴단을 찾아 벗들과 어울려 학문에 탐닉하기도 하고 또한 놀기도 했을 것이다. 그리고 그때의 일을 떠올려 이 그림을 그려두었던 것일 게다.

이백오십 년 권력의 산실, 문예의 꽃을 피우다

정선, 〈괴단 야화도〉, 51×32, 종이, 1752, 개인

청운동 경복고등학교 길 건너 청운초등학교 북쪽 담장 옆의 자하문길 어느 어간

憶一居公美
槐壇夜话
壬申二月
謙學

인왕산 기슭에 꽃이 피면
모두 모여 꽃놀이

〈인왕제색도〉에는 구름 깔리고, 〈인왕산도〉에는 봄바람 부네

인왕산을 인왕산이라 부른 것은 세종 때부터다. 다른 이름으로는 필운산이 있지만 주로는 인왕산이라고 칭한다. 이곳은 골이 깊고 기운이 세서 살림터로 적당치 않아 텅 빈 땅이었다. 다만 어린 조카 단종을 쫓아내고 왕위에 오른 세조의 왕비 정희왕후의 동생 남편으로 세도를 누리던 이염의와 같은 권세가들이 인왕산 북쪽 기슭 백운동에 별장을 지어두고 사숙재 강희맹1424-1483과 같은 당대 으뜸가는 문장가를 초청하며 어울리곤 했다.

그뒤 언젠가 인왕산 북쪽 기슭 백운동엔 오랑캐의 나라인 청나라와는 결코 어울릴 수 없다며 외고집을 꺾지 않았던 청음 김상헌의 장동김문 일파가, 남쪽 기슭 필운대엔 영의정 쌍취헌 권철1503-1578, 도원수 만취당 권율1537-1599 부자의 안동권씨 일파가 들어와 터를 잡았다. 이어 권율의 사위로 뒷날 영의정에 오른 백사 이항복1556-1618도 필운대를 물려받아 제 것인 양 집터로 삼아 대를 물리고 보니 인왕산 북쪽과 남쪽은 어느덧 사족 가문의 전유지가 되고 말았다.

사족 가문 사이에 끼어 살면서 탁월한 재능을 발휘한 몰락 양반가 출신 겸재 정선은 그들의 지지와 후원에 힘입어 당대 제일 화가의 반열에 올랐다. 그런 정선이 어느덧 노경에 접어들어 절정의 경지를 노닐던 일흔여섯 살, 그러니까 1751년 여름 어느 날이었다. 비 온 뒤 인왕산이 한눈에 확 들어왔다. 물론 평생을 보아오던 산이니 눈 감아야 오히려 생생한 영상이었을 터 그저 손길 흐르는 대로 따르고 보니 먹물 가득한 바위에 물기 먹은 구름 흐르는 세상이 모습 드러냈다. 조선 제일의 회화 〈인왕제색도〉仁王霽色圖는 이렇게 이루어졌다. 이 작품 오른쪽 상단에 다음과 같은 화제가 있다.

인왕제색 겸재 신미윤월하완仁王霽色 謙齋 辛未閏月下浣

신미년 윤오월 하순 안개 걷힌 인왕산이라는 뜻이다. 이 작품의 핵심은 화폭 상단의 바위산에 있다. 정선은 도끼날 붓질을 뜻하는 부벽준斧劈皴을 구사하여 바위 표면을 통쾌하게 쓸어내렸는데 정선 이전의 어떤 화가도 저렇게 넓고 큰 면적을 붓으로 뒤덮어버리지는 않았다. 너무 넓어서 얼핏 하나의 평면처럼 보이기도 하지만 찬찬히 보고 있노라면 결에 따른 흐름이 있어 그 거대한 바위가 마치 살아 숨 쉬는 것처럼 보인다.

화폭 중단 아래를 지배하는 안개구름 역시 눈길을 끈다. 만약 이 안개를 산 사이로 깔아두지 않았더라면 이 작품은 그저 먹물만 머금은 암흑천지였을 것이고 따라서 오늘날까지 그 명성을 이어오지 못했을 것이다.

이 작품이 시선을 뒤흔드는 명작으로 군림하는 까닭은 바위산과 안개구름 때문이다. 하지만 뛰어난 점은 또 있다. 바로 먹물을 머금은 듯 짙은 바위산의 무게와 맑게 흐르는 안개의 가벼움을 적절히 뒤섞어 흑과 백의 조화를 절정의 수준으로 끌어올렸다는 점이다. 이 같은 걸작이 탄생했다는 사실만으로도 18세기 조

인왕산 기슭에 꽃이 피면 모두 모여 꽃놀이

정선, 〈인왕제색도〉, 138.2×79.2, 종이, 1751, 이건희 기증 국립중앙박물관
국립현대미술관 서울관에서 경복궁 너머 바라본 인왕산 풍경

선은 축복 받은 시대였다. 게다가 이 작품은 일흔여섯 살의 노경에 이른 화가의 것이다. 모르고 보았다면 마치 청년 화가가 마음껏 붓질을 베푼 것이라 여기지 않았을까 싶다.

노년의 정선이 왜 이런 그림을 그렸는지는 알려진 바 없다. 정선은 1728년 쉰셋의 나이에 이곳 인왕산 계곡으로 이주했다. 그러니까 이 그림을 그린 1751년은 그로부터 이십삼 년이 흐른 때다. 자신이 살고 있는 집을 병풍처럼 감싸주던 뒷산을 그리는 일이야 자연스러운 일이어서 오랜 세월 누구도 이 작품의 창작 동기를 궁금해 하지 않았다. 그런데 무려 이백 년이 지난 뒤 처음으로 〈인왕제색도〉 창작 동기를 밝히는 논문이 탄생했다. 한국미술사학의 천재로 추앙 받아 마땅한 우현 고유섭1905-1944이 1940년에 발표한 「인왕제색도」라는 글이 그것이다. 고유섭은 노론당파의 영수로서 영의정이었던 만포 심환지1730-1802가 1802년 4월말에 쓴 「인왕제색도 제발」을 찾아서 이 작품의 주인이 심환지이며 그의 사후엔 그 후손이 심환지를 제사 지낼 때면 〈인왕제색도〉를 걸어두고서 추모하였다는 내용을 밝혔다. 이 기록과 연구를 시작으로 이후 또 다른 연구자들 역시 〈인왕제색도〉를 만포 심환지가 주문해 그린 작품이라고들 해왔다.

명작에 얽힌 이야기들은 많은 의문을 자아내곤 하는데 〈인왕제색도〉 또한 마찬가지다. 만약 심환지가 이 작품의 주인이라면, 〈인왕제색도〉가 그려진 1751년에 그는 스물두 살의 나이로 사학四學에 재학 중인 학생이었다. 그러니까 약관의 나이, 젊은 학생이 당대 제일가는 원로 화가 정선에게 그림을 주문한 것이 된다. 이를 두고 그럴 리가 없을 것이라는 의견이 설득력 있게 제기되었다. 물론 젊긴 했으나 심환지가 명문세가인 청송심씨 가문의 청년이자 뒷날 최대 수장가로 명성을 떨친 인물이었으므로 젊은 시절이라고 해서 주문하지 못할 까닭도 없었을 것이라는 주장도 없지 않았다.

또다른 의견도 있다. 오랜 벗이자 시인인 사천 이병연이 1751년 윤5월 29일에 별세한 것을 추모하여 그린 것이라는 주장이다. 그건 또 그 나름의 설득력을 지니고 있다. 하지만 이병연을 위해 그린 것인지 심환지가 주문한 것인지 그 어느 쪽도 맞다고 확언할 수 없는 일이다.

〈인왕제색도〉 화폭 오른쪽 하단 나무숲에 절반이 가려진 채 그려진 아담한 기와집은 어쩌면 심환지가 살았던 집일 수도 있다. 노론 벽파의 선봉으로 남인과 소론을 향해 이단이라고 배척하는 태도를 평생 지켜나갔던 심환지는 정조 때 우의정에 올랐고 정조가 승하하자 영의정이 되어 정권을 장악, 반대 당파의 무고한 인물들을 처절히 탄압했다. 너무 가혹하여 그 죄가 커 사후 관작을 삭탈당하기조차 하였다. 심환지가 〈인왕제색도〉를 주문했다면 그런 인물이 이런 걸작의 주인이었다는 게 믿기지 않는다. 하기야 그는 한양 일대를 그린 정선의 《경교명승첩》京郊名勝帖의 소장자이기도 했으니 그림이란 주인을 가리지 않는 듯도 하다. 심환지가 1802년에 쓴 「인왕제색도 제발」은 다음과 같다.

> 삼각산 봄 구름이 비를 보내 멈춘 뒤
> 푸르게 적신 만 그루 소나무 그윽한 집 둘렀네
> 주인장 노인은 정녕 깊은 휘장 아래 있으리니
> 홀로 앉아 하도河圖와 낙서洛書를 매만지겠네

이 무렵 심환지는 신유사옥을 주도하면서 숱한 인걸들을 처단한 뒤였다. 말하자면 피비린내를 씻어버리고 싶어 젊은 날 수집했던 정선의 〈인왕제색도〉를 꺼내들고서 오랜 세월 장엄하였던 자신의 가문과 당파의 영광을 추억하면서 하도와 낙서에 담겨 있는 미래의 운명을 헤아렸다는 게다. 그러나 그때는 몰랐을 것이다. 불과 여섯 달 남짓 후인 10월 18일 영의정으로 업무를 수행하던 중 심환지는 급작스레 죽고 말았다.

인왕산을 그린 화가는 정선만이 아니었다. 천문학자이자 뛰어난 화가였던 담졸 강희언1738-1784이전의 〈인왕산도〉는 또하나의 조선 최대 걸작이다. 강희언은 전업화가가 아니었다. 열네 살 무렵인 1752년 기술전문직인 잡과 생도로 추천 받아 생도방에서 교육 받았다. 두 해 뒤인 1754년에는 기술직 시험의 하나인 운과雲科에 합격하여 천문과학기관인 관상감의 정9품 천문학 훈도로 발령이 났다. 그런데 과학에만 전념하지 않았고 그림에도 재능을 쏟아부었다. 그런 그가 탄생시킨 〈인왕산도〉를 살펴본 당대 예원의 총수 표암 강세황1713-1791은 화폭 오른쪽 상단에 다음과 같은 화제를 써주었다.

참된 풍경을 그리는 사람인 '사진경자'寫眞景者는 항시 지도를 닮을까 염려하는데 이 그림은 실물과 다를 바 없이 핍진하고 또한 화가의 여러 가지 법식인 화가제법畫家諸法을 잃지 않았구나

그러니까 강세황은 강희언을 가리켜 '사진경자'라고 하였다. 여기서 '진경'이란 '참된 경치'를 뜻하는 것으로 사물의 실제 모습을 가리킨다. 다시 말하면 사람이 눈으로 보는 겉모습의 참된 형상이다. 그러므로 진경은 풍경을 기호로 표현하는 지도와 다르다. 땅의 구성원리를 찾아 주름선 같은 것으로 함축하는 지도와 진경이 합쳐져 그림지도로 나타나는 경우가 워낙 흔하다보니 강세황은 진경을 즐겨 그리는 강희언을 지켜보며 우려했던 듯하다. 그런 그가 비로소 이 〈인왕산도〉를 보고서야 지도의 한계를 벗어났다고 평가한 것이다.

진경을 즐겨 그린 까닭인지 강희언이 그린 〈인왕산도〉야말로 인왕산의 실제 모습에 가장 가깝다. 겸재 정선의 〈인왕제색도〉와 비교해보면 금세 알 수 있다. 정선의 〈인왕제색도〉는 비 온 뒤 바위를 표현하느라 산보다는 뒤덮인 안개구름과 물젖은 바위를 연출하는 데 주력했지만 강희언의 〈인왕산도〉는 주름진 계곡마다 나

무와 바위, 집채를 오밀조밀 묘사하였고 산등성을 휘감는 성곽도 아주 자세하여 실제의 인왕산 모습을 재현했다. 강희언은 화제에 다음처럼 썼다.

음력 3월 늦은 봄날 도화동에 올라 인왕산을 보네

도화동은 지금 경기상업고등학교 부근으로 청운동 일대를 가리킨다. 이곳에서 바라본 인왕산은 훨씬 시원스럽다. 섬세한 사실묘사를 위해 일부러 탁 트이게 보이는 장소를 골랐던 것이겠다. 겸재 정선이 조선 제일의 회화 〈인왕제색도〉를 완성하던 1751년은 담졸 강희언이 겨우 열네 살이던 때였다. 어린 강희언이 뒷날 성장해서 〈인왕제색도〉를 봤다면 부러워했을 것이다. 어쩌면 그 넘치는 멋에 탄식했을지도 모른다. 그리고 정선과 다르게 그리려면 어떻게 해야 할지 깊은 고뇌에 빠졌을지도 모를 일이다.

강희언의 눈에 인왕산은 측면에서 비껴 보니 계곡마다 주름진 선이 드러났고 능선 따라 성벽이며 골마다 들어선 마을이 또렷하게 보였던 모양이다. 보이는 대로 거침없이 주름진 인왕산을 그리고서 또 하늘에 담청색 묽게 칠해놓고 보니 참으로 통쾌했을 법하다. 이렇게 완성한 그림을 촌수가 제법 있는 친척이자 당대 예원의 비평가인 표암 강세황이 '진경'이라고 평가해주었으니 모르기는 몰라도 하늘을 날 것 같지 않았을까.

강희언에 대해 밝히고 갈 것이 있다. 강희언이 정선의 옆집에 살면서 그림을 배워 화가로 성장했다는 속설이 그것이다. 1972년 미술사학자 이동주1917-1997가 『한국회화소사』에서 잠시 언급한 이래 마치 정설처럼 여기지만 도무지 믿기 어려운 이야기다. 오히려 이동주가 덧붙여 말한 바처럼 강희언의 작품은 모두 강세황의 영향 아래 있다고 보아야 한다. 〈인왕산도〉만 보더라도 〈인왕제색도〉와 너무 다르다. 최고의 명성을 떨친 정선과의 '차별화'에 성공한 강희언을 오늘날의 학자

강희언, 〈인왕산도〉, 42.6×24.6, 종이, 18세기, 개인
청운동 경기상업고등학교 부근에서 바라본 인왕산 풍경

들이 정선 문하로 굳이 가져다 붙이곤 하는데 이는 강희언에겐 모독이고 정선에겐 찬양이니 주의할 일이다.

또한 그렇다고 해서 누구의 그림이 더 우월한가를 묻는 것은 어리석다. 정선의 것은 여름날이고 강희언의 것은 봄날이며, 정선은 바위와 안개구름을 그리려 했으나 강희언은 골골마다 연둣빛 봄날의 숲과 그에 둘러싸인 집들을 그리려 했다. 그러니 강세황의 평가처럼 강희언은 진경眞景을 완성한 것이고 정선은 진경眞景이 아니라 진경眞境을 그린 것이다.

여기서 말하는 정선의 진경眞境이란 '본바탕의 경계'를 뜻한다. 다시 말해 진경眞境은 사물의 겉모습보다는 사람이 본 것을 내면으로 인식하는 일종의 정신세계의 넓이와 깊이를 가리킨다. 강희언은 정선의 저 진경이 아니라 강세황이 말하는 바의 진경眞景을 그렸다. 그러니 정선의 〈인왕제색도〉와 강희언의 〈인왕산도〉는 비교할 일 없는 서로 다른 최고의 걸작일 뿐이다.

정선의 후원자 이춘제의 삼승정 풍경

인왕산 기슭 옥류동 또는 수성동과 세심대 사이에 자리한 삼승정을 그린 〈서원소정도〉西園小亭圖와 삼승정에 앉은 이춘제의 시야에 들어오는 한양 풍경을 그린 〈한양전경도〉는 겸재 정선의 최대 후원자로 소론 명문가 출신의 삼승정三勝亭 이춘제1692-1761가 주문한 여러 작품 가운데 일부다. 두 작품 모두 이춘제 저택 후원에 있는 정자 삼승정 일대를 소재로 삼고 있는 연작으로, 〈서원소정도〉는 초가로 지붕을 올린 정자와 연못을 향하는 이춘제와 거문고를 어깨에 매고 따르는 시동을 그렸고 〈한양전경도〉는 정자에 앉아 한양 전경을 조망하는 이춘제의 모습을 그렸다.

1740년 늦여름 이 삼승정을 완성한 이춘제는 병조판서 귀록歸鹿 조현명1691-

정선, 〈서원소정도〉, 40×67.5, 비단, 1740년경, 개인
인왕산 기슭 수성동 옥류천 부근 풍경

정선, 〈한양전경도〉, 40×67.5, 비단, 1740년경, 개인
인왕산 기슭 수성동에서 바라본 한양 일대 풍경

1752에게 정자의 기문을 부탁했다. 조현명은 이춘제의 정자야말로 당대의 시인 이병연의 시와 화가 정선의 그림을 좌우에 맞이할 만하므로 세 가지가 뛰어나다는 뜻의 '삼승정'이란 이름을 지어주었다.

〈한양전경도〉에서 눈길을 끄는 건 회맹단과 경복궁이다. 화폭 상단 맨 왼쪽 백악산 기슭 구름 낀 빈터를 보면 '회맹단'會盟壇이란 글씨가 보인다. 태종 이방원이 신하들로부터 충성서약을 받은 곳이다. 또 화폭 상단 중앙에 '경복'景福이라고 써 놓은 곳이 경복궁인데 건물이 보이지 않는다. 화폭 맨 오른쪽에는 인왕산 기슭에 '사직'社稷이란 글씨가 보이는데 오늘날의 사직단이다.

수성궁에는 물소리 흐르고, 송석원에는 시가 흐르네

배화여자대학교 부근 북쪽으로 누하동, 누상동, 인왕동, 옥인동이 인왕산 기슭 따라 쭉 이어진다. 누각이 많다는 뜻의 누각골로 이름나서 위쪽은 누상동, 아래쪽은 누하동이란 이름을 가질 정도였다. 저 누하동에서 인왕산 계곡을 타고 오르다 보면 펼쳐지는 곳이 수성동이다. 이곳에는 오래전 인수궁仁壽宮이며 자수궁慈壽宮이 있었다. 육백여 년 전 조선 개국 당시에는 수도의 다섯 개 학당 가운데 하나인 북학北學이 서 있던 땅이었다. 『신증동국여지승람』에 따르면, 태종이 세자 시절 이곳에 거처를 마련하여 인수궁이라 하였고, 또 제9대 왕 성종1457-1494은 폐비 윤씨의 거처를 이곳에 마련하여 자수궁이라 일렀다. 워낙 터가 좋다보니 학교를 밀어내고 궁궐이 들어선 게다.

뒤이어 연산 왕은 이곳 자수궁을 회록각會祿閣이라는 이름으로 바꾼 뒤 사랑하는 기생으로 하여금 머물도록 했다. 그뒤로도 광해 왕은 1616년 사직공원 아래쪽에 경희궁을 짓고 또 이 땅에는 인경궁, 자수궁을 지어 이곳을 무대로 조선을 새

인왕산 기슭에 꽃이 피면 모두 모여 꽃놀이

로이 통치할 채비를 갖추었다. 임진왜란 때 일본군이 파괴해버린 경복궁, 창덕궁, 창경궁을 대신하여 새로운 시대를 열고자 했던 것이겠다.

겸재 정선의 〈수성구지〉壽城舊址는 바로 이곳 인경궁, 자수궁 옛터를 그린 작품이다. 정선이 이 땅을 그리던 때인 18세기 전반기에는 이미 궁궐 같은 것은 사라지고 없었다. 다만 물길이 흐르는 곳마다 물이 맑고 달아서 삼복더위도 물리친다는 복우물골이며 약수가 흐른다고 해서 불로천不老泉이란 이름을 얻었다. 그림 복판 위 아래로 계곡이 있는데 그 왼쪽으로 옹기종기 가지런한 마을이 있는 일대가 곧 인수궁, 자수궁 옛터 아닌가 싶다.

정선은 그림 제목을 '수성의 옛터'라고 붙이고서 그림 하단 오른쪽에 큰 건물 한 채를 그렸다. 수성이란 무엇을 뜻하는 걸까. 우선 수성궁壽城宮은 안평대군1418-1453의 옛집이었다. 그러니 안평대군의 옛집터라는 뜻으로 썼을 수 있겠다. 조금 더 세심하게 따지자면 '인수, 자수'에서 수壽자를 따고 거기에 궁성이란 의미의 성城자를 붙인 다음, 옛터란 의미의 구지舊址를 붙여 '수성구지'라고 표현했을 수도 있다. 아예 이 둘을 따로 생각하지 말고 합치면, 화면 오른쪽 오직 한 채, 외롭고 쓸쓸한 가옥이 곧 수성궁 옛터의 흔적이고, 왼쪽 옹기종기 마을을 인수궁, 자수궁의 흔적으로 볼 수 있다. 물론 화면 한복판 계곡의 바로 위 빈터가 수성궁 옛터 아닐까 싶기도 하지만 왕자가 살던 집이 저토록 계곡을 거슬러 올라갈 리는 없을 것이고 또 주제에 맞춰 커다랗게 묘사한 부분이 크고 장엄하니 도리 없이 이곳이야말로 수성궁 옛터가 아닌가 짐작한다.

세종의 셋째아들이자 수성궁 주인 안평대군의 삶은 평탄치 않았다. 학문과 예술 모두 뛰어난 재능을 가졌으나 둘째 형 수양대군이 왕위 찬탈을 꾀할 때 죽임을 당했다. 그가 세상을 떠난 뒤 세종의 형이자 안평과 수양의 큰아버지인 효령대군1396-1486이 조카 대신 수성궁의 새로운 주인으로 들어앉았다.

인수궁, 자수궁도 오래가지 못했다. 인조가 왕위에 오른 뒤 광해 왕의 흔적을

정선, 〈수성구지〉, 87×53, 종이, 18세기, 국립중앙박물관

수성동 계곡 일대 풍경

지운다며 자수궁을 자수원으로 격하했을 뿐 아니라 비구니가 머무는 니원尼院으로 삼더니 아들 없는 후궁들을 모여 살게 했다. 소현세자가 청나라에 인질로 갔다 귀국할 때 데려온 명나라 출신 궁녀 굴씨도 바로 이곳 자수원에서 살다가 생애를 마쳤다. 한때 이곳에는 무려 오천여 명의 비구니가 모여 살기도 했다. 1663년 현종 때 니원을 폐지하여 비구니를 내침에 따라 이곳은 더 쓸쓸해지고 말았다. 하지만 하루아침에 사라지는 건 없는 법이라 궁궐에서 나와 오갈 데 없는 늙은 후궁들이 모여 살았을 터이다.

이 땅을 그린 정선의 그림은 더 있다. 《장동팔경첩》 가운데 〈수성동〉이란 작품이 그것이다. 가만히 보고 있노라면 〈수성구지〉의 중앙 부분만 떼어 그린 것을 알 수 있다. 19세기에 접어들면서 이곳은 저 '수성'壽城에 더하여 또 다른 '수성'水聲이란 이름으로 불리기 시작했다. 소리가 같아서였던 게다. '물소리 나는 마을'이란 뜻의 '수성동'水聲洞은 예전 기록에 나오지 않다가 수헌 유본예의 『한경지략』에 처음 등장한다. 이 기록은 수성궁과 수성동이 하나임을 알려주고 있다. 그러니 같은 곳을 넓게 그린 작품이 〈수성구지〉요, 좁게 그린 것이 〈수성동〉이라 하겠다.

인수궁, 자수궁 등 한때 궁궐이 즐비하던 이곳은 조선후기인 17세기에 이르러 사족 가문의 세거지로 바뀌더니 고종 시대에 이르러서는 명성황후1851-1895의 민씨가문으로 넘어가고, 그뒤로는 제27대 왕 순종1874-1926의 비 순정황후1894-1966의 큰아버지 윤덕영1873-1941이 1914년에 무려 이만여 제곱미터(육천 평 남짓) 대지에 양옥집을 짓고 주변 십수만 제곱미터를 점거하며 살았다. 윤덕영이란 자는 고종의 비서실장 격인 시종원경이었는데 1910년 일본 천황에게 적극 협력해 대한제국을 일제에 바쳤으며 1919년에는 덕수궁에 유폐당해 있던 고종을 독살한 주역으로 활약했다.

이후 이곳은 누구 차지가 되었을까. 1941년 윤덕영이 죽은 뒤 대저택은 일본 재벌기업 미쓰비시의 사무실로 바뀌었고 해방이 되자 유엔이 점거해 사용하기

정선, 〈수성동〉, 《장동팔경첩》 2, 29.5×33.7, 종이, 18세기, 간송미술관
수성동 계곡 일대 풍경

시작했다. 그뒤 서울시가 돌려받아 서울시립병원으로 사용하다가 1971년 그 일대에 옥인시범아파트 삼백여덟 채를 들여앉히면서 주위를 온통 시멘트로 뒤덮어 풍경을 망쳐놓았다. 옛 모습은 그렇게 잊혔다. 세월이 흐른 뒤 서울시는 낡고 위험한 아파트를 철거했고 일대의 땅을 서울시기념물로 지정해 옛 풍경을 되살리려 애를 썼다.

이 근방을 그린 그림을 더 살펴보기로 하자. 인왕산에서 경복궁으로 흐르는 시냇물 줄기는 누상동과 옥류동에서 흐르다가 옥인동에서 만나는데 이곳 일대를 옥계玉溪라고 불렀다. 서인 노론당 영수로 맹활약을 펼쳤던 인물 우암 송시열이 옥인동 47번지 북쪽 돌벽에 '옥류동'玉流洞이라는 글자를 새겼는데 이 옥류동은 물과 돌이 옥같이 맑아 옥골, 옥동, 옥류동이라 하였다. 노론 명문가의 후예인 권신응이 그린 〈옥류동〉에는 인왕산仁王山, 수성동水聲洞, 청휘각淸暉閣이라고 쓴 글씨가 보인다. 그림의 오른쪽 계곡 물줄기 위에 청휘각이 보이는데 이는 백운동과 옥류동 사이에 있던 누각으로 역시 지금의 옥인동 47번지 자리다. 정선이 그린 〈옥류동〉에도 누각은 등장한다. 『신증동국여지승람』을 보면 「옥류동」 항목에 농암 김창협 1651-1708이 청휘각의 이름을 지었다고 되어 있다. 그림의 왼쪽으로 보이는 수성동은 옛 옥류동과 누각동 사이 계곡으로 지금의 누하동과 옥인동 일대를 가리킨다.

오늘의 수성동 계곡은 누구나 쉽게 거닐 수 있다. 옛 모습 그대로인지는 알 수 없지만 망쳐버린 풍경을 되살리는 대가는 시민의 돈으로 치렀다. 소나무며 상수리, 산철쭉 일만팔천여 그루를 심고 사모정思慕亭도 설치하고 나무다리도 놓았다. 옥인시범아파트를 지으면서 감춰진 기린교는 2008년 아파트를 철거할 적에 다시 제모습을 드러냈다. 시멘트로 덮은 뒤 철제난간을 설치했던 것을 들춰내고 보니 옛 모습 그대로였다. 서울시 기념물 제31호로 지정되어 보존 가능해졌다.

권신응, 〈옥류동〉, 《북악십경첩》, 25.7×41.7, 종이, 1753, 개인

수성동 계곡 일대 풍경

정선, 〈옥류동〉, 32.7×66.4, 비단, 18세기, 이건희 기증 국립중앙박물관

수성동 계곡 일대 풍경

송석원, 예술인의 아름다운 규율

중인 출신의 시인 송석원 천수경1758-1818은 이 옥류동 계곡에 초가를 지었고 그 바위와 소나무를 따라 집 이름을 송석원松石園이라고 지음에 따라 이곳은 옥류동 송석원으로 유명해졌다. 천수경은 스스로를 '송석도인'이라 부르며 풍류를 누렸고, 숱한 중인들을 불러들임에 따라 이곳 송석원은 어느덧 시인 가객이 모이는 터전이 되었다.

옥계에 있다고 해서 옥계시사라고도 부르는 송석원시사는 이렇게 시작했다. 송석원이 들어선 뒤, 중인 출신으로 출판업을 경영하여 베스트셀러를 양산해냈던 이이엄 장혼1759-1828도 이곳에 집을 사들여 이이엄而已广이라는 이름을 지었다. 그 밖에도 수리 왕한상1764-1834은 옥경산방玉磬山房, 경재 이경연은 옥계정사玉溪精舍, 호고재 김낙서1757-1819무렵는 일섭원日涉園을 경영하였다. 이렇게 모여들고 보니 처음 이곳에 터를 잡은 천수경과 장혼은 1786년 7월 16일 예인을 모아 송석원시사를 결성하였다. 맹주는 응당 천수경이었고 다른 이들은 맹원으로 참여했다. 여기에 처음부터 화가 송월헌 임득명1767-1822도 맹원으로 참가하였고 그뒤 화가 수월헌 임희지1765-1820이후도 가담하였는데 이들 맹원들과는 나이 차이가 큰 원로 화가 호생관 최북1712-1786의 경우는 서열이 같은 맹원이라기보다는 특별히 초대 받은 선배 어른이었을 게다.

1786년 7월 16일 송석원시사 창설 당시 읊었던 시와 그림을 묶은 《옥계사 수계첩》玉溪社修禊帖에는 열두 가지 빼어난 것을 뜻하는 '옥계사 십이승'을 시와 그림으로 읊고 그려 수록해두었다고 한다. 하지만 오늘날 전해지는 그림은 송월헌 임득명이 그린 네 폭만이다. 그 네 폭 가운데 가장 아름다운 그림이 바로 〈등고상화〉登高賞華다.

임득명은 훗날 1813년 한양에서 평안도 의주, 용천에 이르는 북서 지역 여행을 하면서 그린 명작 〈서행일천리도권〉을 남긴 화가이면서 송석원시사의 활동 상을 보여주는 시집 『송월만록』을 남긴 시인이기도 하다.

〈등고상화〉는 꽃피는 봄날 인왕산 남쪽 기슭의 아름다움을 표현한 그림 가운데 가장 빼어난 걸작이다. 지그재그식 구도를 기본으로 하늘은 텅 비워두고 땅은 꽉 채워 선을 따라 분홍색 꽃잎이 흐드러지게 피어나고 버드나무에 연둣빛 싱그러움이 먹물과 어울려 퍼져나가는 게 눈부시게 황홀하다. 산등성이에 모인 일곱 명의 모습이 아주 선명하고 하단에 꽃과 나무와 집으로 이루어진 마을 풍경이 화려하기 그지없다. 화폭의 중심축을 지그재그로 설정하고 그 흐름에 따라 사람과 꽃과 나무와 집을 구불구불 물 흐르듯 배치했다. 나머지는 넓은 여백으로 두어 전체 화폭은 얼핏 분홍, 연두, 먹색의 추상화처럼 보인다. 실제로 인왕산 기슭을 그렸다는 기록이 없었다면 어느 곳을 그린 그림인 줄 알 수 없었을 것이다. 임득명이 이 그림을 그릴 적엔 시와 음악과 그림이 저 자연과 조화를 이루던 시절이었다. 창석 이인위는 이곳 인왕산 기슭에 꽃이 피면 '새옷 입은 어린이와 대지팡이 짚은 늙은이'들이 몰려들어 장관을 이루었다고 기록한 바 있다. 아름다운 승경지였던 것이다.

송석원시사에 참여하는 이들은 엄격한 규율을 갖고 있었다. 장기나 바둑으로 모이는 박혁지교博奕之交, 술과 유흥으로 모이는 주색지교酒色之交, 권력과 이익을 지향하는 세리지교勢利之交를 배척하고 오직 문학지교文學之交만을 지향한다고 밝혔다. 또한 친교의 도리를 '문'文으로 맺되 '덕'德으로 규범을 삼는다는 내용을 담은 강령을 채택하고 스물두 개 조항의 '사헌'社憲도 채택하였다.

그렇게 세월이 흐르던 1791년 6월 15일 유두일엔 고송유수관 이인문1745-1824이후과 더불어 단원 김홍도까지 참가한 아홉 명의 시회가 열렸다. 이인문은 《옥계청유첩》玉溪淸遊帖에 〈송석원 시회도〉를, 김홍도는 〈송석원 야연도〉松石園夜宴圖를 그렸다.

이 그림에 보이는 바처럼 옥류가 흐르는 옆 천수경의 송석원 마당에 아홉 명

03— 청풍계의 벗, 인왕산 그림, 필운대 꽃놀이

임득명, 〈등고상화〉, 18.9×24.2, 종이, 1786, 개인
인왕산 남쪽 기슭 풍경

이 어울려 시와 술을 나누는 모습이 생생하다. 그로부터 수 년이 흐른 1797년 중인 출신 시인 안화당 마성린1727-1797이후이 그림에 '더위 찌는 밤에 구름과 달이 아스라하니, 붓끝의 조화가 사람을 놀래 아찔하게 하는구나'라는 화제를 써넣었다.

　　인왕산 아래 시인들은 이렇게 어울렸다. 좋은 시를 읊조리면 칭찬하고, 빼어난 그림을 그리면 놀라움을 그대로 드러내 찬양했다. 천수경은 1797년 중인 공동시집 『풍요속선』風謠續選을 간행하였는데 육십 년 전인 1737년에 처음으로 나온 중인 공동시집 『소대풍요』昭代風謠를 기념하고 계승하는 사업이었다. 중인예원의 존재를 확인하는 이 전통은 이후 육십 년마다 지속되어 20세기까지 이어져 내려왔다. 그러고 보니 송석원시사는 날로 번창하여 1812년에 이르렀을 때 무려 오십 명이 넘는 성황을 이루었으며 뒷날 참가한 중인예원의 총수 우봉 조희룡1789-1866은 '시를 아는 사람들이 송석원 시회에 참여하지 못하는 것을 부끄럽게 여겼다'고 하였다. 이백 년 전 송석원시사는 엄격했다. 창립 5주년이던 1791년 10월 맹원 송월헌 임득명은 《옥계사시첩》 「서문」에 '옛 규약을 바꾸거나 늘리거나 고치는 것 없이 한결같이 지킨다'고 하였다. 처음의 그 아름다운 뜻을 처음처럼 끝까지 지키려 했던 게다.

　　1818년 맹주 천수경이 세상을 떠남에 따라 송석원시사도 막을 내려야 했다. 바로 그해 존재 박윤묵1771-1851은 신예 조희룡을 특별히 가리켜 다음처럼 말하였다.

　　　세모에 오향吾鄕은 우봉又峰을 얻었구나

　　천수경이 떠난 뒤 새로운 해를 맞이하여 우봉 조희룡이란 인물을 얻었다고 기뻐했던 것이다. 박윤묵의 말은 예언처럼 적중하여 송석원시사 이후 예원은 우봉 조희룡을 중심으로 전개되었다.

이인문, 〈송석원 시회도〉, 《옥계청유첩》, 31.9×25.5, 종이, 1791, 개인

수성동 계곡 일대 풍경

김홍도, 〈송석원 야연도〉, 《옥계청유첩》, 31.9×25.5, 종이, 1791, 개인

수성동 계곡, 달빛으로 물든 밤 풍경

필운대에 퍼지는 화가와 시인의 꽃노래

필운대는 오늘날 배화여자고등학교 뒤편 담벼락 역할을 하고 있다. 학교 건물이 바짝 붙어 있어 감춰진 채 답답한 모습이다. 처음 이곳이 저 필운대라는 아름다운 이름을 얻을 적엔 그렇지 않았다. 1537년 명나라 사신 공용경龔用卿을 맞이한 중종은 경복궁 서쪽에 있는 산에 이름을 붙여달라 하였다. 사신은 즉시 궁궐의 오른쪽에서 임금을 돕는다는 뜻으로 '우필운용'右弼雲龍이라 하였다. 그러니까 인왕산은 임금을 돕는 산이라고 해서 '필운산'이란 이름을 얻었다.

바로 그해 필운대에 자리잡고 있던 영의정 집안에서 최고의 명장 권율 장군이 태어났다. 그래서였을까. 뒷날 권율은 임진왜란을 당하여 전쟁을 승리로 이끈 도원수로 자라나 임금을 보호했다.

어린 시절부터 신동으로 화제를 뿌리던 인물인 백사 이항복은 필운대의 권율 장군 집안으로 장가를 왔다. 『동국여지비고』에 따르면 장인인 권율 장군으로부터 이곳을 제 집터로 물려받은 이항복은 이 집 이름을 필운이라고 붙이고 자신의 아호로도 삼았으며 집 뒷마당을 병풍처럼 감싸고 돌던 절벽에 '필운대'弼雲臺라고 굵게 새겨놓았다. 그 멋진 글씨는 오늘날까지 전해지는데 다만 배화여자고등학교 안으로 들어가야 볼 수 있다.

기록에 의하면 예전에는 이곳 필운대에서 앞을 둘러보면 북쪽으로는 삼각산, 동쪽으로는 경복궁과 종로 일대가 한눈에 펼쳐지고, 남쪽으로는 남산이 우뚝했다. 부근에는 꽃나무를 기르는 밭들이 즐비해 계절마다 성 안 사람들이 꽃구경하러 몰려드는 곳이었다. 그런 까닭에 누구나 이곳을 손꼽아 가볼 만한 곳이라 하였고 또한 시인 묵객들이 술병을 차고 와서 시를 읊느라 분주한, 그야말로 '도시 속의 명승지'였다. 한학사대가의 한 사람으로 유명한 혜풍 유득공1749-1807은 『경도잡지』에 오래전부터 전해 내려오는 한양 오대 명승지를 다음처럼 지목했는데 거기에 필운대가 포함되어 있었다.

성북동 일대 복사꽃
동대문 밖 버드나무숲
서대문 밖 천연정에 자라는 연꽃
삼청동 탕춘대에 널려 있는 수석
필운대에 피는 살구꽃

또한 그뒤를 이어 고려와 조선시대를 통틀어 십대가의 한 사람으로 불리던 대학자 대산 김매순1776-1840도 『열양세시기』에서 인왕산 필운대를 인왕산 세심대洗心臺, 남산 잠두봉과 나란히 한양 삼대 꽃놀이터라는 뜻의 '화류유상'花柳遊賞이라고 할 정도였다. 수헌 유본예 역시 『한경지략』에서 '필운대풍월'弼雲臺風月이라고 이름 지었다.

필운대 아래 마을은 도성 꽃시장에 내다 팔았을 화초 재배단지였다. 그러니 겉으로 보기에는 눈부시게 화사한 동네였다. 정선의 〈필운대 상춘도〉는 꽃보다도 시회를 즐기는 선비들을 주제로 삼은 그림이다. 멀리 관악산을 그려둘 정도로 시야를 넓게 잡고 각각의 지형지물을 세심하게 그렸다. 그럼에도 그림 속 집집마다 꽃들이 화사하게 피어나 있다. 계절 감각이 물씬 풍기는 서정 풍경이다.

정선보다 한 세대 아랫사람으로 서얼 출신 화가 진재 김윤겸이 그린 〈필운대〉는 전혀 다르다. 먼저 화폭 왼쪽에는 필운대, 오른쪽에는 기와집과 인왕산을 배치했다. 이 작품에서 가장 인상 깊은 경물은 역시 바위다. 그 바위는 수직과 사선 그리고 부드러운 담묵으로 강렬함과 유연함을 아울렀다. 필운대 바위가 병풍처럼 화려하고 또 날카로운 삼각형 바위산은 하늘을 찌른다. 그 다음은 무성하게 자라난 소나무가 현란한 바위를 부드럽게 흡수하여 마치 외유내강한 풍경을 보는 느낌

인왕산 기슭에 꽃이 피면 모두 모여 꽃놀이

정선, 〈필운대 상춘도〉, 33.5×27.5, 비단, 18세기, 개인
인왕산 남쪽 기슭 배화여고에서 남산을 바라본 풍경

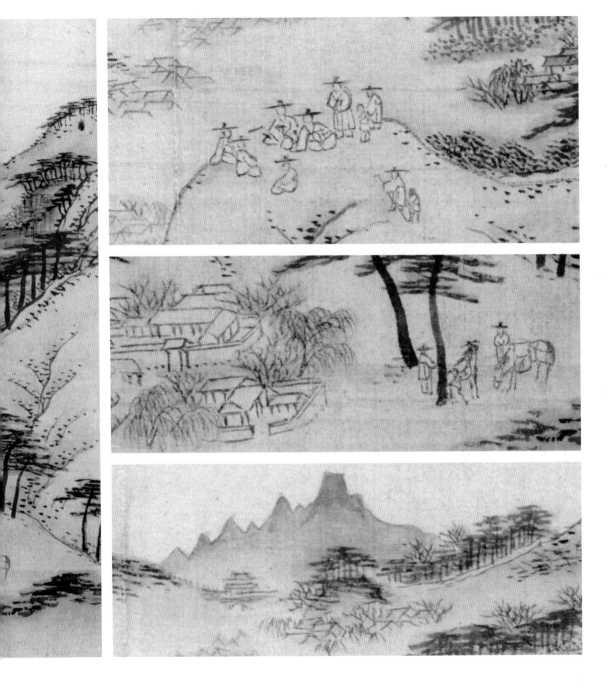

이다. 화가는 여기서 멈추지 않았다. 바위와 소나무 아래 자리잡은 두 선비 그리고 어린 꼬마를 배치하고 그 아래에 오두막과 오솔길 그리고 잎새가 없는 잡목과 기와집 귀퉁이를 그려둠으로써 이 풍경이 사람 사는 곳 가까이라는 사실을 드러내려 했다. 심산유곡의 절경이 아니라 도성 안의 풍경임을 표현한 것이다.

정선의 〈필운대 상춘도〉를 다시 보자. 화폭에 핀 꽃들은 그저 저절로 피어난 것처럼 태연스럽다. 또한 이곳만이 아니라 도성을 메운 집집마다 꽃이 만발하고 있으니 이 도시가 누리는 태평성세만 보인다. 그림 어디에도 꽃을 재배하는 농부의 모습은 물론 꽃 파는 이들도 보이지 않는다. 하기야 필운대 꽃놀이하는 권세가들의 눈에 어찌 밭 갈고 꽃 파는 노동자와 농부가 보이겠는가.

〈필운대 상춘도〉 왼쪽 상단에 우뚝 솟은 산은 안장 없이 달리는 말의 모습이라는 뜻으로 '주마탈안'走馬脫鞍이라고 묘사했다는 남산이다. 그 남산 오른쪽 자락 끝에 조그만 숭례문이 아스라이 자리잡고 있다. 그 너머로는 경기오악京畿五嶽의 하나인 관악산이 뾰족한 자태를 하고서 도시 한양을 시샘하듯 넘보고 있다.

숭례문 안쪽 도시 모습은 어떠할까. 그림에는 없으나 떠올려볼 곳이 있다. 남산 바로 아래 남창동 마을엔 백사 이항복의 정자 홍엽정紅葉亭이 있었다. 이항복의 9대 후손으로 영의정에 오른 귤산 이유원이 홍엽정을 물려받아 별장인 별서로 경영하면서 자신의 아호인 '귤산'이란 글씨를 홍엽정 바위에 새겨두었다. 귤산이란 '남쪽 산에 사는 나무'란 뜻인데 이 그림에서는 저 귤산을 새긴 바위나 홍엽정은 찾아볼 수 없다. 남창동 아래쪽 안개구름이 넓은 강물처럼 흐르는 청계천과 종로 일대도 아름답다. 안개강물 아래로 펼쳐진 지붕들 사이로 유난히 크고 높은 지붕이 보이고 그 곁에 짙은 녹음으로 가려진 곳이 보이는데 당연히 경복궁일 것이다.

이 그림의 주제이자 핵심 형상인 필운대 봉우리엔 선비들이 옹기종기 둘러 앉아 있다. 기록을 해놓지 않아 이들이 누구인지 어느 모임인지 알 수 없다. 누군가는 정선의 후원 세력인 노론 또는 소론 당파들의 모임이라고도 한다.

필운대 풍경은 저들 양반의 전유물은 아니었다. 역관사가로 빼어난 시인이었던 창랑 홍세태1653-1725와 그 후배인 정래교 이래 중인들이 이곳 인왕산 기슭에 시사를 개창하여 19세기까지 성세를 누렸다. 20세기초까지도 필운대 풍류는 넘쳐났다. 1935년 4월 천년의 미술사를 일변한 미술인이자 사회운동가 정관 김복진 1901-1940이 이곳 필운대 옆 사직단 아래 둥지를 틀고 미술연구소를 개설했다. 그랬던 이곳이 풍류는커녕 학교 건물에 가려 제몸조차 건사하지 못하는 형국이다.

인왕산 기슭에 꽃이 피면 모두 모여 꽃놀이

김윤겸, 〈필운대〉, 33.5×27.5, 종이, 1770, 개인
화폭 왼쪽은 배화여고 뒤편
필운대 절벽이고 화폭 오른쪽은 백악산

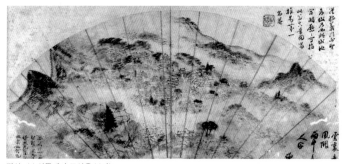

정선, 〈소의문에서 도성을 보다〉

미상, 〈관반계첩도〉

전기, 〈징심정 시회도〉

심사정, 〈천연동 반송지〉

미상, 〈근정전 정시도〉

정수영, 〈백사 아유도〉

김홍도, 〈북일영도〉

안중식, 〈백악춘효도〉

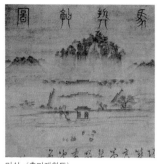

미상, 〈총마계회도〉

미상, 〈비변사 계회도〉

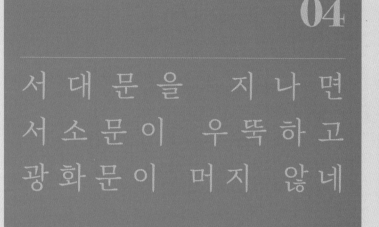

04

서 대 문 을   지 나 면
서 소 문 이   우 뚝 하 고
광 화 문 이   머 지   않 네

임득명, 〈가교보월〉

이신흠, 〈송현동〉

정선, 〈의금부〉

이방운(전), 〈탑동계회도〉

한양의 서쪽 땅, 눈을 들어
그곳을 바라보다

풍요로운 시장, 서소문 밖 풍경

겸재 정선의 부채그림 〈소의문에서 도성을 보다〉는 오늘날 서울역 서쪽편 언덕배기 중림동 약현성당 높은 곳에 서서 동쪽의 한양을 한눈에 바라본 모습이다. 눈을 크게 뜨고서 폭을 한껏 넓혀 그린 한양 풍경은 여러 점 있지만 이 그림은 무척 독특하다. 화폭 왼쪽 끝에 먹색 짙은 삼각형 산은 금화터널이 뚫고 지나가는 안산이고 안개숲을 건너면 사직터널이 뚫고 지나가는 인왕산이다. 인왕산 너머 성벽 안쪽으로 경희궁과 경운궁이 즐비하고 숲을 너머 화폭 상단으로 올라가보면 구름안개가 뒤덮여서 하늘과 구분이 되지 않는다. 경복궁은 오히려 오른쪽으로 밀려나 화면 상단에 지붕을 오밀조밀 드러낼 뿐이다.

화폭 중단을 옆으로 가로지르는 길고 긴 점선은 한양성곽이다. 성곽은 왼쪽 인왕산에서 내려오다가 소나무 사이로 가려진 서대문을 지나 화폭 한가운데 이르면 서소문이 우뚝하고, 번화한 칠패시장을 에둘러가면 다시 숭례문에 도달한다. 숭례문을 지나 오른쪽으로 곧장 또 하나의 산을 타고 오르는데 바로 남산이다. 화

　　　　04— 서대문을 지나면 서소문이 우뚝하고 광화문이 머지 않네

폭 하단은 무악재와 독립문에서 서대문 네거리를 지나 의주로의 만리재와 서울역 뒤편길을 거쳐 청파로에 이르는 냇가인 넝쿨내, 다시 말해 만초천인데 안개 자욱한 띠로 채워두었다.

이 부채그림의 특별한 점은 무엇보다도 화폭 오른쪽 하단 구석에 '운리제성'雲裏帝城이라고 쓴 화제에 숨어 있다. '운리'는 구름 속이란 뜻이고 '제성'은 하늘의 도성이란 뜻인데 그야말로 기운이 하늘로 솟구치는 시절을 빗대는 말이다. 실제로 화폭 최상단에 구름을 잔뜩 채워 하늘과 연결시킴으로써 말 그대로 한양을 하늘의 도시로 형상화했다.

하늘의 도성이란 뜻을 지닌 '제성'이란 황제의 나라인 중국에서나 사용할 낱말인데 제후의 나라인 조선의 도성에다가 그런 화제를 써놓은 까닭도 궁금하지만 더욱 이상한 건 최상단에 임금의 산인 백악산 대신 하늘을 배치하고 또 그 바로 아래 궁궐이 아닌 민가를 배치해두었다는 점이다. 이 그림만으로는 결코 답할 수 없는 의문에 불과하지만 짐작할 수 있는 대목이 있다. 하늘 아래 구름 가득한 자리가 바로 인왕산과 백악산 사이에 있는 장동 일대라는 사실이다.

장동 일대는 앞에서 몇 차례 살폈듯이 장동김문의 세거지로 이른바 장동김문의 형제들인 몽와 김창집1648-1722과 농암 김창협, 삼연 김창흡이 살아가는 터전이었다. 정선 자신과 외가 또한 이곳 일대에서 오래 살고 있었다. 그리고 화폭 하단 오른쪽 구석에 이 그림을 그린 해를 '병신년'丙申年이라고 밝힌 것도 흥미롭다. 그 병신년은 1716년인데 숙종이 이른바 '병신처분'을 내렸던 해다. 병신처분은 간단히 말하면 장동김문이 잠시 잃어버렸던 권력을 회복하는 계기였다. 그 다음해 5월 몽와 김창집이 영의정으로 나아갔던 것을 보아도 그러하다.

이런 사실과 연결해본다면 이 그림은 권력의 우여곡절을 견딘 장동김문의 복권을 기념하기 위한 주문 작품이라고 해석할 수 있다. 물론 화폭 상단에 소북당 인물인 표암 강세황의 화제가 있음을 보면 저 해석은 엉뚱한 바가 있기는 하다. 화

한양의 서쪽 땅, 눈을 들어 그곳을 바라보다

정선, 〈소의문에서 도성을 보다〉,《불염재주인진적첩》(김희겸), 61.4×37.5, 종이, 18세기, 개인
서울역 서쪽 언덕 중림동 약현성당에서 동쪽 서울 시가를 바라본 풍경

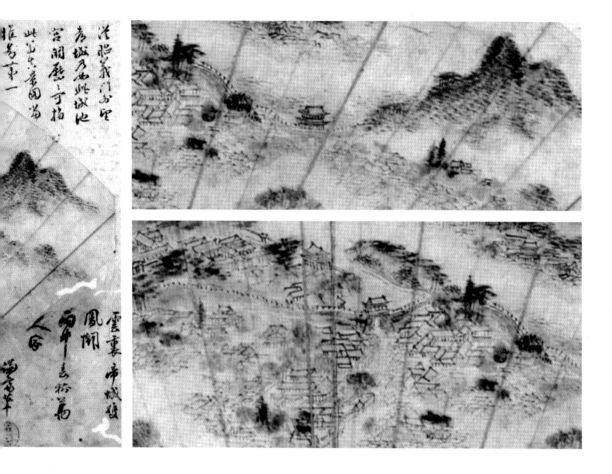

洋船義門為望
彦城乃西此城池
宮闕歷之寸指
此山兵業圍為
推為第一

雲裏 帝城發
鳳闕
甲午麦杉萬
人家

溫龍華

제에 쓴 '제성'이라는 말은 자칫 왕권을 능멸하는 역적의 무리를 상징하는 증거로 읽힐 여지가 있으니 말이다. 그러니 여기서 말하는 제帝란 상제上帝로서 있는 그대로의 하늘을 뜻하는 것으로 보고, 저 하늘로 치솟는 기세라든지 구름안개 출렁대는 기운이라든지 성 안과 성 밖의 두터운 중층구조를 통해 국운이 상승하는 시대의 풍요로움을 연출하려 한 것으로 보는 것이 적절할 듯하다.

그림 한복판에 아주 또렷하게 보이는 문루는 소의문이다. 소의문은 서울시청 광장에서 서소문 역사공원 쪽으로 향하는 큰길인 서소문로 어간에 자리잡고 있었는데 일제강점기인 1914년 교통 편의를 위한다는 명분으로 철거해버렸다. 또한 이곳 일대에는 중국 황제의 사신을 영접하던 태평관太平館도 있었고 임진왜란 때 원군으로 왔던 명나라 장수를 기리는 사당인 선무사宣武祠도 있었다.

서대문 영은문터에서 생각하는 독립

임진왜란 당시 명나라 신종1563-1620은 요즘 말로 하면 거의 '구세주'였다. 고려시대 이후 조선은 생존을 위해 제후국을 자처하며 황제국 명나라를 모셔야 했다. 이로써 두 나라는 이른바 형제 관계를 맺고 있었다. 형님 신종이 일본 침략으로 위기를 맞은 아우 선조를 위해 구원병을 파견했으니 구세주가 아니고 뭐라 할까.

구세주에게는 그에 걸맞은 예우가 뒤따라야 했다. 당시 조선의 전시작전권은 명나라 군대 총사령관 이여송1549-1598이 통째로 장악했다. 1593년 살아 있는 이여송을 기리는 사당인 생사당生祠堂이 들어섰고, 1601년에는 동대문 밖 숭인동에 전쟁의 신으로 떠받들던 관우를 모시는 동묘東廟도 세웠다. 이런 일은 낯설지가 않다. 한국전쟁 이후 1957년 맥아더 장군 동상이 들어선 이래 1959년 콜터Coulter 장군 동상, 1960년 밴 플리트Van Fleet 장군 동상을 세운 것과 똑같은 풍경이다. 맥아더 동상은 오늘도 인천 자유공원에 서 있고, 콜터 동상은 이태원에 세웠다가 1977년 어린이대공원 후문으로 이전했으며 밴 플리트 동상은 육군사관학교에 자태를 뽐내고 있다. 모두 미군이다.

1600년 그러니까 임진왜란이 끝나고 두 해가 지난 그 어느 날 모임이 열렸다. 관반사館伴使 스무 명 남짓이 모였다. 관반사는 전쟁 중 조선을 찾은 명나라 사신을 맞이해 응대했던 관료들이다. 이날의 모임 장소는 〈관반계첩도〉館伴契帖圖 화폭 아래쪽으로 황제의 사신을 맞이하는 영은문迎恩門이 보이는 것으로 미루어 지금의 독립문이 자리한 서대문독립공원이다. 사신들이 머무는 모화관慕華館이 보이지 않지만 건물을 둘러싼 담장이 아주 뚜렷하게 드러나 있다. 화폭 상단에는 서쪽에서 바라본 인왕산이 능선을 따라 흐른다. 모임에 참석한 사람 가운데 청백리로 좌의정에 이르렀던 일송 심희수1548-1622와 경기감사를 역임했던 퇴촌 윤형1549-1614, 우의정을 역임한 백졸재 한응인1554-1614은 중국어에 능통하여 임진왜란 내내 외교에서 업적을 세운 이들이다. 대사간을 역임한 동고 강신1543-1615도 명나라 군사와 합동작전을 펼쳐 왜군을 무찌르는 전공을 세운 인물이다. 특히 백졸재 한응인은 출사한 지 팔 년 만인 1584년부터 명나라를 상대했는데 1592년 임진왜란 발발과 더불어 명나라에 사신으로 가서 구원군 파견을 성사시켰다. 그해 12월 구원군 이여송 부대가 압록강을 건너오자 접반관으로 나아가 맞이했으며 이후로도 꾸준히 활약한 외교 전문 관료였다. 특히 이 〈관반계첩도〉를 완성하던 1600년에는 이조판서에 올라 있었다.

〈관반계첩도〉에 보이는 영은문은 지금도 둥근 기둥 두 개가 남아 있다. 독립협회가 영은문을 사대외교의 상징물로 지목하고 고종으로부터 허락을 얻어 헐어낸 뒤 1896년 11월 그 자리에 독립문 건설 공사를 시작했다. 고종은 1897년 10월 12일 원구단에서 황제 즉위식을 거행하고서 그 다음 날 국호를 대한제국으로 바꾸었다. 다음 달에는 모화관의 이름도 독립관이라 고쳤다. 이로써 중국과 사대조공

한양의 서쪽 땅, 눈을 들어 그곳을 바라보다

미상, 〈관반계첩도〉, 48.6×31.2, 종이, 1600, 개인
서대문독립공원 일대

외교를 청산하려 했던 것이다. 그러나 역사가 말해주듯 영은문을 헐고 모화관을 독립관이라 바꿨건만 독립은 이루지 못했다. 중국으로부터의 독립이 오히려 일본이 들어올 길을 열어준 꼴이 되었으니 말이다.

징심정에서 조희룡을 그리워하네

징심정澄心亭은 지금 서대문역을 중심으로 하여 서울적십자병원에서 경기대학교 쪽을 바라보는 방향 어느 곳엔가에 있던 정자다. 요절한 천재화가 고람 전기 1825-1854가 그린 〈징심정 시회도〉澄心亭詩會圖의 화제에 '청성靑城에서 제일가는 정자'라고 쓰여 있을 뿐이어서 알 수 있는 건 거의 없다.

『동국여지승람』을 비롯한 문헌을 찾아봐도 징심정에 대한 기록은 없다. 징심헌澄心軒이나 징심루澄心樓란 이름은 보이지만 모두 경상남도 양산 또는 합천에 있는 누정일 뿐이다. 다만 저 '청성'이란 지명에 주목해 살펴보면 몇 군데가 있어 그 위치를 탐색할 수 있다.

한양에서 청성이란 지명은 두 곳이 있다. 첫 번째 청성동靑城洞은 종로구 관훈동 일대를 말한다. 1914년 행정구역 개편에 따라 종로구 견지동과 관훈동에 흡수됨에 따라 지금은 사라진 이름이다. 그 유래는 우의정에 이른 인물인 청성부원군淸城府院君 김석주1634-1684가 살던 고을이라는 데서 시작되었다. 안국동 네거리에서 종각으로 향해 뻗은 큰길 왼쪽 그러니까 지금 조계사 길 건너편 관훈동 일대를 말한다. 이곳은 〈징심정 시회도〉를 그린 화가 고람 전기가 살던 수송동에서 멀지 않다.

두 번째 청성 땅이 있다. 지금 서대문 네거리에서 남쪽 서울역 방향으로 뻗은 길 왼쪽 의주로 1가 일대도 행정지명으로 청성군계靑城君契라 불렸다. 서대문이었

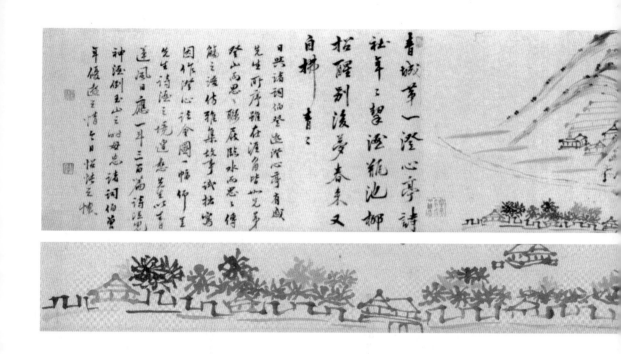

전기, 〈징심정 시회도〉, 93.5×25.3, 종이, 19세기, 개인
강북삼성병원과 서울적십자병원에서 경기대학교 방향 언덕을 바라본 풍경

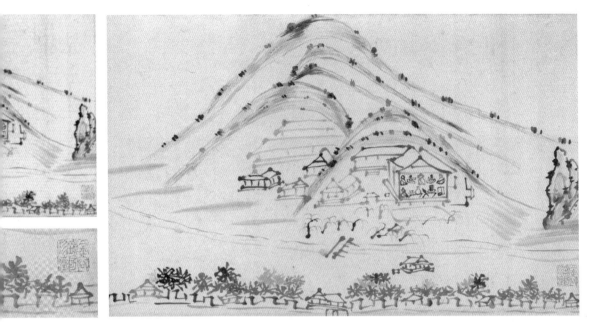

던 돈의문을 나서 한양성곽 밖 반송방 일대를 가리킨다.

이 두 군데 청성 땅 가운데 징심정이 있던 청성은 어느 곳일까. 〈징심정 시회도〉를 보면 하단에 옆으로 성곽이 길게 흐르고 있다. 지형을 생각하면 이 성곽은 한양성곽이다. 따라서 화면 상단의 산과 건물, 냇가와 다리, 커다란 바위가 있는 곳은 성 밖의 풍경이다. 성곽을 나서면 처음 만나는 냇가가 바로 넝쿨내라고 하는 만초천 상류다. 만초천을 건너는 다리가 있는데 그 이름은 경교京橋이고 이 경교를 건너면 경기감영이 위용을 과시한다. 물론 경기감영은 지금 서울적십자병원으로 바뀌어 있는데 이곳 관아를 지나 계속 서쪽으로 더 나가면 애오개라고 하는 아현阿峴 고갯길이 나오고 남북 양쪽으로는 무악산 줄기가 우뚝우뚝 솟구쳐 있었다. 그림의 중앙에 여러 겹으로 솟아오른 봉우리는 무악산 봉우리들인 셈이다.

고람 전기가 써놓은 글을 보면 이 모임에 큰 문장가인 사백詞伯을 여럿 모셨다고 한다. 그들 문장가의 이름은 밝혀두지 않아 누구인지 알 수 없으나 짐작하는 건 어렵지 않다. 1847년에 결성한 벽오사碧梧社 맹원으로 보는 게 합당하다. 또 화제에 써넣은 '그리워하는 선생'이 누구인지 궁금하다. 아마도 그 선생은 벽오사의 좌장일 뿐만 아니라 당대 묵장의 영수로 추앙 받던 화가이자 문장가인 우봉 조희룡일 것이다.

고람 전기가 스물일곱 살 때인 1851년 그해 8월 22일 조희룡이 전라도 임자도로 유배를 떠났다. 하염없이 늘 따르던 선생이었다. 시회가 열릴 때에도 언제나 함께 했는데 별안간 유배라니. 더구나 그 유배 이유라는 게 놀랍게도 왕위계승이라는 대통大統 관련이라 사족이 아니면 감히 언급조차 할 수 없는 일이었다. 감히 중인 주제라지만 평생 헌종1827-1849의 총애를 받던 우봉 조희룡이었으므로 그럴 수도 있었겠다. 하지만 벽오사 맹원들이 느낀 충격은 너무도 컸고 해서 이들이 징심정에 모일 때면 늘 그 이야기를 나누곤 했다. 그래서 전기는 이 그림의 화제에 '우러러 선생의 시와 술의 사이에 올린다'며 '시에 귀신이 울고, 술로 옥산玉山이 무너지던 그때를 떠올려본다'고 하였다.

시회가 열렸던 징심정은 벽오사 맹주 산초 유최진1791-1869이후의 소유였을
것이다. 유최진의 집은 '시냇가에 있었고 우물가에 늙은 벽오동이 있어 벽오사라
하였다'고 하였는데 이곳 벽오사는 시내 청석골 본가를 말하는 것이고 징심정은 별
채를 가리키는 것일 게다. 의원으로 부유했던 유최진은 풍광이 수려한 한양성곽과
만초천이 어울린 이곳 무악산 기슭에 별채를 마련해두고 좋은 날이면 맹원들을 불
러모으곤 했던 것이겠다. 우봉 조희룡이 자리를 비워버려선지 그림마저 텅 빈 느
낌이다.

심사정, 누구나 알지만 아무도 모르는 서울을 그리다

어느 곳 진경을 그렸는지 알 수 없구나

18세기 전반기 최고의 화가 현재 심사정이 그린《경구팔경첩》에 표암 강세
황이 붙인 제화시의 첫 구절이다. 표암은 여덟 폭 그림마다에 제화시를 붙였다. 심
사정과 가까이 어울려 노닐던 강세황이었으니까 심사정이 그린 곳이 어디인지 모
를 턱 없다. 그래서인지 강세황은 그 구절에 이어 다음처럼 덧붙였다.

그 같음과 같지 않음은 논할 것이 아니다

표암이 그렇게 써놓은 탓에 이백오십 년이 지난 오늘날에는 정말로 그 풍경
이 어딘지 모호해지고 말았다. 그림을 그린 곳이 어느 땅인지 드러내야 할 때 화가
들은 조그만 글씨로 지명을 써넣곤 했다. 그런데 심사정은 이 그림에 지명을 써넣

한양의 서쪽 땅, 눈을 들어 그곳을 바라보다

지 않았다. 제화시를 쓴 강세황 역시 마치 어디를 그렸는지 모르게 하는 것이《경구팔경첩》의 창작 의도나 되는 것처럼 지명을 아예 언급하지 않았다.《경구팔경첩》은 언젠가 흩어져 지금은 네 폭만 남았는데 그 때문에 모두 어디를 그렸는지 모른다. 이 두 사람은 왜 그랬을까.『신증동국여지승람』에 한양의 명승지를 읊은 한양팔영漢陽八詠, 경도십영京都十詠, 남산팔영南山八詠을 보면 대부분 짐작할 수 있으므로 지명을 쓰지 않더라도 대개 알 만하다고 여겼기 때문은 아닐지. 그러므로《경구팔경첩》을 그윽이 살펴보았다. 어디선가 본 듯한 풍경이다. 그중 '천연동 반송지'라 이름 붙인 작품을 헤아려 보자.

멀리 치솟은 산은 안산과 무악재에서 북쪽으로 삼각산까지 그 일대를 압축한 풍경이다. 화면 중단의 작은 산은 지금 금화터널이 지나가는 금화산金華山 줄기를 타고 북쪽으로 이어지는 무악재 어간이다. 그 아래쪽 마을 풍경은 독립문 아래쪽 연못인 반송지盤松池에서 북쪽을 바라본 풍경이다. 반송지는 예로부터 경도십영의 한 곳으로 꼽히는 명승지였다. 연못가에는 천연정과 기우제를 지내는 제단이 있어서 그 아름다움과 신성함을 아울러 갖추고 있다. 이 연못은 지금은 볼 수 없다. 일제강점기 때인 1929년에 일제가 연못을 메꾸어버린 뒤 공립학교를 세운 까닭이다. 일본공사 다케조에 신이치로竹添進一郎의 이름을 따 다케조에(죽첨)공립학교라고 칭했다. 해방 뒤에는 뒷산인 금화산 이름을 따서 금화초등학교가 되었다.

1764년 9월 18일 규장각 사검서의 한 사람이자 한학사대가로 이름을 떨친 청장관 이덕무1741-1793가 이 근처를 찾았다. 그는 그 아름다운 풍광에 아랑곳하지 않고 곧바로 반송지 북쪽 기슭 현재 심사정의 집에 이르렀다. 당시 심사정의 집 정경을 이덕무는「관독일기」에서 다음처럼 묘사했다.

초가가 쓸쓸한데 동산의 단풍나무와 뜰 앞의 국화는 무르익고 아담한 그 빛깔이 마치 그려놓은 듯하다

심사정, 〈천연동 반송지〉, 《경구팔경첩》, 13.5×24.5, 종이, 1768, 개인
금화초등학교에서 서대문독립공원과 무악재 방향을 바라본 풍경

〈천연동 반송지〉는 청장관 이덕무가 찾아온 뒤 4년이 지난 1768년 여름 어느 날의 모습을 그린 것이다. 그림에는 반송지가 안 보인다. 화가가 반송지 위쪽 천연동에 자리를 잡고 앉아 북쪽의 풍경을 그렸기 때문이다. '경구팔경'이라면 당연히 경도십영의 한 곳인 반송지를 화폭에 그렸어야 했음에도 현재 심사정은 그럴 뜻이 전혀 없었다. 어쩌면 그에게는 반송지라는 명승 자체가 아니라 바로 그 반송지에서 보이는 풍경이 더욱 중요했던 게 아닐까. 또한 반송지에 섰을 때 눈앞에 펼쳐지는 장면이야말로 반송지의 가치를 드높인다고 생각하고 그린 건 아닐까. 이 그림을 볼 때마다 실제 풍경을 그리는 실경, 즉 참된 풍경을 그린다는 진경이란 낱말이 떠오른다. 심사정의 이 그림이 바로 그 진경을 담은 것 같아서 그렇다.

서대문 냉천동, 백사 동인들의 만남의 장

1784년 음력 12월, 어느 날 '백사'白社라는 맑은 이름의 동인들이 한자리에 모였다. 사족 지식인들이 이런 조직을 만들어 가끔 모임을 가져온 것은 제법 전통이 오래 되었다. 벼슬에서 은퇴한 남인당 원로들이 모인 백사 동인은 함께 모여 주로 시와 그림을 즐겼던 듯하다. 소북당에 속한 사족 화가인 지우재 정수영1743-1831이 그린 〈백사 야유도〉白社野遊圖는 지금 서대문 밖 냉정冷井 고을을 아름답게 꾸미던 바위 계곡 연암烟巖에서 열린 시회 장면이다.

찬우물이란 뜻의 냉정은 서대문 밖 넝쿨내를 건너 금화산 기슭 냉천동 우물을 말한다. 그 찬우물 곁에 있던 바위 연암은 연기로 가득 찬 바위란 뜻인데 경기대학교 뒤 북쪽 산기슭에 거대한 아파트촌이 들어서면서 그 흔적조차 사라졌다.

몰락한 지 오래인 남인당 세력은 위축될 만큼 위축된 상태였다. 그러다가 정조가 등극하자 어느덧 세력을 회복하여 그 일원이 영의정 자리까지 차지하는 힘을

정수영, 〈백사 야유도〉, 41×31, 종이, 1784이후, 개인
서대문 냉천동 언덕배기 일대

보였다. 그림 속 백사 모임은 세력을 회복한 지 팔 년 뒤의 일이므로 남인당 원로들이 몇몇 후배들을 불러 격려하는 자리인지도 모르겠다. 소북당에 속했던 선비 화가 지우재 정수영까지 합류한 모임의 내력이야 남인당과 소북당이 워낙 친한 당파라 기꺼이 함께 했을 터이다.

그림은 권력을 회복한 남인당 원로들의 여유로움을 한껏 부풀려 보여주고 있다. 세 그루 소나무의 튼실함과 연암 바위의 견고함이 돋보이는 가운데 둘러앉은 동인들의 자세 또한 당당하다. 바위 사이로 한껏 자라난 국화꽃이며 힘차게 내리흐르는 물줄기가 이들의 충만함을 노래하는 듯한데 특히 왼쪽에서 오른쪽으로 완만하게 치솟는 사선 구도야말로 세력의 밝은 미래를 예언하는 듯하다.

화가 지우재 정수영은 18세기말 19세기초 새로운 감각의 화필을 구사하여 회화사를 혁신해나간 화가요, 표암 강세황의 뒤를 잇는 절정의 화가였다. 정수영의 할아버지는 몰락한 가문에서 벼슬길에 나가지 않고 평생 전국을 유람하며 지리학에 빠져 당시 조선 최고의 지도인《동국여지도》를 제작해 영조에게 바쳤던 농포자 정상기1678-1752였다. 그 영향을 받았던 것일까. 손자 정수영도 관직에 나가지 않고 세상을 떠돌며 자유분방한 삶을 살았다.

남인당 원로들은 백사 동인 모임 날에 마흔한 살의 정수영을 불러 그림을 그리게 하고, 대가도 넉넉히 주었을 것이다. 그렇다고 정수영이 금전을 받기 위해서만 붓을 든 건 아니었을 게다. 그는 사대부 가문 출신이자 학자로서 또한 시에서도 이미 이름을 날리던 문장가였다. 그럼에도 기술직 장인들이 전담하던 기록화 제작을 거절하기는커녕 이토록 아름답게 묘사했던 까닭은 남인당의 이념과 사상에 뜻을 함께 했기 때문일 것이다. 뜻이 통하고 재주가 있는 이가 있어 백사 동인들의 이 모임은 파한 뒤에도 정녕 즐거웠으리라. 그가 남긴 그림이 있어 이 모임은 후대에까지 즐거움을 전한다.

사라져 흔적만 남은
옛 서울의 기억

여전히 머나먼 경복궁의 옛 영화

경복궁은 천년왕국의 창업군주인 태조 이성계가 1395년 9월 25일 창건한 조선의 정궁이다. 1394년 12월에 착공하여 열 달 만에 삼백구십 칸의 거대 건축 공사를 마치자 태조의 참모인 삼봉 정도전은 『시경』의 구절 '경복'景福을 가져와 궁의 이름을 '경복궁'이라 지어올리면서 말하기를 '궁궐은 왕이 다스리는 곳이며 또 사방에서 우러러 보는 곳이고 또 관료가 함께 나아가는 곳이므로 규모를 장엄하게 하여 높고 엄숙함을 보이며, 그 이름을 아름답게 하여 좋아하게 하여야 하옵니다' 라고 했다. 또한 정도전은 다음처럼 덧붙였다.

넓고 큰집에 살면서 가난한 선비를 아낄 것을 생각하고 시원한 대궐에서 지내면서 매사 가릴 것을 마음에 새기면 비로소 만백성들이 받들 것입니다

군왕과 사족과 백성의 관계가 어떻게 조화로울 수 있을지를 설파한 것이다.

신기한 일은 조선왕조 오백 년 동안 그 누구도 경복궁의 장엄함과 아름다움을 그림으로 그린 적이 없다는 것이다. 걸작의 탄생은 나라를 빼앗긴 지 다섯 해가 지난 1915년 이루어졌다. 황제의 화가이자 20세기 예원의 스승 심전 안중식1861-1919의 〈백악춘효도〉가 그것이다. 지극히 아름다워 육백여 년 전 태조 이성계가 창건하던 당시 풍경이 아닌가 싶을 정도다. 그도 그럴 것이 1915년의 경복궁은 폐허였다. 일제가 그 많던 건물을 파괴하고 근정전과 경회루를 비롯해 기껏해야 십여 채만을 남겨두고 있던 때다. 그럼에도 〈백악춘효도〉는 하단 해태부터 위로 광화문이 아름답고 담장 너머 무성한 나무가 울창한 숲을 이루고 있다. 근정전을 비롯해 온갖 전각 지붕들은 생생한 자태를 뽐내고 있으며 그뒤로 나무와 구름이 숲을 이루어 궁궐의 기운이 충만하기 그지없다. 더욱이 백악산이 조선의 진산으로 위용을 드러낸 채 뾰족한 봉우리가 하늘을 찌를 듯 치솟고, 상단 하늘 또한 넓게 면적을 주어 끝이 없다. 그러니까 이 작품은 1915년 당시의 실제 풍경을 그린 게 아니라 일제가 파괴하기 이전 대한제국 시절의 아름다움을 추억한 상상화다. 안중식은 이 그림을 두 점 남겼다. 각각 여름과 가을에 그렸다. 나란히 놓고 보면 해태상이며 전각, 산세의 모습도 조금씩 차이가 있다.

경복궁이 처음 파괴당한 때는 1592년 5월 3일 일본군이 한양을 점령하고서부터였다. 한양을 장악한 일본군은 꼬박 일 년 뒤인 1593년 4월 19일 퇴각하였는데 그 사이 숱한 만행을 저질렀다. 인명 살상이라는 최악의 범죄에 버금가는 죄악은 남산 일대를 제외한 모든 지역의 궁궐과 민가를 파괴한 일이었다. 그들은 남산 일대를 제외하고 한양 전역을 마음껏 파괴하였는데 특히 경복궁을 철저히 파괴했다.

여기에서 힘주어 바로 잡을 일이 있다. 1978년에 간행한 『서울육백년사』 제2권을 집필한 연구자는 당시 영의정이었던 서애 류성룡1542-1607의 문집과 일제강점기 일본인의 저술 『궁궐지』宮闕志와 같은 기록을 근거로 경복궁, 창덕궁, 창경궁을 불태워 흔적도 없게 만든 장본인을 '분노한 조선 백성'이라고 하였다. 그러나 이는 말도 안 된다. 1592년 경복궁은 일본군 입성 당시 불에 타기는커녕 궁궐의 위용을 고스란히 간직하고 있었다. 당시 일본군에 합류했던 종군승從軍僧 제타쿠석시탁, 釋是琢는 직접 체험한 바를 기록한 『조선일기』에 경복궁을 다음처럼 묘사했다.

> 북악 아래 남쪽 자줏빛 궁궐紫宮이 있는데 돌을 깎아 사방 벽을 둘렀으며 진정 다섯 발자국마다 하나의 건물이 있고 열 발자국마다 하나의 건물이 보인다. (중략)이곳이 바로 용계龍界인지, 선계仙界인지 보통사람으로서는 볼 수 없는 곳이다.

일본군 입성 전, '분노한 조선 백성'이 궁궐을 파괴했다면 그뒤 입성한 일본인 석시탁은 경복궁을 볼 수 없어야 맞는다. 파괴한 자는 조선 백성이 아니라 바로 일본군대이다. 점령 기간인 일 년의 어느 때 파괴했는지는 알 수 없으나 퇴각 무렵이었을 것으로 짐작한다. 존엄하고 아름다운 궁궐을 파괴한 까닭이야 자신들이 조선을 정벌했다는 흔적을 남겨두려는 것이었을 게다.

일본군이 물러간 뒤 도성으로 복귀한 정부는 그나마 건물이 남아 있는 창덕궁에 자리를 잡았고, 이후 경복궁 재건은 손도 댈 수 없었으므로 폐허 상태 그대로 버려두었다. 19세기 중엽 고종이 즉위할 때까지도 경복궁은 여전히 폐허였다. 18세기 중엽 〈도성대지도〉의 경복궁을 보면 경회루 기둥이 네모 격자 안에 엉성할 뿐 나무가 무성하게 자라던 숲속이었다. 현종이 경복궁 복원을 꿈꾸었지만 끝내 이루지 못하였다. 영조의 아버지 숙종에게도 같은 꿈이 있었을 것이다. 1706년 가을 근정전 빈터에서 노인을 위한 잔치를 연 숙종은 그 자리에서 분노의 마음을 노래한 시 「인열」忍說을 읊었다.

안중식, 〈백악춘효도〉 여름,

50×192.5, 비단, 1915, 국립중앙박물관

광화문 광장에서 경복궁과
백악산을 바라본 풍경

白岳春曉
乙卯秋日心田安中植

안중식, 〈백악춘효도〉 가을,

50×192.5, 비단, 1915, 국립중앙박물관

광화문 광장에서 경복궁과
백악산을 바라본 풍경

분하구나 임금이 피난하자

궁궐 폐허가 되었네

백년 지난 오늘 이곳에 오니

그 추억에 갑절로 흐느끼는구나

선조가 피난을 떠난 뒤 일본군에 의해 파괴당한 경복궁에 와서 느낀 분노를 삭이는 시인데 나라의 노인이 모인 자리에서 그렇게 한 데는 분명 깊은 뜻이 있었을 것이다. 경복궁의 재건 의지와 같은 뜻 말이다.

그린 이를 알 수 없는 저 〈근정전 정시도〉勤政殿庭試圖는 오랜 세월 폐허로 방치되어 있던 경복궁 풍경을 보여준다. 임진왜란이 끝나고 일백오십 년이 흐른 뒤인 1747년 영조가 경복궁에서 과거시험을 치렀을 때의 그림이다. 당연히 있어야 할 궁궐 건물 대신 천막이 설치되어 있다. 천막을 친 자리는 본래 경복궁의 중심인 근정전이 있을 곳이다. 그러나 천막 아래 세 개의 계단이 있고 천막 안쪽으로 왕의 의자인 어좌가 위엄을 갖추고 있어 그저 이곳이 왕의 터전임을 알 수 있을 뿐이다. 화폭 하단의 홍살문으로부터 어좌까지 직선으로 길을 냈고 천막 뒤쪽으로는 소나무가 울창하다. 또한 그 옆 네모난 연못의 한복판에는 여러 개의 기둥이 보인다. 경회루의 흔적이다. 소나무 뒤편은 텅 비어 있고 그 위쪽으로는 백악산이 외롭긴 해도 우뚝하다. 영조는 시험을 마친 뒤 이를 기념하여 오십 명의 대신들을 모아놓고 다음과 같은 제목을 내걸었다.

창업 중흥 만세법

태조가 조선을 창건한 일을 생각하여 이제 나라를 중흥해야 한다는 의지를 천명한 것이다. 신하들은 각자 그 뜻을 따르는 내용으로 시를 지어올렸다. 영조는

미상, 〈근정전 정시도〉,

73×200, 비단, 1747, 서울역사박물관
일본군이 불태워버린
경복궁 근정전터에 설치한 천막

경복궁을 복원하여 천년왕국의 꿈을 현실로 이루어야 한다는 뜻을 천명한 셈이다. 그러나 중흥의 꿈은 꿈이었을 뿐이었다.

그로부터 세월이 흘러 고종 즉위 후 대원군 자격으로 권력을 장악한 석파 이하응의 시대에 와서야 마침내 경복궁 중건은 현실이 되었다. 1865년 4월부터 중건을 시작, 1867년 10월 준공 후 1868년 7월 2일 고종이 입주함으로써 비로소 이백칠십여 년 동안 잃어버린 정궁을 회복하였다. 하지만 그것도 잠시, 1910년 8월 조선을 강점한 일본은 바로 그해부터 경복궁 파괴를 시작해 1917년 무렵엔 근정전과 경회루를 비롯한 몇 채만을 남겨두었을 뿐이다. 여기에 더해 근정전 바로 앞 터에 경복궁을 뒤덮고 백악산을 가릴 만큼 거대한 조선총독부 건물을 세워 조선 중흥의 희망을 짓밟았다.

일제강점기 이후에도 우리는 내내 그 조선총독부 건물을 보고 살아야 했다. 해방이 되고 정부를 수립하였지만 조선총독부 건물은 해체, 이전하지 않고 그 자리에 그대로 있었다. 아니다. 해체, 이전은커녕 미군정청사, 대한민국정부청사로 간판을 바꿔 달았다. 전제주의 독재 통치자들의 몰역사관을 그대로 보여주는 일이었다. 그것으로 끝이 아니었다. 한동안 이곳은 국립중앙박물관이었다. 한 나라의 국립박물관이란 종족 공동체의 영혼을 머금은 절정의 예술품을 담는 그릇이다. 우리의 역사는 그러나 종족 공동체의 영혼과 육체를 약탈하고 살해한 통치의 심장부에 그 정수를 가져다 두었다. 세월은 그렇게 서글프게 흘렀다. 1996년에 이르러서야 김영삼 전 대통령의 의지로 총독부 건물을 철거할 수 있었다. 그러나 경복궁은 지금도 여전히 제모습을 모두 갖추지 못했다. 일본 제국주의가 남기고 간 상처를 복원하는 중건 공사가 여전히 현재진행형이다. 파괴의 깊이와 넓이가 너무 깊고 커서 공사는 끝이 없다. 정도전은 태조 이성계 앞에서 경복궁을 이렇게 노래했다.

금원에 봄이 깊어 꽃은 한참 화사한데

옛 신하 불러들여 잔치를 베푸셨네

하느님도 때맞추어 비를 보내시니

온몸에 함초롬히 젖은 비와 이슬의 은혜

세월이 얼마나 흘러야 저 정도전이 노래한 풍경을 눈앞에서 볼 수 있을까.

경희궁의 추억, 북일영이여

1593년 임진왜란이 한창이던 때 명나라 장군 낙상지駱尙支가 조선 조정에 도움말을 주었다. 이에 따라 정부는 수도방어 군대를 다섯 개의 부대로 편성하는 오군영五軍營으로 개조하였다. 그 가운데 가장 먼저 설치한 군영이 훈련도감이다. 훈련도감은 세 종류의 군인을 양성하였는데 포수砲手, 살수殺手, 사수射手였다. 포수는 총과 대포를 쏘는 군인, 살수는 창검을 휘두르는 군인, 사수는 활을 날리는 군인으로 삼수군三手軍이라고 한다. 이렇게 나누어 기르고 보니 참으로 강력한 전투력을 갖출 수 있었다.

훈련도감은 지금 신문로 1가인 서부 여경방餘慶坊에 사백여 명의 인원을 수용하는 백구십칠 칸의 큰 청사를 두었다. 이 청사를 본영으로 삼은 뒤 북영, 남영은 물론 동별영, 서별영, 북일영을 곳곳에 설치하였다. 북영은 창덕궁 서쪽 공북문 밖에 무려 이백삼십오 칸이나 되는 건물에 두고, 남영은 돈화문 밖 동쪽으로 서른두 칸 건물을 두었다. 동별영은 종묘가 있는 동부 연화방에, 서별영은 마포에 그리고 북일영은 지금 사직단이 있는 인왕산 끝자락에 두었다.

그 가운데 최대 규모였던 북영은 1882년 훈련도감 폐지와 더불어 무관학교로 바뀌었다. 하지만 일제가 조선을 강점한 1923년 경성 시가지 개수령을 내려 이곳은 주택지구가 되었다. 그곳은 오늘날 원서동이란 이름으로 부르고 있는데 일제가 창덕궁을 비원秘苑으로 격하한 뒤 비원 서쪽이라고 해서 원서동이라 했던 게다. 그런 과정을 거치고 보니 그곳에 수도를 호위하는 군부대가 있었다는 기억조차 지워지고 말았다.

지금 사직단이 있는 인왕산 끝자락에 두었던 북일영은 열다섯 칸 건물로 아담한 규모였다. 최대 규모였던 북영이 사라졌는데 북일영이 온전히 남아 있을 리는 없다. 다만 그 남쪽으로는 경희궁이 있었고, 경희궁 북쪽 무덕문 밖으로는 큰 활터가 있었다. 경희궁은 본래 경덕궁慶德宮이란 이름을 갖고 있었다. 경덕궁은 광해왕이 1617년부터 1623년 사이에 새로 지은 궁궐이다. 광해 왕을 폐위하고 왕위에 오른 인조는 경덕궁에서 아홉 해 동안 머물렀다. 그런데 인조가 죽고 나서 한참이 지난 1760년 갑작스레 그 이름을 경희궁慶熙宮으로 바꿨다. 저 인조의 아버지 시호가 경덕敬德인데 소리가 같으니 피해야 한다는 이유였다. 내세운 이유야 무엇이든 인조의 후예들이 광해 왕의 기억을 지우려고 벌인 소동이었다. 창덕궁을 비원으로, 창경궁을 창경원으로 훼손했던 일과 다를 바 없어 보인다.

단원 김홍도는 어린 시절 명문세가 출신의 사족 화가 표암 강세황을 스승으로 만나 영광스러운 화가의 길을 걸었던 천재 화가다. 특히 그는 아직 왕위에 오르기 이전 잠저潛邸에 머무르던 정조의 초상을 그린 인연으로 말미암아 이때부터 이른바 '왕의 화가'가 되어 남다른 삶을 살아갈 수 있었다.

어느 날의 일이었다. 북일영 인근 활터에서 활을 쏜 뒤 어영청에 소속된 부대의 하나인 남소영으로 옮겨 연회를 여는 행사가 열렸다. 이때 김홍도가 불려가 행사를 기록했다. 〈북일영도〉北一營圖는 그 기록화의 하나이다. 김홍도는 활터와 북일영을 화폭 하나에 담기 위해 사선 구도를 활용했다. 화폭 위로는 북일영을, 아래로는 활터를 배치했다. 북일영 건물이 무척 크게 그려진 것은 다소 이상해 보이기도 하는데, 아마도 행사를 주관한 인물이 북일영과 깊은 인연이 있어서 그런 듯하다.

김홍도, 〈북일영도〉, 43.8×32.6, 종이, 18세기, 고려대박물관
사직단이 있는 사직동 일대 풍경

하단에 옹기종기 모여 있는 인물들은 무술을 갖춘 무인들이며 여기저기 섞여 있는 세 명의 노란색 초립모자를 쓴 이들은 선전관이다. 선전관은 지금 말로 하면 청와대 경호요원 비슷한 벼슬이어서 위세가 당당했다. 그런 선전관이 세 명이나 참석한 이 행사 또한 의기가 넘쳤을 것이다. 화폭 복판에 버들가지가 휘날리는데 멀리 과녁이 뚜렷하고, 가파르게 치솟은 산자락이며, 울창한 소나무와 계곡 사이 우람한 바위가 대단하다.

비변사, 사헌부, 옛모습 다시 볼 수 없지만

'고종황제 칭경기념비전'이 있는 광화문 네거리에는 조각가 김세중1928-1986이 제작한 '이순신 장군 동상'이 우뚝 서 있다. 눈 돌려 북쪽을 보면 천년왕국의 궁궐 경복궁이다. 그러나 한때 그 자리에는 우뚝 선 조선총독부가 있었다. 그 무렵 광화문 앞 가장 넓은 길은 다니기 싫은 곳이었다. 경찰들의 불시 검문이 워낙 심했다. 불편한 마음을 억누르고 지나갈 때면 널찍한 길 중앙에 아름드리 은행나무가 그렇게나 보기 좋을 수 없는 길이기도 했다.

그런데 2008년 어느 날부터 그 보기 좋던 은행나무를 모두 파내더니 바닥에 돌을 깔아놓았다. 그 복판에 '세종대왕 동상'을 세웠는데 왕을 길바닥에 버려둔 꼴이다. 왕의 처지에 비바람, 눈보라를 흠씬 맞으며 고생이 이루 말할 수 없다.

조선시대 육조대로였던 이 길은 오늘날 세종로로 불린다. 세종로란 이름은 맥락이 없다. 1946년 10월 미군정 시절 서울시가 느닷없이 세종을 기리는 뜻으로 세종로라고 정했다. 이름을 정할 바였다면 조선을 창업한 군주인 태조 이성계를 기리는 태조로라고 하는 게 이치에 맞는다. 숱한 대신들의 반대에도 불구하고 한양이라는 도시를 왕국의 수도로 선택한 이가 태조 이성계임을 생각한다면 당연히 한양의 으뜸 도로 이름은 태조로여야 했다. 그렇다면 충무공 이순신 동상 이외에 또 한 명의 동상은 당연히 태조 이성계 동상이어야 맞는다. 말을 타고 조선팔도를 호령하는 위대한 영웅상 말이다. 그래야 임진왜란으로부터 조선을 구해낸 전쟁 영웅 이순신 동상과 더불어 호흡이 맞지 않았겠는가. 창업군주와 구국영웅이 나란히 태조로를 빛내고 있는 모습은 상상만 해도 즐겁다.

창업군주 태조 이성계는 고려의 수도 개성을 지키려는 기득권 세력의 반대를 물리치고 새로운 천년왕국의 수도 한양을 개창했다. 놀랍고도 빠른 솜씨로 새로운 도시를 일궈낸 태조는 1398년 4월 화가들로 하여금 새로운 도시를 대표하는 여덟 곳 풍경을 그리게 하였다. 그리고 이 신도팔경新都八景을 병풍으로 꾸민 뒤 신하들로 하여금 그림을 보고서 각각 시편을 지어올리라 하였다.

대사헌을 역임한 국초의 문장 권력 양촌 권근1352-1409은 광화문 앞 육조대로에 즐비하게 늘어선 관아를 묘사한 노래 「열서성공」列署星拱에서 '줄같이 곧고 긴 거리 넓기도 한데 별들이 둘러 있는 듯 관청들이 펼쳐져 있네'라고 노래하였고 권근의 아우로 예문관제학을 역임한 매헌 권우1363-1419는 '사헌부와 의정부는 그중에서도 맑고 화려한데 마주 서서 바라보는 모습 우람하고 높다네'라고 하였다. 사헌부는 오늘날 검찰과 같은 곳이고 의정부는 왕권에 버금가는 세 명의 재상을 둔 기관으로 장엄한 자태를 뽐내는 기관이었다.

누가 그린 것인지 알 수 없는 이 〈비변사 계회도〉는 백악산을 배경으로 경복궁과 광화문 그리고 그 아래 통쾌하리만큼 시원스레 넓고 곧은 길을 묘사한 걸작이다. 화폭 오른쪽에 '가정嘉靖 경술庚戌'이라는 기록이 있어 1550년의 풍경임을 알 수 있다. 이 그림이 아름다운 것은 안개가 가로로 겹겹이 흘러 그 풍경이 신비로운 까닭이요 흥미로운 것은 길 위를 걷는 십여 명의 사람이 그려져 있기 때문이다. 또 화폭 하단 기와 건물 안에 일곱 명의 인물이 노닐고 있어서다.

화폭 하단 육조대로 옆 가장 큰 건물이 비변사다. 비변사는 외부 세력의 침략

三角山河鎮六東客虎牆有仏為名嘉靖

博延壽遙業不用梅巍嘉遠绵已邀海宾

善戲㦸去聞塞外逃極奇深謀雲鳥錦

绵藥好事金蘭入畫中

嘉靖庚戌冬

미상, 〈비변사 계회도〉, 61×49.5, 비단, 1550, 개인

광화문 네거리에서 경복궁과 백악산을 바라본 풍경

에 대응하기 위하여 설치한 비상기구로 1510년 삼포왜란이 일어나자 영의정, 좌의정, 우의정과 병조판서를 비롯한 관련 인물을 소집해 설치한 것이 처음이다. 이때 의정부 건물 안에 청사를 두었는데 지금 대한민국역사박물관 옆 광화문 시민열린마당이란 이름의 공원이 바로 그곳이다. 그뒤 1555년 을묘왜변이 일어남에 따라 상설기구로 바뀌면서 경희궁 홍화문 밖 지금의 구세군회관이 있는 신문로 2가로 옮겨갔다. 비변사 청사에는 '비궁당'匪躬堂이라는 편액을 걸어두었다고 한다. 비궁匪躬이란 『주역』의 「건괘편」에 나오는 '건건비궁'蹇蹇匪躬이란 말에서 유래한 것으로 자신의 이익을 돌보지 않은 채 충성을 다하는 것을 이르는 말이다. 임진왜란 이후 의정부를 압도하는 최고 기관으로 거듭났으며, 훗날 『신증동국여지승람』에 따르면 그림 속 위치가 아닌 경희궁 홍화문 밖에 하나가 있고, 중부 정선방에도 있었다. 또한 고산자 김정호가 1846년 무렵 제작한 《청구도》에 포함된 〈오부전도〉에도 두 곳의 비변사가 등장한다. 하나는 역시 경희궁 홍화문 밖에 있고, 또 하나는 창덕궁 돈화문 밖 오른쪽에 있다. 임금이 경복궁을 떠나 창덕궁에 머물면서 주요 기관들이 궁 가까이에 별도의 공간을 마련했다. 비변사 역시 그랬던 듯하다. 그렇게 보자면 지금 함께 보는 그림 속 비변사는 초기의 위치를 말해주고 있는 셈이다.

〈총마계회도〉驄馬契繪圖는 1591년 2월 어느 날 사헌부 관원을 역임했던 스물네 명이 사헌부 건물에 모여 시를 읊는 행사를 그린 그림이다. 백악산 아래 경복궁 근정전 지붕이 보이는데 그 아래쪽 건물이 곧 사헌부다. 화가가 선 자리는 지금 광화문 정부종합청사 뒤쪽이다. 화폭 하단에 옆으로 흐르는 냇물은 인왕산에서 흘러내리는 옥류천이다. 냇가 이쪽으로는 감찰관을 맞이하는 백성들이 납작 업드려 있는데 사헌부의 권위를 말해주는 듯하다. 냇가 건너 열린 문으로 들어서면 그 안이 사헌부 청사인데 안개가 끼어 내부가 보이지는 않는다. 그 사헌부 건물 위쪽으로 구름 같은 안개가 끼어 있고 옆으로 기다란 지붕이 보이는데 경복궁 근정전이

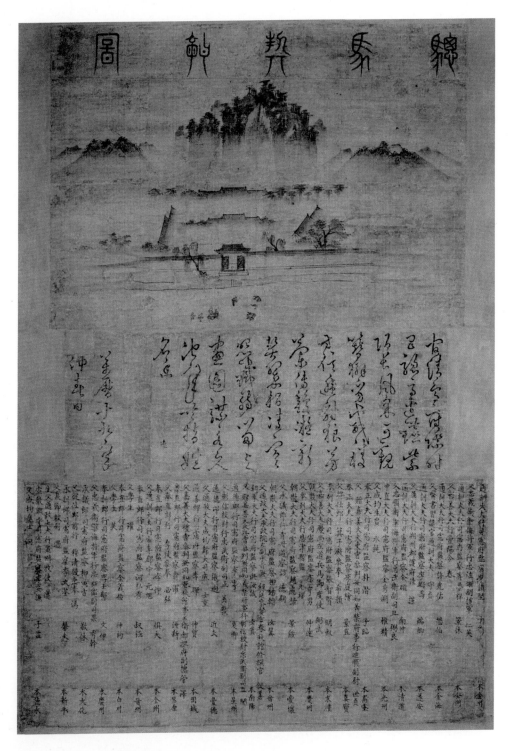

미상, 〈총마계회도〉, 64.8×93.3, 비단, 1591, 호림박물관
광화문 정부종합청사 뒤편에서 경복궁과 백악산을 바라본 풍경

다. 근정전 뒤로 화폭 상단을 우람하게 채우고 있는 것은 한양을 호령하는 왕의 산 백악산의 위용이다. 과장해서 그린 것으로 사헌부의 위엄을 드러내려는 화가의 의도에 따른 것이 아닐까 싶다. 『신증동국여지승람』은 사헌부에 대해 '행정을 검사하고, 백관百官을 사찰하고, 풍속을 바로잡으며, 원통하고 억울한 일을 풀어주며, 외람되고 헛된 행위를 금지하는 일을 관장한다'고 밝혔다.

그림 속 이날 사헌부 관원들은 무슨 생각을 했고 어떤 대화를 나눴을까. 분명 근심과 걱정이 가득했을 게다. 이 무렵 나라는 동인과 서인으로 나뉘어 시비를 격렬하게 전개하고 있었으며 전란 직전이었다. 다음 해 임진왜란이 터졌으니 말이다.

이 가운데 장지현1536-1593은 1590년 전라도 병마절도사 신립1546-1592 장군 휘하의 부장이 되었다가 1591년 사헌부 감찰에 올랐다. 함께한 이정회1542-1613, 이형남1556-1627은 장지현과 더불어 다음 해 임진왜란이 일어나자 각지에서 의병으로 나서 눈부신 활약을 남긴 인물들이다. 특히 장지현은 1593년 수천 명의 군사를 이끌고 충청북도 황간 추풍령에서 적을 요격하던 중 일본 구로다 나가마사黑田長政 군사의 협공을 받아 치열하게 전투를 벌이던 중 장렬하게 산화, 사후 영동 화암서원花巖書院에 제향되었다. 유인길1554-1602, 조응록1538-1623과 같은 인물 또한 감찰 출신으로 전란 중 다양한 역할을 감당하였는데 유인길은 사후 도곡서원道谷書院에 제향되었다. 그토록 눈부신 이름들이건만 지금은 누구도 그 이름 기억하는 이도, 추모하는 이도 없으니 그저 안타까울 따름이다.

송현에서 자결한 지사 김석진을 추모하다

송현松峴은 솔고개, 솔재를 한자로 옮긴 것으로 이 땅은 소나무가 들어찬 숲 속이었다. 조선시대에는 국가가 소나무를 보호했는데 이곳 솔고개에 슬그머니 들어선 민가를 철거하는 것도 그런 정책의 일환이었다. 그런 까닭에 솔고개는 언제나 울창한 소나무 숲을 자랑하는 곳이었다. 솔재라고 부른 까닭은 이곳이 보통 고개보다도 훨씬 높은 곳이었기 때문인데 그럼에도 비만 내리면 물이 빠지지 않아 질퍽한 것이 걸어가기조차 힘겨웠다. 그래서 미끄러지지 않도록 표면이 거친 박석薄石을 깔아두었고 따라서 사람들은 박석고개, 박석현이라고 부르기도 했다. 하지만 일제강점기에 소나무도 베어내고 고개도 깎아내버렸다.

송현은 곡절 많은 역사의 땅이다. 왕자 이방원이 1차 왕자의 난을 일으키고 이곳에서 연회를 벌이던 개국공신 정도전과 남은을 척살했다. 이 사건을 계기로 정적 제거하기를 멈추지 않던 이방원은 끝내 왕위에 올랐고 피로 물든 이 땅은 기피 대상이었다. 몇백 년이 흐른 18세기에 이르러 정조를 호위한 이래 순조 때까지 최고의 권세를 누린 두실斗室 심상규1766-1838가 이곳에 수백 칸 건물과 화려한 정원에 서화골동을 가득 채운 사립미술관인 가성각嘉聲閣을 꾸몄고 이에 세상 사람들은 궁궐이라 할 정도가 되었다.

솔고개, 하면 떠오르는 인물은 역시 오천梧泉 김석진1843-1910이다. 창녕위궁을 대물림한 김석진은 조선후기 최고의 명문세가를 일군 장동김문의 중흥조인 청음 김상헌의 26대손이다. 청요직을 두루 거쳐 형조판서에 오른 김석진은 1905년 을사늑약이 체결되자 다음 해 1월 을사오적 처형상소를 올렸다. 그리고 끝내 1910년 8월 일제가 조선을 강점하고 또 일본 왕이 남작 작위와 천황 은사금을 주자 이를 치욕으로 여겨 9월 8일 음독 자결하였다.

그뒤 송현동 49번지에 자리한 김석진 저택은 조선총독부가 강탈하여 조선식산은행이 사용했으며 해방 직후 미군정기에는 주한미군 숙소, 대한민국정부 수립 이후에도 주한미국대사관 관저로 사용했다. 1990년 미대사관이 용산으로 이전해 간 뒤 1997년 삼성을 거쳐 2008년 한진이 인수하여 호텔 건립 계획을 세우고 2010년 문화재지표조사를 했다. 수십 채의 조선시대 말기 집터와 우물이 발굴되었지만 정치인은 여야를 막론하고 보존은커녕 개발의 욕망을 지원하기에 급급했다. 그러나 아직 솔고개의 기운이 다하지 않았는지 '대한항공 땅콩 회항사건'이 터졌고 이에 한진이 물러서자 서울시가 2020년에 인수했다. 서울시는 소나무 숲을 복원해 녹지공원으로 활용하겠다는 구상을 발표했지만 알 수 없는 노릇이다. 지날 때마다 김석진 선생의 명복을 빈다. 하늘나라에서라도 평안하시길.

송현동에서 베푼 동기들과의 잔치 풍경

중국에 다녀 온 바 있는 당대의 도화서 화원 이신흠1569-1635의 〈송현동〉은 삼청동 일대를 그렸는데 화폭 상단 멀리에 삼각산이 보이고 왼쪽에는 인왕산, 오른쪽에는 볼록 튀어나온 곡성曲城과 숙정문을 양 어깨에 거느린 백악산이 아름답다. 인왕산 밑으로는 기와집 몇 채를 거느린 솔고개가 있고 한복판에는 안개구름으로 뒤덮인 경복궁과 삼청동 일대가 드넓게 펼쳐진다.

이 작품은 1601년 자신의 집인 송현동 자택에서 현기玄磯 이경엄1579-1652이 사마시에 합격한 동기 여덟 명을 초청해 개최한 연회 '세년계회'歲年契會를 그린 것이다. 재미있는 것은 당시 합격자들의 아버지 여덟 명도 23년 전 사마시에 합격한 동기들이었다는 사실이다. 그래서 이경엄은 아버지 오봉 이호민에게 그 사실을 알리고 연회를 개최한 다음 몇 해가 지난 1604년 이신흠에게 계회도를 그리게 하여 아버지에게 보여주고 화제를 써달라고 부탁했다.

무성한 나무로 뒤덮인 솔고개와 더불어 이 작품에서 눈길을 끄는 것은 백악산 기슭의 숙정문肅靖門이다. 처음 이름은 숙청문肅淸門이었다가 숙정문으로 바뀐 것인데 한양도성의 북대문이다. 서쪽의 북소문인 창의문彰義門과 함께 양주와 고양으로 통하는 대문이었으나 폐쇄해 놓았다. 재미있는 건 숙정문 문루가 없는 것이

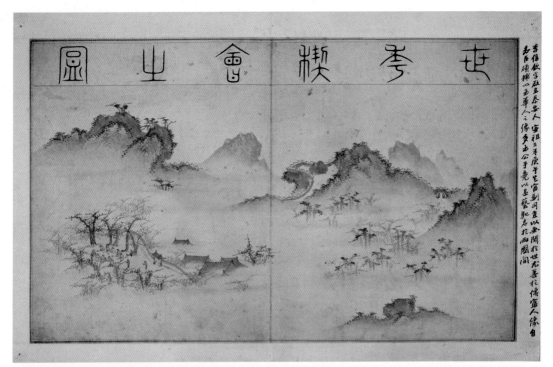

이신흠, 〈송현동〉, 《세년계회첩》, 22.4×16.6, 종이, 1604. 이건희 기증 국립중앙박물관
왼쪽 인왕산부터 오른쪽 백악산에 걸친 풍경

다. 처음에 있었으나 언젠가 무너진 뒤 굳이 필요 없어 세우지 않았을 터인데 지금의 문루는 1976년에 추가한 것이고 현판 글씨도 당시 대통령이 쓴 것이다.

의금부 관원 정선, 의금부를 그리다

중부 견평방堅平坊에 의금부가 있었다. 지도 제작의 천재인 고산자 김정호가 제작한 〈수선전도〉를 보면 지금 종각 네거리 보신각의 맞은편인 제일은행 건물이다. 또한 죄수를 가둬두는 전옥서典獄署는 중부 서린방瑞麟坊 그러니까 의금부 길 건너편의 영풍빌딩에 있었다. 의금부와 전옥서가 대로 네거리를 사이에 둔 채 마주 보게 함으로써 그 위세를 두렵게 하였다.

『동국여지승람』에는 의금부 땅의 내력이 나온다. 15세기 중엽 세조 때 감찰 벼슬을 하던 운곡 정보?-?라는 인물이 살던 집을 몰수하여 그곳에 의금부를 세웠다는 기록이 있다. 정보는 포은 정몽주1337-1392의 손자로 사육신을 옹호하던 인물이었다. 당시 세조의 책사로 악행을 저지르던 사우당 한명회1415-1487에게 '천추의 악인'이라고 비판함에 한명회가 그를 죽이려 하였다. 하지만 그 기개를 높이 산 세조는 운곡 정보를 살려주고 유배를 보내는 것으로 마무리하였다. 하지만 유배지에서 끝내 죽임을 당하고 말았다. 그 할아버지에 그 손자였다.

의금부는 왕명을 받들어 범죄자를 조사하는 일을 관장하는 관아로 금오金吾 또는 왕부王府라고도 불렀다. 세조에게 왕위를 찬탈당한 단종을 복위하기 위한 거사를 진행하다 발각당하자 자결한 사육신 낭간 유성원1426-1456이 지은 「의금부 제명기」에 따르면 의금부는 특수조직으로 반역과 같은 사건 및 처결이 아주 어려운 사건만을 담당했다. 말하자면 관리나 양반 중 국가를 대상으로 죄를 짓거나 강상綱常에 거스르는 일을 저지른 죄인들을 다루는 특별재판소였다. 강상이란 삼강三綱과

사라져 흔적만 남은옛 서울의 기억

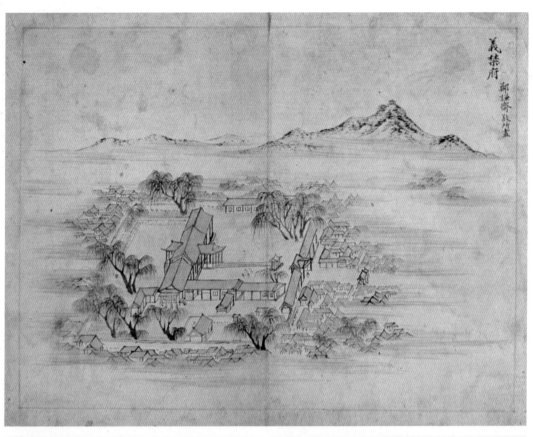

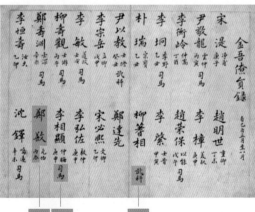

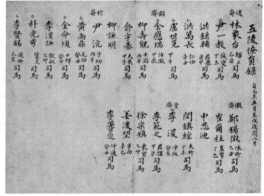

정선, 〈의금부〉, 46.5×34.5, 종이, 1729, 개인
종각역 네거리에서 제일은행을 바라본 풍경

오상五常을 아우르는 말로, 곧 사람이 지켜야 할 도리를 이른다.

겸재 정선의 작품 〈의금부〉는 1729년 여름 어느 날 의금부 관원 모임을 그린 기록화다. 이 그림의 별지에는 참석자 명단이 있는데 보통 '무과'武科 또는 '사마'司馬라는 과거 시험 표기가 있어서 그 출신을 알 수 있다. 하지만 참석자의 한 사람인 정선은 태어난 해인 1676년을 뜻하는 '병진'丙辰이라는 표기만 있을 뿐, 과거 시험 명칭이 없다. 추천에 의한 특별 채용으로 관직에 나갔음을 짐작할 수 있다. 이를 음직蔭職이라 한다. 정선은 실제로 1713년 무렵 관직에 나가 마흔한 살이던 1716년 음직으로 종6품 관상감 천문학 겸 교수에 임명되었고 그뒤 조지서, 사헌부를 거쳐 하양현감을 역임한 뒤 1729년 의금부 종5품의 도사都事로 발령이 났다.

의금부 도사는 관리의 감찰과 규탄을 수행하는 직책이었으니 오늘날로 말하면 검찰관檢察官이었다. 돌아가며 매일 당직을 하는데 당직하는 동안 죄수를 가두고 체포하는 일을 수행하였다. 정선 역시 당직하는 날 사건이 생기면 죄인을 체포, 구금하는 일을 했을 것이다. 쉰넷의 저명한 화가 정선이 당직도사 임무를 수행할 때면 호령을 하며 위엄 있는 모습을 갖추었을 텐데 그 장면이 궁금하다.

그림을 보면 의금부는 'ㄴ'자 건물을 중심으로 여러 채가 즐비하여 규모가 대단함을 알 수 있다. 『동국여지승람』을 보면 운곡 정보의 집을 의금부 본관과 대청으로 삼았다고 한다. 또한 남쪽으로는 호두각虎頭閣이 있고 서쪽에는 연정蓮亭이 있다고 하였다. 서쪽 세 칸은 경범죄인을 가두었고 동쪽 열세 칸, 남쪽 열다섯 칸 모두 중죄인을 가두는 옥사였다. 그리고 부속 건물로 기록을 보관하는 경력소와 관원이 근무하는 당직청이 있다고 했다. 이런 기록을 그림에 적용해 각각의 건물을 유추할 수 있다.

사라져 흔적만 남은옛 서울의 기억

청계천과 탑동의 추억

송석원시사 동인인 화가 송월헌 임득명의 〈가교보월〉街橋步月은 정월대보름 날 청계천 광통교를 밟고서 둥근 달을 보고 새해 소원을 비는 모습을 그린 것으로, 1786년에 묶은 《옥계사수계첩》에 포함된 작품 중 하나다. 정월대보름 다리 밟기를 위해 나라에서는 통행금지 시간을 늦췄다. 『영조실록』 1770년 1월 14일자를 보면 영조는 '백성들과 봄날의 뜻을 함께 보기 위하여' 야간에 통행을 허가하라고 의금부에 하교했다.

광통교는 청계천에서 가장 큰 다리였다. 이곳 일대는 음식점만이 아니라 서점과 화랑이 자리한 문화거리였다. 그 풍경은 1844년 한산거사가 광통교 일대를 노래한 「한양가」에 나타나는데 특히 미술 시장인 화랑가를 읊은 대목을 보면 다음과 같다.

광통교 아래 가게 각색 그림이 걸렸구나.

보기 좋은 병풍차屛風次에 〈백자도〉百子圖, 〈요지연〉瑤池宴과

〈곽분양행락도〉郭汾陽行樂圖며 강남 금릉金陵 〈경직도〉耕織圖며

한가한 〈소상팔경〉瀟湘八景 산수도 기이하다.

다락 벽에 〈닭, 개, 사자, 호랑이〉,

장지문障子門에 〈어약용문〉魚躍龍門, 〈해학번도〉海鶴蟠桃, 〈십장생〉과

벽장문壁欌門에 〈매죽난국〉 횡축橫軸을 볼작시면

『구운몽』의 성진이가 팔선녀 희롱하여 투화성주投花成珠 하는 모양이라.

정말 굉장했던 모양이다. 오늘날의 광통교는 2005년 청계천 공사할 때 다시 설치한 것이다. 원래는 지금보다 하류로 일백오십 미터를 내려가 신한은행 앞쪽에

임득명, 〈가교보월〉, 《옥계사수계첩》, 18.9×24.2, 종이, 18세기, 삼성출판박물관
무교동 사거리에서 청계천 광통교를 바라본 풍경

서 청계천을 건너는 다리였다. 그러니까 현재의 위치는 엉뚱한 곳인 셈인데, 자리는 옮겼지만 그나마 원래 광통교에 사용한 바위들을 찾아 사용했다. 광통교 바위와 관련해서는 흥미로운 이야기가 있다. 그 바위는 원래 태조 이성계의 계비인 신덕왕후1356-1396가 잠든 정릉에서 쓰던 석재였다. 정릉은 신덕왕후가 승하하자 중구 정동 옛 러시아공사관이 있던 정동공원 일대에 조성한 능묘였다. 조선 건국 이래 한양에 들어선 최초의 능묘로 경복궁에서도 매우 잘 보였다고 한다. 하지만 계모인 신덕왕후를 싫어했던 태종이 집권하고서 그 정릉을 지금의 성북구 정릉동으로 내쳐버렸다. 그뿐만 아니라 정동의 정릉을 부수듯 파괴했기에 미처 석재들도 챙기지 않았다. 이렇게 버려진 석재를 가져다 만든 다리가 바로 광통교다. 그러니 이 다리를 건널 때면 신덕왕후를 위해 묵념할 일이다.

수헌 유본예의 『한경지략』을 보면 정월대보름날 다리를 밟고 달구경을 하면 다릿병이 없다고 하여 생긴 것이 다리 밟기다. 원래 중국 베이징 풍속으로 조선에서는 중종 때 시작했다. 명문가 서얼 출신으로 역사 문학작품 『패관잡기』를 지은 15-16세기 사람 야족당 어숙권?-?도 다리 밟기 풍속에 대해 '정월대보름 저녁에 다리 열두 곳을 지나다니면 그해 열두 달 재수가 좋다'고 했다. 지금이야 이런 풍속이 사라졌지만 20세기 중엽까지만 해도 정월대보름 다리 밟기니 탑돌이 풍습은 누구나 해야 할 놀이이자 믿음이었다. 그래서일까. 18세기 후반 사람 송석원시사 시인 수헌 김태한은 임득명의 〈가교보월〉에 이런 노래를 붙였다.

순라꾼도 밤경계를 풀어 노는 아이들 서로 부르고
둥근 달 새해를 쫓아오니 맑은 빛 이밤이 제일이네
노랫소리 시내에 울려퍼지고 수레와 말이 길과 다리를 둘렀으니
아름다운 계절 만난 것 비로소 깨달아 우리도 즐거운 마음 가득하네

다리 밟기는 먼 시절의 풍속이지만 정월대보름달을 보며 소원을 비는 것이야 지금도 전해져 오고 있으니 언젠가 정월대보름달을 보며 저 노래를 한 번 불러봄직도 하다.

한양 시내 어느 곳에나 보이는 십층 석탑을 품고 있던 원각사는 연산 왕이 사찰 자격을 박탈하고서 꽃다움이 연이어 있는 집이란 뜻의 연방원聯芳院으로 바꿨는데 다름 아닌 기생집이었다. 연산 왕을 내쫓고 왕위에 오른 중종이 연방원을 철거해버리자 탑만 덩그렇게 남았다. 안 그래도 키가 큰 탑이었지만 주변 건물을 철거하자 훨씬 더 커보였다. 게다가 대리석이 흰빛을 내뿜었던 까닭에 더욱 눈에 뜨인 이 탑은 18세기에 이르러서는 문예부흥을 상징하는 조형물로 군림했다.

문예부흥을 대표하는 예원의 거장 연암 박지원을 중심으로 모였던 당대의 중인 문사들은 대체로 원각사 십층 석탑이 있는 탑동에 살았다. 1766년 5월 서얼 출신의 뛰어난 문장가 청장관 이덕무가 이곳 탑동으로 이사를 오고 보니 이미 이곳에 살고 있던 혜풍 유득공, 서이수, 초정 박제가1750-1805가 그만 한 동네 사람이 되었다. 이로써 드디어 백탑시사白塔詩社가 탄생했다. 백탑시사는 주로 관재觀齋에서 모임을 가졌다. 서얼 출신 서화 골동 수장가였던 관재 서상수1735-1793의 서화관을 관재라 했는데, 물론 탑동에 있었으며 관재 서상수 또한 백탑시사의 일원이었다. 이들은 화려한 문예활동을 지속해나갔으나 1779년 일거에 모두 규장각 검서관으로 발탁되는 바람에 백탑 일대는 또 다시 빈터가 되었다.

1803년 7월 2일 훈련도감 훈련대장이던 풍고 김조순은 휘하의 군사 백여덟 명과 몇몇 장수를 탑동암塔洞庵으로 불러 잔치를 베풀었다. 김조순은 인조 집권 이래 최고의 명문세가로 떠오른 장동김문의 적장자로 19세기 전반기 정권을 쥐락펴락하던 인물이다. 이 행사를 그린 그림이 《탑동연첩》塔洞宴帖에 실린 〈탑동계회도〉塔洞契會圖인데, 누가 그렸는지 기록해놓지는 않았지만 2012년 4월 13일 옥션단 경

사라져 흔적만 남은옛 서울의 기억

이방운(전), 〈탑동계회도〉, 《탑동연첩》, 27×19.6, 종이, 18세기, 개인

지하철 5호선 종로3가역에서 탑골공원 쪽을 바라본 풍경

매에서는 이 그림을 기야 이방운의 것으로 추정했으니 그대로 따르는 게 좋겠다. 이 그림을 살펴보면, 화폭의 복판에 여섯 명을 배치하고 그 주위를 나무로 감쌌다. 이런 구도는 모임을 그리는 작품의 전형으로 애용되었다. 그런데 왼쪽 하단은 텅 빈 여백으로 두고 그 반대쪽인 오른쪽 상단에 해가 걸려 있는 삼각산 봉우리를 배치해둔 구도법은 빼어나 예사롭지 않다. 글씨의 위치도 잘 계산한 끝에 잡은 것이어서 보기에 좋다. 중앙 상단에 흰색이 유별나 보이는 원각사 십층 석탑의 뽐내는 자태 역시 매우 아름답다. 그 왼쪽으로는 울창한 나무에 둘러싸인 두 채의 거대한 기와집을, 오른쪽으로는 두 채의 집을 배치하여 탑동 일대가 사람들이 어울려 살아가는 동네라는 사실도 암시해두었다.

　세월이 좀 더 흐른 뒤인 1896년 총세무사로 근무하던 영국인 J.M. 브라운 John McLeavy Brown은 흰빛 원각사탑의 아름다움에 감탄하여 이곳 일대를 공원으로 개설하자고 정부에 건의했다. 그 건의에 따라 정부는 파고다공원을 조성했고 따라서 흰 탑은 공원의 중심으로 그 자태를 또다시 뽐내기 시작했다. 마치 공원을 위해 일부러 설치한 조형물인 듯했다. 이 탑은 또한 1919년 3월 1일, 우리 민족사의 매우 특별한 장면을 지켜보기도 했다. 독립선언서의 낭독 장소는 애초부터 파고다공원이었다. 그런데 민족대표들이 사전 연락조차 없이 음식점 태화관으로 장소를 바꿨다. 그러자 학생 대표들이 태화관에 항의 방문을 했고, 결국 처음 예정했던 대로 파고다공원에서 독립선언서를 낭독할 수 있었다. 선언서 낭독 후 독립만세를 부른 뒤 온 나라가 만세 물결로 가득찼다. 그 이후 이 탑은 오늘날까지 3·1민족해방운동의 발화 지점을 상징하는 조형물이 되었다.

사라져 흔적만 남은옛 서울의 기억

강희언, 〈북궐조무도〉

김홍도, 〈규장각〉

정선, 〈동소문〉

미상, 〈동궐도〉

김희겸, 〈옥류천〉

권신응, 〈군자정〉

미상, 〈비변사 문무낭관 계회도〉

미상, 〈성균관〉

미상, 〈영화당 친림사선도〉

정선, 〈동문조도〉

미상, 〈마장-진헌마정색도〉

05

창덕궁 지나 혜화문,
그 너머 망우리

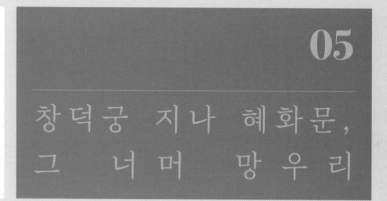

미상, 〈수문상친림관역도〉

미상, 〈태조 망우령 가행도〉

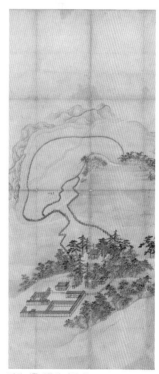

미상, 〈동대문외 마장리〉

창덕궁,
천년을 꿈꾼 왕조의 심장부

창덕궁으로 향하는 새벽길 풍경

표암 강세황은 저 유명한 〈인왕산도〉의 작가 담졸 강희언의 〈북궐조무도〉北闕朝霧圖를 보고서 그림 옆 빈칸에 다음같이 써넣었다.

오경五更에 통행금지를 해제하는 파루罷漏 치길 기다리다 신발에 서리가 가
득 찼네. 내 어찌 이 그림의 묘미를 알겠는가

이 문장에 따르면 화가 강희언은 창덕궁 돈화문에서 종로3가까지 이어지는 돈화문로의 새벽 풍경을 묘사해보려고 그 이른 시간에 일어나 안개 가득한 장관을 관찰했다. 표암 강세황은 그림을 위하여 그렇게까지 하는 강희언의 태도에 감명받았지만 자신은 새벽녘 풍경을 체험해본 적이 없으니 결코 이 그림에 담긴 묘미를 깨칠 수 없을 것이라고 했다. 다시 말해 새벽 도시 풍경의 살아 숨 쉬는 기운을 체험하고서 그린 이 그림에 숨어 있는 오묘한 깊이를 어찌 감히 쉽게 깨칠 수 있겠

느냐는 탄식이었던 게다.

그림의 제목 '북궐조무'란 북쪽 궁궐의 아침안개란 뜻이다. 여기에서 북궐은 태조 이성계가 창건한 정궁 경복궁을 가리킨다. 북궐인 경복궁을 중심으로 서쪽의 경희궁과 덕수궁은 서궐, 동쪽의 창덕궁과 창경궁은 동궐이라 불렀다. 그렇다면 이 그림 상단 오른쪽에 써넣은 북궐은 경복궁 광화문 앞 육조대로를 가리키는 셈이다. 그래서 나 역시 이 그림은 경복궁 근정전과 광화문, 그리고 지금 세종로라고 부르는 육조대로를 그린 것이라고 내내 의심치 않았다.

그런데 건축학자 이강근은 이 그림이 창덕궁의 인정전과 돈화문 그리고 돈화문 앞 돈화문로를 그린 작품이라고 지적하였다. 건축물의 생김새와 위치를 조금만 주의 깊게 살펴보면 〈북궐조무도〉의 건물이 경복궁의 광화문과 근정전이 아니라 창덕궁의 돈화문과 인정전임을 쉽게 알 수 있다. 하지만 이강근 이전에는 그 누구도 그런 질문을 하지 않았다. 오로지 화폭에 자리잡고 있는 '북궐'이란 낱말에 집착했기 때문이다. 너무도 당연해서 의심조차 할 수 없었다. 하지만 임진왜란 이후 왕이 창덕궁으로 옮겨 왔으므로 이곳을 '동궐' 대신 '북궐'이라 부르는 것은 당연하고 또 자연스러운 일이라 하겠다.

큰길의 오른쪽 버드나무 뒤로 사각형의 조그만 초가와 기와집이 번갈아가며 죽 늘어서 줄지어 있다. 만약 이 길이 광화문 앞 육조대로였다면 이렇게 작을 수는 없다. 조선왕조 행정을 총괄하는 정부 기관으로서 육조의 위상에 걸맞은 대규모 관청 건물이 번듯하게 자리하고 있어야 한다. 다시 말해 광화문에서 육조대로를 볼 때 좌우 양쪽에는 의정부를 시작으로 예조, 이조, 호조, 병조, 공조에 이르기까지 중앙 정부의 관청이 줄지어 자리하고 있었다. 첫째 건물인 의정부는 오늘날 대한민국역사박물관 바로 옆이고 여섯째 건물인 기로소는 지금의 광화문 네거리 교보생명 건물 자리에 위치해 있었다.

게다가 큰길 정면에 자리한 건물이 광화문이라면 일층에 아치형 문이 보여

강희언, 〈북궐조무도〉, 21.5×26.5, 종이, 18세기, 개인

지하철 1호선 종로3가역에서 창덕궁 정문인 돈화문을 바라본 풍경

야 하는데 이 그림에는 여섯 개의 기둥이 서 있을 뿐이다. 이 문이 경복궁이 아니라 돈화문이라는 의미이다. 만약 이게 광화문이라면 커다란 전각인 근정전 지붕이 바로 뒤쪽 일직선상에 있어야 하지만 이 그림에서는 각도를 틀어 오른쪽으로 엇갈려 서 있다. 돈화문을 열고 들어서면 오른쪽으로 꺾어 한참을 들어가서야 인정전이 있었기에 이렇게 엇갈리게 그린 것이다. 그러므로 두 말 할 나위 없이 〈북궐조무도〉의 '북궐'은 창덕궁이다.

정조 시대에 제작한 지도인 〈도성도〉를 보면 창덕궁 정문인 돈화문에서 종로 방향을 향해 반듯하게 뻗은 길이 나 있다. 돈화문을 나와 남쪽 방향의 네거리 모퉁이에는 비변사가 자리를 잡고 있었으며 그 아래로 주원周院, 통례원通禮院, 도화서圖畵署가 이리저리 흩어져 있었다. 그리고 종로와 만나는 길 끝에 포도청이 있었다. 또한 돈화문을 나와 서쪽 안국동을 향해 난 길의 북쪽에는 사도시司䆃寺와 관상감觀象監이 있었고 남쪽으로는 금위영禁衛營이 있었다. 본시 이와 같은 여러 관청은 정궁인 경복궁 주위에 흩어져 있었지만 왕이 창덕궁으로 옮겨오자 필요한 기관은 별도의 공간을 창덕궁 가까이 마련했다. 여기에서 언급한 비변사 역시 그런 기관 중 하나다.

하지만 강희언은 〈북궐조무도〉에 그 같은 관청 건물까지는 그려놓지 않았다. 그보다는 돈화문 앞길을 지나다니는 각양각색의 사람들에게 관심을 기울였다. 큰길에 등장하는 인물은 무려 서른한 명이나 된다. 그들이 누구인지 알 수 없지만 옷차림으로 신분을 짐작할 수 있다. 갓을 쓴 사족들은 말을 타거나 걷고 있고 그 시종인 노비는 말을 끌고 있다. 광주리를 머리에 인 아낙네나 등짐을 진 보부상 남성들도 즐비하다. 화폭 하단 왼쪽 가로변에 임시로 가설한 막사 두 채가 눈에 띈다. 그 안에서는 좌판을 벌여두고서 장사를 하고 있다. 이 두 사람만 빼고 나면 나머지 스물아홉 명은 모두 돈화문을 향해 가고 있다. 새벽 네 시에 궁궐로 출근하는 이들임에 분명하다. 물론 사헌부 대간들만 돈화문의 양옆 작은 문으로 출입할 수 있었고 나머지 모두는 담장 서쪽으로 난 금호문을 통과해야 했다.

담졸 강희언이 창덕궁 앞 풍경을 이토록 자세히 그릴 수 있었던 건 강세황의 지적대로 새벽에 일부러 나와 관찰했기도 했겠지만 중인 출신 천문학자이기도 한 그의 직장이 바로 이곳 돈화문 앞 관상감이었기 때문이다. 매일 출퇴근하는 곳이라 무척 익숙한 풍경이었을 것이다. 더구나 그의 두 아우도 모두 관상감에 속한 과학 기술자들이었다. 이들이 관상감에 속한다기보다 오히려 관상감이 담졸 강희언 형제에 속한 지경이라고 할 정도였다. 세 형제 가운데 첫째인 강희언 자신은 하늘을 연구하는 천문학을, 둘째인 강희준1740-?은 땅을 연구하는 지리학을, 셋째인 강희보1754-?는 운명과 길흉화복을 연구하는 명과학命課學을 전공했다. 세 형제가 우주와 지구 그리고 그 사이 사람의 운명을 나란히 연구한 것은 이들의 아버지 강태복의 자식에 대한 교육 철학의 특별함을 드러낸다.

창덕궁의 정문인 돈화문은 광해 왕이 등극한 지 사 년째인 1611년에 지은 것으로 일본군이 한양을 점령했을 때 파괴한 것을 다시 지었다. 하지만 광해 왕은 조카인 능양군1595-1649이 일으킨 정변으로 폐위당해 제주에서 유배를 살다 승하했다.

왕의 문장이 머무는 집, 규장각

태조 이성계는 새나라 조선의 정궁으로 경복궁을 건립했을 뿐, 창덕궁을 세울 시간이 없었다. 개성에서 한양으로 천도하는 일만으로도 벅찼다. 제2대 왕 정종 이방과1357-1419가 즉위하자 천도는 없던 일이 되어버렸다. 개성 호족의 반대가 그만큼 컸다. 이런 반대에도 불구하고 다시 천도를 강행한 제3대 왕 태종 이방원이 창덕궁을 창건했다. 1405년 10월 향교가 있어 향교동이라 했던 터에 궁궐을 완성하고 그 이름을 창덕궁이라 하였다. 처음엔 규모가 작았는데 태종은 재위 중

틈틈이 누각을 추가해 비로소 오늘의 창덕궁을 완성했다. 나라를 세운 아버지 태조 이성계가 백악산 아래 경복궁, 다시 말해 북궐을 지었다면 그에 대응해 아들 태종은 응봉 아래 창덕궁, 다시 말해 동궐을 지었다. 감히 아버지에 맞서는 교만함이 그와 같았으나 이로써 천년왕조를 이끌 심장부가 의연해졌다. 그러니 경복궁은 태조의 궁궐이요, 창덕궁은 태종의 궁궐이다.

창덕궁은 태종이 1405년 10월에 조성한 이래 꾸준히 고난을 겪어야 했다. 임진왜란 때인 1592년, 일본군이 퇴각할 때 파괴해버려 폐허가 되었다가 선조와 광해 왕이 재건했지만 다시 인조정변 때 불에 타 폐허가 된 것을 인조가 1647년에 재건했다. 수난은 여기서 멈추지 않았다. 1833년 원인 모를 불이 일어나 타버리자 다음 해 대규모 복원공사를 해야 했다. 일제강점기인 1917년에 또 불이 나자 1920년 조선총독부는 얼마 남지 않은 경복궁 건물을 부수고 그 자재를 가져와 재건했다.

김홍도가 그린 규장각奎章閣도 창덕궁에 있다. 그러나 이는 태종 시절 지은 건물이 아니다. 1463년 5월 30일 어린 조카 단종을 내치고 스스로 왕이 된 수양대군 세조는 집현전의 빼어난 학자 눌재 양성지1415-1482로부터 다음과 같은 말을 듣는다.

동쪽에 별실을 지어 역대 왕이 지은 문장을 봉안할 규장각을 두소서

하지만 제안뿐이었다. 아주 오랜 세월이 흘러 숙종이 그 제안을 실현, 규장각을 설치했다. 처음에는 그저 문헌을 보존하는 창고에 불과했다. 정조는 1776년 3월 즉위하자마자 곧장 건물을 짓게 하고 9월 25일 준공하여 그 건물에 규장각을 설치하였다.

김홍도가 그린 〈규장각〉의 한복판에 자리한 이층 건물은 주합루다. 세분하

김홍도, 〈규장각〉, 115.6×144.4, 비단, 1776무렵, 국립중앙박물관
창덕궁 후원 규장각 풍경

면 아래층은 내각이라고 부르는 관청인 규장각이고 그 위층이 주합루다. 곁에 바짝 붙어 옆으로 길게 늘어선 건물은 서향각, 아래로 내려와 연못이 있고 연못 가운데 부용정이, 그 옆 모서리에 선 건물이 영화당이다. 주합루 뒷담 너머 소나무숲이 에워싸고 그 너머 안개 낀 숲을 건너면 삼각으로 뾰족한 응봉이 솟아 있다. 응봉 너머 멀리 삼각산 봉우리가 살짝 보이는데 그 줄기가 남으로 내려와 백악산을 이루고 그것이 동쪽으로 흘러 응봉이 되었다. 규장각을 설치하고 한 해가 지난 뒤 정조는 규장각의 성격을 다음처럼 선언했다.

> 문치文治와 교화를 진흥하는 것을 우선의 책무로 삼아 궁중에 규장각을 설치하였으니 우리 동방 예악의 근본이 여기 있지 않겠느냐

규장각을 창고가 아니라 인재를 선발하여 관원으로 채용하고 학문과 정책을 토론하며 서적을 편찬하는 학문의 전당으로 육성해나가겠다는 의지의 천명이었다. 그뿐 아니다. 정조는 그 인재들을 신뢰할 수 있는 측근 세력이자 왕국의 미래를 책임지는 역량으로 성장시키려 했다. 1781년 2월에는 초계문신抄啓文臣 제도를 도입하여 열여섯 명을 선발했다. 같은 해 한 신하가 '규장각은 전하만의 전각인 사각私閣이요, 그 학사는 전하만의 신하인 사신私臣'이라고 지적할 정도로 정조의 측근 세력이 커나갔다. 규장각은 정조 친위 세력의 본거지로 자리잡아 나갔다.

규장각의 첫 글자인 규奎는 문운文運을 관장하는 별자리인 규성奎星을 가리키는 것으로, 왕을 뜻한다. 두 번째 글자인 장章은 문장을 의미한다. 다시 말해 규장각은 왕의 문장이 머무는 집이란 뜻이다. 여기에 인재를 배치하여 왕의 문장을 다루게 하는 것은 바로 왕의 뜻을 키운다는 의미였다. 이렇게 친위 세력을 폭넓게 확장해나갔고 실로 '명예로운 준사들이 등용의 반열에 늘어 서 있게 해야 할 것'이란 의지를 실천함으로써 영민하고 유능한 인재를 계속 배출했다.

정조 재위 마지막 해이자 규장각 창립 이십사 주년인 1800년 4월 11일에 선발한 스물한 명의 초계문신만 살펴보아도 대단했다. 그 가운데 자하 신위는 19세기 전반기 사단종장詞壇宗匠이자 예원 맹주로 성장했으며, 연천 홍석주1774-1842와 대산 김매순은 19세기 전반기 학술의 양대 산맥을 이룬 대학자로 자라났다.

규장각의 눈부신 점은 사족 명문가의 후예들만이 아니라 서얼을 포함한 기술직 중인들에게도 성장하는 요람 역할을 했다는 데 있다. 서얼 출신 문장가 청장관 이덕무는 규장각 검서관으로 발탁되었을 때 감격에 겨워 '아득한 푸른 하늘 모두가 학을 타고 자줏빛 기운 분분한데 다들 소를 타고 영주산瀛洲山 신선 되어 옥안玉案에 조회朝會하였다'고 노래하였다. 또한 중인 출신 문장가 존재 박윤묵은 규장각에서 맺은 정조와의 인연을 기록한 『우로첩서』雨露帖序를 남겼는데 거기 담긴 사연은 다음과 같다.

1792년 정조가 규장각 최하층 관리인 이속吏屬을 포함하여 일흔여 명의 모든 관리들에게 물품을 하사한 데 이어 특별히 중인 신분의 관리들에게는 '사호'司戶라는 칭호를 내려주면서 호패를 새겨 궁궐 통행의 자유로움과 함께 긍지를 지닐 수 있도록 해주었다. 놀라운 처분에 감격해 마지않던 이들은 명문가의 후손으로 당대 문장가인 죽석 서영보1759-1816에게 부탁해 '내각사호'內閣司戶란 글씨를 얻어 근무처에 걸어두었다. 이때 사호 칭호를 받은 중인들 중에는 존재 박윤묵은 물론 〈규장각〉을 그린 단원 김홍도와 함께 송석원시사 맹원이던 화가 송월헌 임득명, 시인 호고재 김낙서도 포함되어 있었다. 당시 그 일에 대해 존재 박윤묵은 다음처럼 기록해두었다.

사호司戶란 이름을 내리시며 아패牙牌를 받들도록 허락하셨으므로 궁궐에서 분주히 다니며 금원禁苑이라 부르던 규장각에 출입했던 것이니 분수를 넘은 영광이 너무도 컸다

어느 날, 창덕궁에 울려 퍼진 노랫가락

기록화는 되풀이 보아야 한다. 첫눈에는 결코 무슨 모임인지 알 수 없고 제목을 살피는 가운데 함께 연결된 글씨를 읽어 그 내용을 샅샅이 확인할 때에야 내력을 알 수 있으므로 처음 보는 이에게는 그저 어렵기만 하다. 하지만 두고두고 새김질을 하노라면 그 묘미와 멋을 누릴 수 있다. 〈영화당 친림사선도〉暎花堂親臨賜膳圖 역시 그 많은 기록화 가운데 하나일 뿐이라 그런가보다 덮어버리면 그만이겠으나 잠시 호기심을 품는다면 결코 예사롭지 않음을 금세 알 것이다. 그곳에서 무슨 일이 벌어졌는지 궁금해 하는 가운데 내력을 살피고 뜻을 새기노라면 자연 즐겁고, 그렇게 보다 보면 사물 묘사와 구도, 색채마저 눈에 쏙 들어옴을 느낄 수 있을 것이다.

이 그림은 왕이 영화당에 몸소 나와 선물을 베푸는 행사를 그린 것이다. 그 왕은 영조이고 영화당은 창덕궁 후원, 다시 말해 금지된 정원이라고 해서 금원禁苑이라 부르던 공간에 있던 건물이다. 기록화에 왕의 형상을 그리지 않는 전통에 따라 왕의 의자는 비어 있다. 하지만 해와 달, 다섯 개의 봉우리를 그린 일월오봉日月五峯 병풍이며 햇볕을 가리는 차일遮日 천막을 비롯한 장식이 화려하기 그지없어 왕의 행사임을 알 수 있다.

청계천의 물 흐름이 좋지 않다는 보고를 받은 영조는 1760년 청계천 대청소를 시작했다. 그로부터 오십칠 일 동안 공사를 했는데 이 사업을 경진년에 수행한 냇가 청소라고 해서 경진준천庚辰濬川이라고 한다. 공사를 마친 다음 날인 4월 16일, 당상관과 비변사 낭청郎廳 그리고 공사를 직접 실시한 관청인 준천사濬川司 관원 모두를 불러 모았다. 한양의 물길을 뚫어 시원하게 한 공로를 치하하기 위해서였다. 이에 앞서 영조는 공사 현장에도 직접 나아가 공사에 참여한 인부와 백성들을 격려하였고, 이날의 풍경이 그림으로 남아 오늘에 전한다. 뒤에서 함께 살펴볼 예정이다.

이날의 잔치가 열린 이곳은 규장각과 연못이 있는 창덕궁 후원이다. 조선

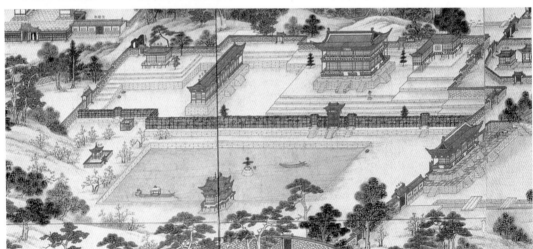

〈동궐도〉 영화당 부분

미상, 〈영화당 친림사선도〉, 《어전준천제명첩》, 43×34, 비단, 1760, 부산광역시립미술관
창덕궁 후원 규장각 아래 영화당 일대에서 열린 행사 풍경

궁궐 가운데 가장 아름다운 공간이다. 그림을 보면, 군주가 자리한 곳 천막 뒤쪽 큰 기와지붕 건물이 영화당이다. 왼쪽으로 치솟은 한 그루 소나무와 오른쪽으로 용을 그린 교룡기가 길게 펄럭여 군주의 위용이 아름답다. 한껏 흥이 오른 영조는 스스로 력力과 국國 두 글자를 운韻으로 삼아 이렇게 읊조렸다.

지금 준설을 이룩함은 신하와 백성이 온 힘을 다함이다
모름지기 이 정성을 국가에 바쳐야 하리라

이를 들은 당상관, 낭청 스물일곱 명이 '력, 국' 두 글자 운을 따라 시를 지어 올렸다. 일순 뜨거운 기운이 넘쳐 흘러 궁궐 일대를 뒤덮었을 것이다. 민인과 국가, 군주를 찬양하는 노랫가락이 진동하는 순간이었다.

대보단을 둘러싼 현실과 이상의 경계

임진왜란이 끝나자 선조는 무너진 경복궁이 아닌 창덕궁에 머물렀다. 떠돌아다니는 말들이 제법 상당했다. 경복궁이야말로 풍수의 관점에서 전란을 겪을 땅이라는 예언이 고스란히 사실로 여겨졌다. 창덕궁 또한 좋지 않은 말들이 떠돌았다. 단종과 연산 왕이 폐출당해 참담한 최후를 맞이했던 흉궁凶宮이라는 소문도 그중 하나였다. 선조의 뒤를 이어 왕위에 오른 광해 왕은 그런 창덕궁이 마땅치 않았다. 그래서 주목한 것이 인왕산이다. 풍수인들 사이에 '인왕길자'仁王吉字라는 말이 널리 퍼져 있었는데 이에 따라 인왕산 아래 인경궁仁慶宮을 창건해 정궁으로 삼고자 했다. 하지만 차일피일 미루다가 끝내 정변을 겪어 폐출을 당했다. 그리고 보니 창덕궁은 세 명의 왕이 폐출당한 흉궁이 되고 말았다. 하지만 인조 이후 이백 년의 평화를 누렸고 특히 18세기 영조와 정조 시대의 문예성세를 누렸으므로 창덕궁 풍수의 수명은 광해 왕이 매듭을 지은 셈이다.

19세기 첫 해인 1800년 왕위에 오른 제23대 왕 순조1790-1834는 나이가 들자 야심찬 구상을 실현에 옮겼다. 태평성세를 이룩한 궁궐 창덕궁과 창경궁 전경을 완벽에 가까울 만큼 정밀하게 묘사하도록 명령했다. 도화서 화원들은 1828년부터 1830년까지 무려 삼 년에 걸쳐 저 거대한 규모의 〈동궐도〉를 완성하였다.

그렇게 하여 〈동궐도〉라는, 봄날의 싱그러운 기운을 가득 품은 채 경사진 땅의 결을 따라 좌우로 활짝 나래를 편 걸작이 탄생했다. 평행과 사선을 교차시키는 구도법을 적용함으로써 안정감과 율동감이 조화를 이루어 막힘없이 시원한 〈동궐도〉는 또한 비단 바탕에 고운 물감을 가는 붓으로 찍어 촘촘하기 그지없는 정밀한 화풍이며, 사선으로 비탈진 땅을 파헤치지 않은 채 있는 그대로 두고서 건물과 도로를 배치하여 자연과 인공의 완전한 조화를 이룩한 공간 구성을 제대로 재현한 사실성이 절정에 이르렀다. 이뿐만 아니라 지도와 회화를 합쳐 하나의 소우주를 연상케 하는 일종의 환상세계를 보는 듯하다. 이렇듯 정지와 운동, 안정과 율동, 자연과 인공, 사실과 환상, 평행과 사선, 지도와 회화의 모든 것을 융합한 이 〈동궐도〉는 19세기 궁중 회화가 탄생시킨 최대의 걸작이다.

〈동궐도〉의 한 자리를 차지하고 있는 대보단大報壇은 1704년 창덕궁 서북쪽 군부대인 별대영 창고 자리에 설치한 제단이다. 명나라 신종을 추모하기 위한 신성한 장소였다. 그림에 나타난 대보단은 주위 담장 안쪽 바닥에 가지런히 깔린 박석이 무척이나 아름다운데 배경을 이루는 산도 현란하다. 어찌 저토록 강렬할까.

임진왜란 때 구원병을 파견해준 은혜에 보답하는 의미를 지닌 대보단은 황제의 제단이라고 해서 황단皇壇이라고도 불렀다. 하지만 처음부터 국가가 나선 것은 아니었다. 명나라 황제를 제사 지내는 꿈을 꾼 인물은 우암 송시열이었다. 송시

창덕궁, 천년을 꿈꾼 왕조의 심장부

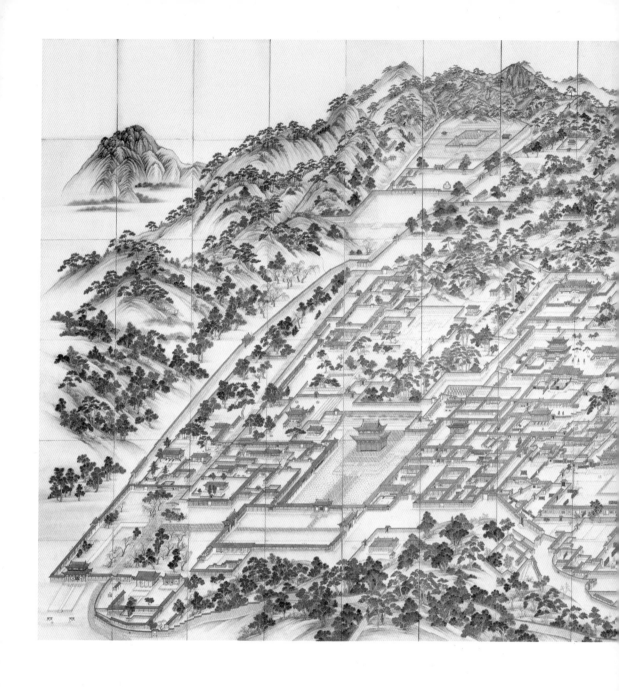

미상, 〈동궐도〉, 584×273, 비단, 1828-1830, 고려대박물관

창덕궁과 창경궁을 하늘 위에서 내려다본 풍경. 화폭 왼쪽이 창덕궁이고 오른쪽이 창경궁이다.

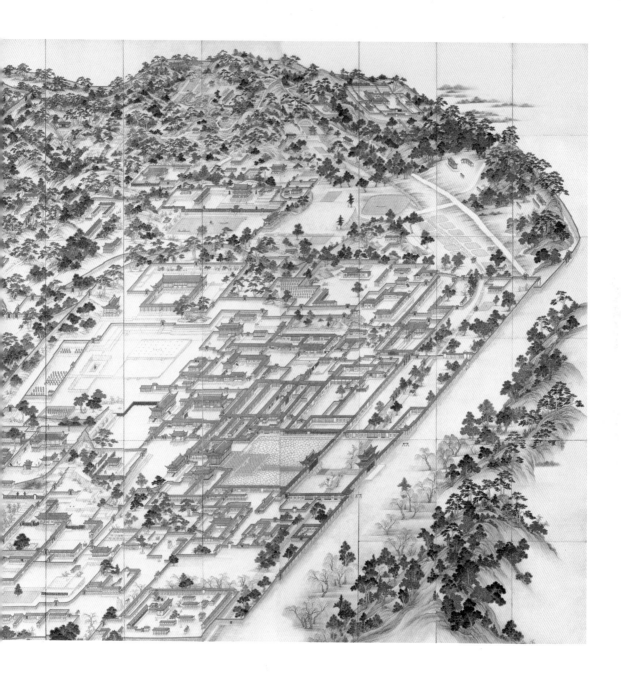

〈동궐도〉의 대보단 부분

창덕궁 후원 선원전터 일대 풍경으로 〈동궐도〉 왼쪽 상단에 담장을 겹으로 둘러 감춰두었다.

열이 세상을 떠난 뒤 1704년 1월 그 제자들이 충청도 속리산 화양동 계곡에 제단을 설치한 뒤 명나라의 마지막 두 황제 신위를 봉안하고 제사를 지냄으로써 스승의 뜻을 받들기 시작한 것이 그 기원이다. 민간에서의 움직임을 지켜보던 숙종은 그해 12월 궁궐에 황단을 설치하고 제사를 지냈다. 망해서 사라진 명나라 황제의 제사를 조선이 지낸 것이다. 민간의 일이었을 적에는 소박했으나 국가의 일이 되자 명분과 실리가 교차하는 매우 중대한 현안으로 떠올랐다. 현존하는 중원 대륙의 주인 청나라는 명나라를 멸망시킨 나라였으므로 심각한 사안일 수밖에 없었다. 그래서였을까. 창덕궁에서도 가장 깊이 숨어 일부러 찾아가지 않으면 발견할 수 없는 곳에 감춰놓았다. 두려움이 장소를 은밀하게 했다.

강대국 청나라를 오랑캐라며 멸시하고 지상에서 사라진 명나라를 중화中華라며 기리는 마음은 구원자에 대한 의리의 표현이지만 종족을 차별하는 인종차별의 속마음이기도 했다. 더구나 저 중화가 중원 대륙에서 조선으로 이동했다는 주장은 중화문명을 공유하는 조선의 정체성을 제창하는 의지의 표현일 수도 있으나 어디까지나 현존하는 중원 대륙의 중화문명을 부정하는 환상일 뿐이었다. 중화를 제아무리 외친다고 해도 조선 고유의 문명을 표방하는 자주성과는 아무런 관련이 없지 않은가.

청나라에 굴복하지 않았다고 추앙 받은 장동김문 일가의 후손이자 위대한 시인 삼연 김창흡은 1716년 청나라의 근거지인 만주와 국경을 이루는 백두산 일대를 여행했다. 이때 그가 부른 노래를 들으면 바로 저와 같은 주장이 얼마나 터무니없는 것인지 알 수 있다.

하나하나 헤아려보면 누가 영웅이란 말인가
화이華夷의 나뉨은 하늘에 달렸지
금원金元 후손들은 성쇠盛衰를 다투며

강대국을 따를 수밖에 없는 시대의 현실을 아주 뚜렷하게 알고 있던 삼연 김창흡은 물론 궁궐 안의 대보단 제사 사실도 아주 잘 알고 있었을 것이다. 그는 시대라는 현실과 자주라는 이상의 경계에서 느끼는 지식인의 고뇌를 이렇게 노래할 수밖에 없었던 게다.

대보단에서의 제사는 그로부터 이백여 년이 흐른 뒤인 1907년에야 폐지되었다. 이후 1921년, 그 대보단터에는 역대 왕의 신위를 모시는 선원전이 들어섰다. 명으로부터 벗어난 것은 의미 있는 일이지만 이미 조선은 그토록 멸시하던 일본의 식민지가 되어 있었다.

"이곳 경치를 즐기노라면 그윽한 정취에 마음이 부드러워진다"

중국 베이징의 이화원頤和園, 일본 도쿄의 가츠라리큐桂離宮와 더불어 창덕궁 후원의 금원禁苑을 동양의 삼대 정원으로 일컫는다. 금지된 정원이란 뜻을 지니고 있어 신비롭기조차 한 이곳을 일본인들은 비밀의 정원, 즉 비원秘苑이라 불렀다.

이곳 금원에서 가장 높은 곳 봉우리를 향해 뒤쪽으로 올라가면 냇물과 정자들이 어우러진 공간이 나타난다. 옥류천玉流川 정원이다. 개울과 샘물, 폭포가 흐르고 괴석과 돌다리며 갖은 정자들이 자리잡고 있다. 가장 높은 곳에 있는 청의정淸漪亭과 태극정太極亭 사이로 옥류천이 흐르는데 그 아래쪽에는 술잔을 띄워 빙글빙글 돌아가게 파놓은 바위 소요암逍遙巖이 있다. 거기에는 유상곡수流觴曲水라는 소박한 폭포가 떨어지고 있고 곁에는 소요정逍遙亭이, 부근에는 농산정籠山亭이 들어서 있다. 이곳은 왕 이외의 그 누구에게도 개방하지 않았다. 따라서 여느 화가들이 그림

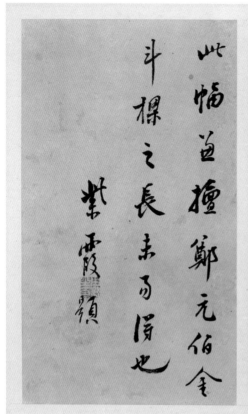

김희겸, 〈옥류천〉,

17.5×24.3, 종이, 18세기, 개인

창덕궁 후원에서
가장 높은 봉우리 쪽 방향에
위치한 공간 일대 풍경

〈동궐도〉 옥류천 부분

을 그린 적도 없다. 다만 왕의 명에 따라 제작한 〈동궐도〉에 자세하다.

2017년 경매장을 통해 세상에 처음으로 공개한 불염재 김희겸1710-1763이후의 〈옥류천〉은 그곳을 그린 유일한 실경이다. 도화서 화원으로 활동하던 김희겸이 어떤 기회를 얻어 그곳에 가본 뒤 그린 이 작품에는 자하 신위가 아래와 같은 화평을 썼다.

이 그림은 정선과 김두량의 장점을 함께 갖춘 작품으로 쉽게 얻을 수 없는 것이다

높은 점수를 매겨준 것이다. 그림에는 초가지붕을 올린 청의정이 보인다. 초가지붕에 올린 짚풀은 그해 수확한 것을 얹었다고 한다. 농본국가임을 과시하는 상징이라 할 것이다. 〈동궐도〉를 보면 청의정 앞마당처럼 보이는 모습의 논이 있는데 김희겸의 그림에는 논이 없다. 화폭을 구성함에 논이 불필요하다고 여겼던 모양이다. 그보다도 눈길을 끄는 것은 소요암과 유상곡수 폭포다. 화폭 중단에 검고 커다란 바위가 소요암이고 그 아래 마치 아파트처럼 각이 진 바위 절벽이 유상곡수 폭포이며 폭포 바로 앞에 있는 정자는 소요정이다.

〈동궐도〉를 그리도록 명령했던 순조는 '소요정이야말로 인간 세계에서 비할데 없는, 유달리 뛰어난 곳'이라 하였다. 그리고 이어 노래하기를 '그 앞으로는 술잔을 띄우고 시나 노래를 읊고 부르며 노는 유상곡수가 있는가 하면 뒤로는 우거진 숲과 밋밋하게 뻗은 대나무숲이 푸르다. 봄에서 여름으로 넘어가는 계절에 한가로이 거닐며 이곳 경치를 즐기노라면 그윽한 정취에 마음이 부드러워져서 한결 상쾌해진다'고 하였다. 순조는 홀로 누리기 아까웠던 모양이다. 신하들을 불러 다음처럼 했다.

마침내 여러 어진 선비들이 이곳 아홉 굽이 물이 흐르는 구곡지수九曲之水에 와서 편을 갈라 앉아 잔칫상을 벌여 놓고 서로 회포를 풀며 시도 읊으니 오늘에야 비로소 잔치 벗이 귀한 것을 알 수 있구나. 비록 위엄을 갖추고 예절이 엄숙하지만 술 한 잔에 시 한 수라 마음과 아담한 멋이 서로 통하니 흡족하도다.

순조는 세상을 경영하는 통치자가 신하들과 함께 어울려 베풀 수 있는 마음을 그렇게 보여주었다.

이제는 사라져 볼 수 없는 군자정

군자정君子亭은 오늘날 창덕궁 안 신선원전 서쪽 담장 너머 원서동 중앙고등학교 사이를 흐르는 북영천 위쪽에 자리잡고 있었다. 『신증동국여지승람』을 보면 북영은 창덕궁 서쪽 공북문 밖에 있고 북영 건물 남쪽으로 군자정과 몽답정이 있다고 하였다.

권신응이 그린 〈군자정〉을 보면 정자가 북영천 냇물 중간에 자리하고 있다. 그림에 써넣은 글씨를 보면 군자정을 중심으로 왼쪽 상단에 '백악'白岳, 중단의 절벽에는 '쾌궁암'掛弓岩, 오른쪽 상단 숲속에는 '대보단', 중단에 '영각'營閣이 있다.

그림 속 군자정은 냇가와 연못 위에 떠 있다. 흐르는 냇물 위에 지은 정자는 흔치 않다. 남산 필동천의 천우각泉雨閣이 그랬다. 냇가와 연못 사이에 일직선의 둑을 세우고 그 위로 아주 가늘고 긴 길을 내 군자정으로 걸어갈 수 있게 해두었다. 실제로 그림에는 군자정에 세 사람이 앉아 있고 둑 위로 두 사람이 군자정을 향해 걸어가는 모습이 보인다.

권신응, 〈군자정〉, 《북악십경첩》, 25.7×41.7, 종이, 1753, 개인
창덕궁 후원 서쪽 담장과 원서동 중앙고 사이 일대 풍경

이 그림에 등장하는 사람들의 모습만으로는 정자가 주변의 풍경을 감상하기 위한 곳으로 보이는데 수헌 유본예의 『한경지략』에 보면 군자정은 '활 쏘는 사정射후'이라고 했다. 물론 『동국여지비고』에 '연꽃 구경하는 정자'라는 말이 있으니 군자정은 활 쏘는 터에 있으면서 연꽃 피는 계절이면 연꽃 구경에 제격이었던 게다.

북영 일대에 이런 정자는 몽답정, 군자정 말고도 괘궁정까지 모두 세 개의 정자가 있었다. 이들 세 정자는 모두 활 쏘는 터에 있는 사정이다. 몽답정은 영조가 꿈 이야기를 하면서 지은 이름이고, 괘궁정은 활을 걸어둔 바위라는 뜻의 괘궁암을 따라 지었다. 군자정은 왜 군자란 이름을 가진 것일까. 어떤 기록도 없어 알 수 없지만 활쏘기가 무인들의 전유물이 아니라 학문하는 자들이 갖춰야 할 육예六藝의 하나임을 생각해야 한다.

오늘날 사라지고 없는 군자정은 『정조실록』 1781년 6월 23일자에 따르면 영조 때 붕당을 반대하는 탕평론자였던 소론당의 좌의정 학암 조문명1680-1732이 세웠다. 학암 조문명은 공평무사한 탕평의 실천 방안으로 '억강부약抑强扶弱, 시비절충是非折衷, 쌍거호대雙擧互對'를 제시했다. 노론당과 소론당 양당의 강경론자로부터 '세상을 속이고 우롱한다'는 비판을 받았는데 이에 아랑곳하지 않고서 노비종부법奴婢從父法과 같은 악법 폐지라든지, 조운수로漕運水路를 위한 안흥목安興項 개착, 상업 진흥을 위한 주전鑄錢 정책을 역설한 인물이다. 그는 즉 탁월한 경세가였다. 그런 인물이었기에 활 쏘는 터에 군자라는 이름을 붙인 정자를 세워야겠다는 발상을 할 수 있었는지도 모를 일이다.

비변사 낭청들의 축하연, 그림으로 남다

1631년 비변사 낭청 선약해1579-1643가 국서를 가지고 청나라 심양에 사신으로 다녀온 뒤 그의 공적을 치하하는 자리가 마련되었다. 선약해는『심양사행 일기』를 남긴 인물로 심양에 갔을 적에 청나라의 위력에 굴복함 없이 임무를 수행하였다고 하여 인조로부터 금으로 도금한 말채찍인 금편金鞭과 담비 모피로 만든 갑옷인 초구貂裘, 옥으로 만든 술잔인 옥배玉盃를 하사품으로 받았으며 품계도 승진되었다. 당연히 비변사로서는 경사였고 따라서 선약해를 위하여 비변사 낭청 열두 명 전원이 참가하는 모임을 만들었다. 당시 정경을 그림에 담은 것이 〈비변사 문무낭관 계회도〉다. 이 그림 속 비변사는 앞에서도 언급한 창덕궁 돈화문 앞 그곳이다.

이 그림 속 화면 상단 왼쪽 우뚝 솟은 봉우리는 응봉이며 산줄기를 따라 성벽을 그렸는데 한양성곽이다. 성곽 너머 멀리 듬성듬성 솟은 산들은 삼각산 봉우리들이다. 화면 중단 오른쪽의 건물이 비변사 건물로 그 뒤편에 있어야 할 창덕궁은 화면 밖으로 빼버렸다. 돈화문의 위용이 자칫 비변사의 모습을 짓누를지 모르니 배치를 바꿔버린 것이겠다.

열두 명의 비변사 낭청은 오늘의 주인공 선약해를 비롯해 최유해1588-1641, 심연1587-1646, 서정연1588-?, 김원립1590-1649, 이지훈1596-?, 정효종1573-?, 강진흔1592-1637, 박성오1589-1651, 김여수1600-1670, 배시량1604-1657, 정취도1596-?인데 한 사람은 지각했고 또 한 사람은 불참했던 모양이다. 행사장엔 열 명만 보이고 문 밖에 한 사람이 오고 있기 때문이다.

그림에는 모임이 열린 시기 및 그림 제작 연대를 밝히지 않았지만 1631년에 열린 것으로 추론할 수 있다. 참석자 명단에 덧붙여둔 과거 시험 경력 중 가장 늦은 배시량의 급제 연도가 1630년이므로 그 이전에는 이 그림을 그릴 수 없다. 또 생몰년이 밝혀진 참석자 가운데 가장 이른 시기에 사망한 강진흔의 사망 연도가 1637년이다. 그러므로 1630년부터 1637년 사이에 그린 것인데 비변사 낭청들이 기념할 만한 사건이 있던 해가 바로 선약해의 1631년 사행이다.

선약해는 보성선씨로 그 시조는 명나라 사람 퇴휴당 선윤지였다. 1382년 명나라 태조의 사신으로 왔다가 귀화하여 보성을 관향으로 삼아 후손을 퍼뜨렸다. 그는 또한 보성 땅에 쳐들어온 왜구를 물리쳤고 유학을 널리 보급한 인물이었다. 그러므로 그 후손인 선약해는 명을 공격하고 있던 청나라에 가서 명나라 유민의 기개를 굽히지 않은 셈이다.

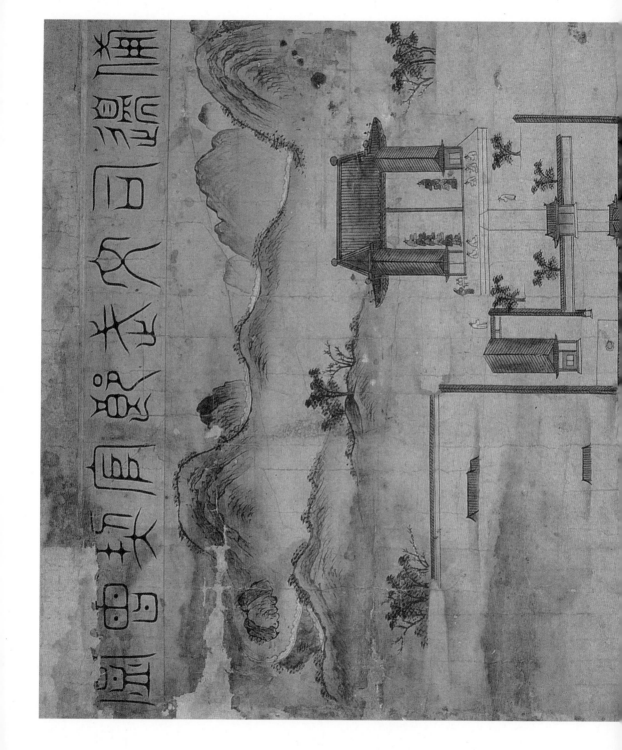

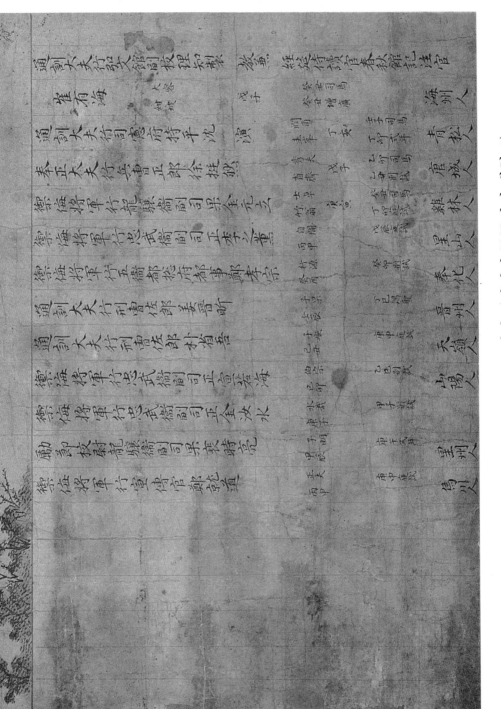

미상, 〈비변사문무낭관계회도〉, 63×107.8, 종이, 17세기, 개인

창덕궁 돈화문 오른쪽에서 북쪽을 향해 바라본 풍경

혜화문 안팎, 그곳에 남은
사람과 시절의 자취

사연 많은 혜화문, 그 시절 그 혜화문

혜화문은 동쪽의 작은 문이라고 해서 동소문이라고도 불렀다. 태조 이성계가 즉위하고 몇 해 지나지 않은 1394년 10월 한양으로 수도를 옮긴 뒤 궁궐과 성곽 공사를 독려해 1396년 완공했다. 도성을 둘러싼 성곽에는 네 개의 대문과 그 사이사이에 네 개의 소문을 만들어 사방팔방이 뚫렸다. 동소문의 첫 이름은 홍화문이었지만『증보문헌비고』를 보니 1511년에 혜화문으로 바뀌었다.

오늘날 우리가 보고 있는 혜화문은 1994년 다시 만든 것으로, 이전까지는 한동안 문이 없었다. 문을 없애버린 건 그리 오래된 일이 아니다. 조선을 강제 점거하고 있던 일본 제국이 처음으로 철거했다. 1928년의 일이었다. 철거 이유는 그저 문루가 퇴락했다는 것이었다. 상단의 문루는 1744년 어영청이 다시 짓고서 이백 년이 흘러 퇴락했으므로 수리만 하면 그만인 것을 일제는 아예 파괴했다. 십여 년이 지난 1939년에는 하단의 돌문마저 철거했다. 그리고 길을 내버렸다. 통행을 위한 조치였으나 이는 오백 년을 이어온 한양성곽을 토막 내는 짓이었고 나아가 백악산에서 응봉으로 흘러 낙산으로 넘어가 남산까지 이어진 산줄기를 동강내버리는 짓이었다. 이로써 일제는 한양의 동쪽으로 흐르는 기운을 차단했다. 이런 파괴 행위는 조선왕조 흔적 지우기에 열광했던 일제의 야만스러운 소행 가운데 하나였다.

1928년 철거를 시작해 1939년에 완전히 사라져버린 혜화문은 1994년 다시 들어섰다. 삼선교에서 혜화동으로 넘어가는 고갯길 옆에 담장을 만들고 그 위에 세운 문이 바로 혜화문이다. 애초 혜화문의 중요성은 무엇보다도 국토의 활력을 불러일으키는 통로라는 데 있다. 6대 간선도로는 국토의 대동맥인데 혜화문은 바로 그중 제2대 간선도로를 잇는 관문이었다. 이 길은 한양에서 의정부로, 그리고 함경도 경흥까지 이어진다. 항상 닫혀 있던 북대문 숙정문으로 인해 혜화문의 역할은 더욱 중요했다. 동북 지역의 물산과 인력이 대거 혜화문으로 몰렸던 게다.

혜화문을 거쳐 성 밖으로 나가면 삼선교가 나온다. 이곳은 성북의 세 선녀 놀이터이기도 했고 또 세 화랑의 훈련터이기도 했다. 이곳을 지나면 두툼해 의젓한 바위가 많은 동네라고 해서 돈암동이며 안암동이 나온다. 성북에서 흘러내리는 냇가인 성북천을 따라 마을이 펼쳐져 있는데 이곳은 이제구李齊九란 사람의 말처럼 개울이며 숲이 '서로 어울려 한 폭의 그림을 이루었다'고 할 만큼 아름다웠다. 아름답기만 한 게 아니다. 뽕나무며 복숭아에 능금밭이 냇물을 따라 굽이굽이 즐비하고 소나무와 대나무가 울창하여 온갖 새들이 제집인 양 모여 들던 평화로운 땅이었다.

혜화문 천장에는 다른 문과 달리 봉황을 그려놓았다. 다른 문에는 용을 그렸는데 어찌하여 유독 여기에만 봉황을 앉혀두었는지 알 수는 없다. 다만 봉황 또한 용과 마찬가지로 새 중의 왕이니 왕의 성을 출입하는 문을 상징하는 그림이라는 사실엔 변함이 없다 하겠다.

겸재 정선은 예순아홉 살 때인 1744년 혜화문에 문루를 세우는 공사 현장을 보았을 것이다. 그런데 그가 혜화문을 그린 작품 〈동소문〉에는 문루를 그려넣

혜화문 안팎, 그곳에 남은 사람과 시절의 자취

정선, 〈동소문〉, 16.7×18.1, 비단, 18세기, 고려대박물관

혜화로터리에서 삼선교로 넘어가는 길을 향해 바라본 풍경

지 않았다. 1744년 이전의 모습을 그린 셈이다. 지금과 달리 높고 험한 성문 풍경이다. 1939년 일본 사람들이 도시 계획을 한답시고 고개를 헐어내고 평지를 만들어버려 오늘날 높은 산을 넘어가는 정취는 사라졌지만 이 그림을 보노라면 창덕궁 뒤쪽 응봉에서 대학로 뒤쪽 낙산으로 흐르는 줄기가 이토록 아름다웠구나 싶다.

심은 지 오백 년, 여전히 창창한 성균관 은행나무

태조 이성계가 조선을 개창하면서 설치한 국립대학 성균관은 국가 최고 학문기관으로 문묘와 대성전, 명륜당이 근간을 이룬다. 문묘와 대성전은 공자기원전 551-479와 그 후예를 추모하는 공간이며, 명륜당은 강학하는 곳이다. 그린 이를 알 수 없는 저 〈성균관〉은 남인당 출신의 영남학파 영수 우복 정경세1563-1633의 후손 가문이 소장하고 있는 《성정계첩》聖庭契帖에 포함된 작품이다.

성스러운 사람들의 정원이란 뜻을 지닌 '성정'聖庭은 문묘의 다른 이름으로 공자를 제사하는 공간이다. 《성정계첩》은 1610년 다섯 분의 현자로 존경 받던 오현五賢을 문묘에 모시던 때 영광스럽게도 참석을 허락 받아 집사로 참가한 인물들이 그 일을 기념하려고 만든 기록이다. 오현이란 1498년에 일어난 무오사화 때 화를 당한 한훤당 김굉필1454-1504과 일두 정여창1450-1504, 기묘사화 때 화를 당한 정암 조광조와 회재 이언적1491-1553, 을사사화 이후 화를 당한 퇴계 이황 등을 함께 일컫는다. 이들 오현을 대성전에 모실 때 참석한 인물은 우복 정경세를 비롯하여 모두 서른여덟 명이었다.

오현을 문묘에 모시기까지는 오랜 세월이 흘렀다. 그 전부터 네 분을 문묘에 종사해야 한다는 여론이 상당했는데 이루어지지 못하다가 퇴계 이황이 별세하자 1571년에는 이황을 포함하여 다섯 분을 종사해야 한다는 주장이 터져나왔다. 그

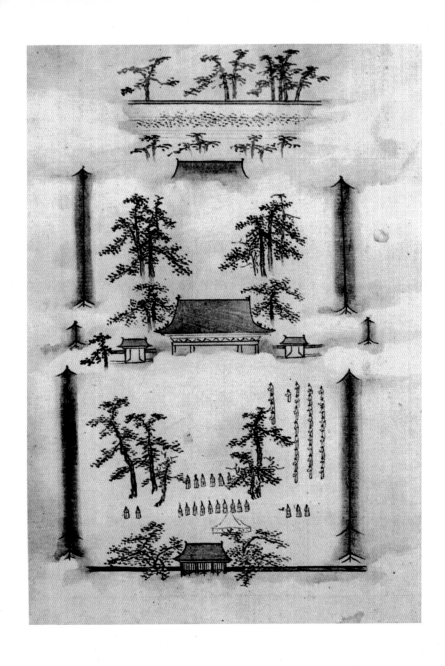

미상, 〈성균관〉, 《성정계첩》, 28×41.5, 종이, 17세기, 진주정씨우복종택
성균관대 정문 오른쪽에 자리잡은 성균관 풍경

뒤로도 주장은 계속되었지만 임진왜란과 같은 국가 재난으로 말미암아 자취를 감추었다가 드디어 광해 왕이 저 다섯 분을 문묘에 종사했던 것이다. 우복 정경세는 이에 즈음하여 자못 감격의 목소리로 다음처럼 기록하였다.

눈으로 보니 천 년간에도 드문 성거盛擧였다. 또한 이 자리에 설 수 있는 집사가 됨에 영광스러움과 기쁨이 깊었다. 그 연월을 기록하고 성명을 나열해 적고 그림을 그려넣어 자손들에게 남겨 미담이 되게 하는 것이 또한 가능하지 않겠는가.

문묘에 봉안된다는 것은 성인과 현자의 반열에 이르렀음을 의미한다. 그러므로 봉안에 이르기까지는 절차가 매우 까다로웠다. 정조 때 대체로 완성되었는데 공자와 더불어 5성五聖, 10철十哲, 6현六賢을 포함한 공자의 72제자 및 현인賢人 그리고 조선의 18현十八賢까지 모두 112위位를 봉안하였다.

그림 〈성균관〉의 복판에 가장 큰 건물이 공자를 모시는 대성전이고 대성전 앞마당 양쪽 세로 지붕은 각각 동무東廡와 서무西廡로 현인들을 모시는 건물이다. 그림의 상단에 지붕만 보이는 건물이 강학을 하는 명륜당이다. 명륜당 앞마당 양쪽 세로로 그려놓은 건물 지붕은 동재東齋와 서재西齋로 학생들이 머무는 곳이다. 그리고 화폭 곳곳에 울창한 나무들이 아름다운데 아마도 이것은 은행나무가 아닌가 한다. 1519년 한훤당 김굉필과 문인으로 폭넓은 존경을 받았던 인물인 성균관 대사성 평와 윤탁1472-1534이 식수하여 오백 년이 넘은 지금도 생명이 여전한데 그림을 그리던 무렵엔 은행나무가 여러 그루 있었던 모양이다.

이곳 문묘에는 모두 열여덟 명의 조선 현인을 모셨다. 동무에는 설총·안향·김굉필·조광조·이황·이이·김장생·김집·송준길을, 서무에는 최치원·정몽주·정여창·이언적·김인후·성혼·조헌·송시열·박세채를 모시고 있다. 그런데 그 명단은 잘 고른 것이라고 할 수 없다. 사림의 종장으로 추숭 받는 점필재 김종직 1431-1492은 물론 임진왜란 때 숱한 의병장을 길러낸 위대한 스승 남명 조식이나 18세기 학술의 위대한 스승 성호 이익이 빠졌다.

오늘날 성균관은 성균관대학교에 포위당해 있는 형세다. 간혹 상상하곤 한다. 주인 노릇을 하고 있는 기업 삼성이 이 대학을 국가에 기증하면 어떨까. 이를 받은 대한민국이 국립성균관대학을 곧장 인문학의 요람인 문리과대학으로 전환하여 철학과 예술 그리고 미래를 탐구하는 21세기 학문의 전당으로 육성해나간다면 어떨까. 그저 꿈이라도 좋은데 꿈이기만 하니 또 안타깝다.

임금님, 동대문에 납시었네

1760년 4월 9일, 영조는 동대문 남쪽에 있는 오간수문 위에 몸소 나아갔다. 오간수문은 동대문 옆을 흐르는 청계천 물길을 막은 뒤 쇠창살로 만든 문을 달아 사람은 막고 물만 빠지도록 설계한 특별한 문이다.

오간수문에 왕이 나온 까닭은 무려 오만 명의 인부와 십오만 명의 백성을 오십칠 일 동안 동원한 대규모 토목공사인 준천濬川 사업을 격려하기 위해서였다. 준천 사업은 조선의 도성인 한양 역사에서 대단한 사건이었다. 오늘날 청계천이라 부르고 있는 개천은 둑을 쌓고 다리를 놓은 뒤에도 퇴적물이 계속 쌓였다. 그럼에도 이를 거둬내는 준설 공사는 1412년 태종이 실시한 이래 오랫동안 방치해온 터였다. 게다가 도성의 백성들이 오염물을 투척하면서 개천은 이루 말할 수 없는 최악의 하수로 전락해 있었다. 흙과 모래가 쌓여 평지와 높이가 같아졌고 장마 때면 썩은 물이 넘쳐들어 주변 일대 가옥과 인명의 피해는 끝 가는 줄 몰랐다.

워낙 궁궐 밖으로 돌아다니기를 좋아하던 영조가 이런 상태를 주목했다. 그는 이를 고치고 싶었고 따라서 공사를 일사천리로 밀어붙임에 모든 이의 찬사가 그치지 않았다. 영조 스스로도 훌륭한 일이었음을 알고 있었고 그래서 스스로 기특했는지 이렇게 공사 현장에 나아가 지켜보았던 것이다.

천막을 드리운 위쪽으로 영조가 어좌에 자리하고 그 양쪽으로 비변사와 준천사의 신료들이 줄지어 앉거나 서 있다. 아래쪽 가운데로 개천 바닥에 일꾼이 소를 몰며 흙을 파내는데 세 명씩 한 조를 이뤄 가래질을 한다. 일꾼 양옆으로는 행사 참여자들이 줄지어 구경하고 있는데 양쪽으로 음식을 준비하여 일꾼들로 하여금 힘내도록 장려하는 모습이 갸륵하다. 『영조실록』에는 이날 영조가 종묘에 나가 큰 제사를 마치고서 이곳으로 나아가려 하였는데 비바람이 거세게 몰아쳤다고 한다. 신료들은 그만 환궁할 것을 간청했지만 영조는 이를 물리치고 나아갔다 하니 왕의 고집도 고집이지만 이 사업을 그가 얼마나 중시했는가를 보여준다. 공사를 마친 뒤 영조가 관계자들을 불러 모아 그 공로를 치하한 것도 이런 연유였다. 앞에서 이미 살펴본 〈영화당 친림사선도〉가 바로 그 장면을 그림으로 남긴 것이다. 영조는 사업을 마친 뒤 명령을 내렸다.

도화서에서 화첩을 만들어 한 책은 궁궐에 들이고 대신들도 한 책씩 나눠
갖도록 하라

이 명을 받들어 《어전준천제명첩》 여러 권이 제작되었다. 함께 제작된 화첩은 캘리포니아대학교 동아시아도서관 아사미 컬렉션Asami collection을 비롯하여 서울대규장각 등에도 전하고 있는데, 함께 보고 있는 이 그림은 〈영화당 친림사선도〉와 함께 부산광역시립박물관 소장품으로 〈수문상친림관역도〉水門上親臨觀役圖라 이름 붙여져 있다.

그림 상단 왼쪽 구석에 동대문 문루가 보이고 복판 성벽 개천이 흐르는 위로

미상, 〈수문상친림관역도〉,

《어전준천제명첩》, 43×34, 비단, 1760, 부산광역시립미술관

동대문 바로 옆 오간수문 풍경

다섯 개의 문이 뚫린 오간수문이 있다. 조선 개국 초 만든 이래 육백여 년을 이어오던 오간수문은 세상이 바뀌면서 파괴당했다. 1907년 4월 대한제국 토목국이 물길의 흐름을 빠르게 한다며 오간수문 철문을 뜯어냈다. 이어 1908년 3월 성벽처리위원회가 동대문 남북쪽 성벽을 허물면서 오간수문 성벽도 파괴했다. 철거한 자리에는 다리를 놓았는데 이때부터 오간수문은 오간수교로 바뀌었다.

청계천도 기구한 운명이긴 마찬가지였다. 1958년 시멘트로 덮어버려 어두운 지하굴로 바뀌고 말았으니 말이다. 그 시멘트를 벗겨낸 건 2005년의 일이다. 덮었던 사람과 벗겨낸 사람이 같으니 묘하다. 시멘트로 덮는 이른바 복개공사를 담당했던 이는 누구도 아닌 이명박1941- 전 대통령이었다. 훗날 서울시장에 당선된 그가 스스로 시멘트를 거둬낸 셈이 되었으니 묘하다고 할 수밖에. 하지만 청계천으로 흘러드는 모든 물길 상류는 여전히 시멘트로 덮어둔 채였다. 그러니 오늘의 청계천은 그저 파여 있는 땅일 뿐이다. 냇물이란 신기한 것이어서 덮어놓으면 물이 흐르지 않고 땅 속으로 스며든다. 해서 저 전직 서울시장은 매년 일백억 원이 넘는 돈을 들여 한강물을 강제로 끌어다 퍼부어 흐르게 했다. 청계천에 흐르는 물은 그러니 제 물이 아니다. 청계천은 물이 흐르는 시내가 아니라 한강물을 퍼부어 흐르는 듯 보이게 하는 대규모 어항일 뿐이다. 일백억 원짜리 대형 어항을 만든 시장은 2008년 대통령이 되었는데 그는 또 수수만년을 흐르던 낙동강이며 영산강, 금강, 한강을 파헤치고 댐을 만들어 강 곳곳을 두들겨 막아버렸다. 흐름이 막혀 물은 썩고 강가의 은모래, 금모래는 오간 데 없어졌으며 온갖 동식물의 천국인 늪지 또한 사라지고 말았다.

정선의 그림으로 더듬어보는 이 땅의 정경

동대문은 홍인지문興仁之門이란 이름을 갖춘 수도 한양의 동쪽 관문이다. 태조 이성계가 1396년 9월 완공하여 오늘에 이르기까지 육백여 년 동안 견디고 있는데 그 모습이 정교하고 섬세한 아름다움을 갖추고 있어 보물 제1호가 되었다. 그곳을 지나칠 때면 역사의 향기 그대로 그윽하련만 감싸고 있는 주위 풍경이 너무도 혼잡하여 감흥은커녕 안쓰러운 아픔은 나만 느끼는 게 아닐 게다.

대한제국 시절인 1898년 고종은 서대문에서 동대문을 거쳐 청량리에 이르는 도로 복판에 전차를 가설했다. 그럼에도 동대문은 의연히 훼손당하지 않은 채 수도를 방어하는 위엄 그대로였다. 그러나 1907년 박제순1858-1916이며 이완용 1858-1926 따위 친일분자가 포진한 내각이 들어서서 고종을 강제로 퇴위시키던 바로 그때 동대문 양쪽 성벽을 철거했다. 지금 동대문이 날개를 꺾인 채 홀로 외톨이가 된 것은 바로 이때 일이다.

이에 비해 동묘라고 부르는 동관왕묘는 옛모습 그대로다. 묘의 주인 관우는 중국 후한시대 사람이다. 공자의 묘를 문묘文廟라고 하고 여기에 대응하여 관우의 묘를 무묘武廟라 할 만큼 관우는 뛰어난 무사였고 세월이 흐르면서 전쟁의 신으로 추앙 받았다. 그런 관우의 묘가 조선 땅에 세워진 것은 오로지 임진왜란 덕분이다. 서관왕묘는 전쟁 중이던 1598년 4월 남산 기슭 용산구 복숭아골 다시 말해 후암동에 들어섰다. 명나라 장군 진린陳璘이 전투 중 관우가 나타나 승전할 수 있었다고 하여 세웠다. 이어 1602년 봄에 세운 것이 동관왕묘인데 이는 명나라 신종이 1596년에 건립을 요구하는 조서와 함께 보내온 건립기금 사천금으로 세운 것이다. 여기에 그치지 않았다. 비슷한 시기에 경북 성주와 안동에서도 관왕묘를 세웠는데 모두 명나라 군대가 주둔했던 지역이다.

명나라 사신으로부터 관왕묘 설치 요구를 받아든 조선 제일의 천재 교산 허균은 선조에게 허락을 얻어 동대문 밖 평지에 쌓아 만든 조산 근처에 건설을 추진하였다. 본시 이 조산은 동대문 밖 연못인 동지 쪽 땅이 낮고 습하여 방비가 허약함을 보충하려 한 봉우리였다. 허균은 동관왕묘 비석에 「관왕묘비」란 글을 남겨 여기에 건설의 과정을 밝혀두었다. 먼저 공조로 하여금 산에서 재목을 베어오고, 쇠를 다루는 기구와 기와 굽는 기구 및 기술자를 모아 착수했다고 밝혔다. 이 공사는 1600년 겨울에 시작해 1602년 봄에 마쳤는데 일백여 칸에 이르는 건물 내부의 그림이나 조각상은 물론 모든 시설을 중국 형식으로 한 끝에 성대한 낙성식을 하였다고 기록했다. 그리고 교산 허균은 조선 최고의 시인답게 관우를 찬양하되 아주 덤덤한 말투로 「관우 송시」를 지어올렸다.

> 저 왜국 평정하여
> 우리 나라 되찾아주셨기에
> 이제 우리가 평안해졌으니
> 그 높은 훈공 어찌 잊으리

1746년경 일흔한 살의 겸재 정선이 그린 〈동문조도〉東門祖道는 동대문에서 동관왕묘를 지나 멀리 왕이 직접 농사를 지었던 논밭인 전농동이며 용과 말이 뛰놀던 용마봉에 아차산까지 그린 작품이다. 작품 제목의 '조도'祖道란 누군가를 떠나보낼 때 도로의 신에게 올리는 의식을 뜻한다. 다시 말해 〈동문조도〉는 동대문 밖 동관왕묘에서 어떤 사람과 헤어지고서 그린 이별의 그림인 것이다.

화폭 하단을 가로지르는 동대문 성곽이 아름답고 그 양옆으로 펼쳐놓은 집들이며 논밭과 연못이 그 시절 사람살이 내음을 전해준다. 남쪽으로 뻗어내린 성벽엔 둥글게 뚫어놓은 다섯 개의 오간수문이 한껏 멋을 내고 있다. 하지만 그건 그림 속 풍경일 뿐이고 지금은 온통 시멘트로 발라놓은 청계천만이 살풍경스러울 뿐이다.

정선, 〈동문조도〉, 22×26.7, 모시, 18세기, 이화여대박물관

종로6가 동대문 성곽공원 내 한양도성박물관에서 동묘 방향을 바라본 풍경

오간수문 바로 아래 청계천변은 1899년 전차 개통과 더불어 동대문발전소를 세웠던 땅으로 전차가 다니던 1968년까지도 전차 차고가 자리잡고 있었지만 지금은 온통 시장터로 변해버렸다. 그림 속을 거닐면 떠오르는 추억이야 수도 없겠지만 동대문 밖 바로 왼쪽 복숭아며 앵두나무가 늘어선 낙산 기슭에 옹기종기 모여 있는 집들 사이 자리잡고 있던 상춘원常春園이 어른거린다. 1912년 천도교단이 구입한 큰집 상춘원은 1919년 1월 위창 오세창1864-1953, 우당 권동진1861-1947이 교주 의암 손병희1861-1922와 함께 모여 독립운동을 계획한 3·1민족해방운동의 산실이었다. 떠오르는 자취는 또 있다. 1923년 1월 12일 독립운동 탄압의 전위인 종로경찰서에 폭탄을 투척, 응징한 김상옥1890-1923 열사가 태어난 집이 바로 상춘원과 동대문 사이 그 어디쯤이기도 하다.

효종의 북벌, 숭무정책에 맞닿은 서울의 말 목장

〈마장-진헌마정색도〉馬場進獻馬正色圖는 전국의 목장을 모은 《목장지도》 첫 장에 실려 있는 그림이다. 지금 성수대교 남단에서 한강 건너 북동쪽을 바라보는 풍경으로 그림의 상단에는 멀리 아차산이 어깨를 쫙 편 채 우아함을 자랑한다. 하단 한강변에 뚝섬을 그려두고 지명을 표기해두었다. 오른쪽 중단에 화양정華陽亭을 높은 곳에 크게 그려두었고 왼쪽 하단에는 응봉을 거대한 바위로 그린 뒤 바로 그 아래 중랑천을 가로지르는 살곶이 다리를 아름답게 그렸다.

이 그림의 주인공은 드넓은 살곶이 벌판을 자유롭게 노니는 스물한 마리의 말이다. 흰색, 검은색, 회색, 노란색으로 각양각색의 말들이 어울려 노니는데 새끼를 품은 말, 서로 목을 부비는 말, 내달리는 말, 나뒹구는 말, 다소곳이 앉아 있는 말, 물가에 나란히 서서 물장난 치는 말 등의 모습이 무척이나 활기에 넘친다.

내용도 내용이지만 그 형식에서도 뛰어난 구도를 갖추고 있는데 옆으로 긴 타원 구도로 설정하고서 그 타원을 빙 둘러 조그만 사각형 표식을 마치 성곽처럼 촘촘하게 그려두어 생기가 돌게 장식했다. 화폭 위쪽에는 아차산, 왼쪽에는 중랑천과 응봉, 오른쪽에는 화양정, 아래쪽에는 옆으로 길게 늘어선 방풍림, 복판에는 벌판에서 뛰노는 말들을 배치하여 변화와 안정의 완벽한 조화를 꾀했다.

유능한 광해 왕을 쫓아내고 왕위에 오른 왕 인조는 청나라에 항복한 뒤 두 아들 소현세자와 봉림대군1619-1659을 인질로 보냈다. 이후 귀국한 소현세자를 죽음으로 내몬 뒤 봉림대군을 세자로 책봉했다. 그 봉림대군이 뒷날 제17대 왕위에 오른 효종1619-1659이다. 효종은 멸망한 명나라를 숭배하면서도 강대국으로 성장하고 있는 청나라를 배격하는 사상을 갖고서 이른바 북벌정책을 추진하였다. 이를 위해 군사력을 중시하는 숭무정책崇武政策을 채택한 그는 군비확장을 실행했다. 1652년 8월 모화관에서 무관을 뽑는 시험인 관무재를 친히 실시하고, 네덜란드인 하멜Hendrick Hamel ?-1692을 1654년 훈련도감에 배속해 성능을 개선한 새로운 조총을 제작토록 하였다. 또한 1655년 9월 29일 노량진에서 일만삼천 군사의 위용을 시험하는 열무식에 몸소 참석하였다. 열무식은 세자와 문무백관, 도성 시민과 사대부 가문의 여성까지 참여하여 장관을 이루었다.

이러한 상황에서 서예 분야 동방제일명가인 미수 허목1595-1682이《목장지도》를 제작했다. 미수 허목은 중국이 아닌 독립된 조선 중심의 세계관을 지닌 인물이었다. 그가 저술한 역사서인『동사』를 보면 일본을 조선의 제후국으로 편제하였다. 조선 중심의 세계 질서를 보여주는 일면이다. 그런 그였기에 효종의 북벌과 숭무정책을 적극 지지하였고, 숭무정책의 일환으로 말을 기르는 목장에도 깊은 관심을 기울여《목장지도》를 편찬했던 게다.

이 지도에 나타나는 목장은 아차산 아래 면목동, 중곡동, 송정동, 화양동, 성수동 일대에 자리를 잡았다. 이곳을 살곶이벌 다시 말해 전관평이라 불렀는데 무

미상, 〈마장 - 진헌마정색도〉, 42.2×30, 종이, 1678, 국립중앙도서관

성수대교 남쪽 하늘 높이 떠올라서 한강 건너 북동쪽을 한눈에 바라보는 풍경

銀騣尾...
黑騣尾次白
鐵騣尾青　古筆
四明馬
青白騣　粉...
淡白...
豹騣者...
青色駃馬黃馬...
赤色...多白色...
黑色...沙色...
栗色...灰色...

陽華
池
井
南
廣津
新川
月　月　月　月

華陽亭

池
井

척 넓은 땅이었다. 중랑천 건너편으로는 경계 지대를 벗어나 있지만 사근동, 마장동과 용답동, 장안동, 답십리동 또한 인근 마장으로 장안벌 다시 말해 장안평이라는 벌판이 펼쳐져 있었다. 동 이름에서도 면목동 또는 마장동이라고 불렸던 건 말을 기르는 목장이라는 뜻에서였다.

이곳에서 가장 이름 있는 건 마조단터와 살곶이다리 그리고 화양정이다. 태조 이성계는 살곶이벌에 마장을 개설하고 행당동 중랑천변에 마조단을 설치해 말의 조상에게 제사를 지내게 했다. 그뒤 세종이 이곳에 와보고 교통이 불편하다고 하여 지금 행당동에서 성수동 뚝섬으로 건너는 곳에 살곶이다리를 개설하도록 하였다. 길이 구십오 미터나 되는 돌다리로 당시 최대 규모였다. 언젠가 폭을 넓히려 중간에 시멘트로 이십칠 미터가량을 늘려 옛 기운이 줄었지만 장대함은 여전하다.

세종은 말이 뛰노는 장관을 한눈에 볼 수 있을 높은 지대에 정자를 짓도록 했다. 그 정자 이름이 화양정이고 오늘의 화양동은 그 이름에서 따왔다. 단종이 영월로 유배 갈 적 이 정자에서 하룻밤을 묵었는데 다시 돌아올 것을 꿈꾸던 이들이 정자 이름을 회행정回行亭이라 고쳐 불렀다는 전설이 있다.

18세기가 끝나갈 무렵 누군가가 그린 〈동대문외 마장리馬場里〉가 국립중앙박물관 소장품으로 전해오고 있다. 그림인 듯 지도인 듯 아주 흥미롭다. 화폭 하단은 화양정과 그 아래 마장을 관리하는 관청인 마장원 전경을 그렸고 중단은 왼쪽에 마조단, 맨 위에 삼각산과 도봉산, 오른쪽에 용마봉과 아차산을 마치 성곽처럼 두르고 그 안쪽으로 울타리를 아주 둥글게 쳐 이곳이 말들의 터전임을 알 수 있게 해두었다. 산수와 지도를 위아래로 배치하여 어떤 형식도 아닌 오로지 이것뿐인 아주 특별한 그림이다.

화양정이든 회행정이든 그 정자는 홀로 제자리에서 버티다가 1910년 7월 번갯불에 무너졌는데 그로부터 한 달 뒤 나라마저 무너지고 말았다.

임금이 근심을 잊었노라, 망우리고개에 얽힌 전설

〈태조 망우령 가행도〉는 조선을 건국한 태조 이성계의 행렬을 그린 거의 유일한 역사화다. 이 그림은 의령남씨 가문에서 제작한 화첩《경이물훼첩》敬而勿毁帖에 포함되어 있는데 건국 시조를 그린 역사화가 그 가문의 화첩으로 전해 내려오는 까닭은 다음과 같다.

이성계는 자신이 죽으면 누울 땅인 수릉지壽陵地를 지정했다. 그곳은 이미 의령남씨 남재1351-1419의 묏자리였다. 일찍이 남재가 선택해두었던 땅으로, '강만국세'崗巒局勢라는 아주 훌륭한 길지였다. 그 땅을 이성계가 자신의 묏자리로 정해버린 것이다. 그래놓고 미안했는지 이성계는 무학대사를 시켜 남재의 묏자리를 알아보라고 했다. 그러자 의령남씨 가문은 왕실과의 특별한 인연을 세상에 드러내고자 바로 이 〈태조 망우령 가행도〉를 제작했다.

화폭의 왼쪽에는 이성계가 봉긋하게 솟아오른 검암산儉岩山 자락 바로 아래 건원릉터에 앉아 주위를 살펴보는 장면과 더불어 망우리고개를 넘어 귀경하는 행렬을 그렸고 화폭 오른쪽에는 구릉산에서 아차산으로 이어지는 오늘날의 망우리공원 일대를 그려두었다. 화폭 상단 멀리로는 불암산이며 수락산이 아득하여 아름답다.

전해오는 이야기로는 이성계가 자신이 잠들 수릉지를 정한 뒤 한양으로 귀경하는 길목의 고개를 넘을 때 '이제야 모든 근심을 잊겠노라' 하였으므로 걱정을 잊어버리는 고개란 뜻의 망우령忘憂嶺이란 이름을 이 고개에 붙였다고 한다. 오늘날 망우리고개란 이름이며 그 옆 망우리공원이란 명칭은 모두 그로부터 유래한다.

그런데 이 모든 이야기는 뒷날 지어낸 것이라고들 한다. 그 기원을 찾아가보면 1600년 11월 9일 영의정 백사 이항복이 태조의 능인 건원릉을 답사하고 돌아와 아뢰는 말로부터였다. 이항복은 1394년 태조가 몸소 무학대사를 데리고 다니

　　　　　　　　　　　혜화문 안팎, 그곳에 남은 사람과 시절의 자취

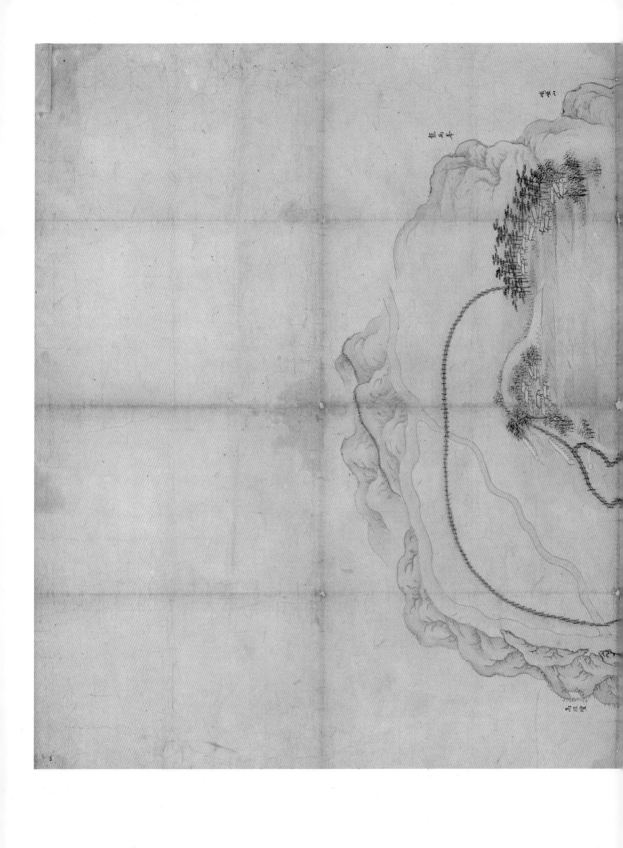

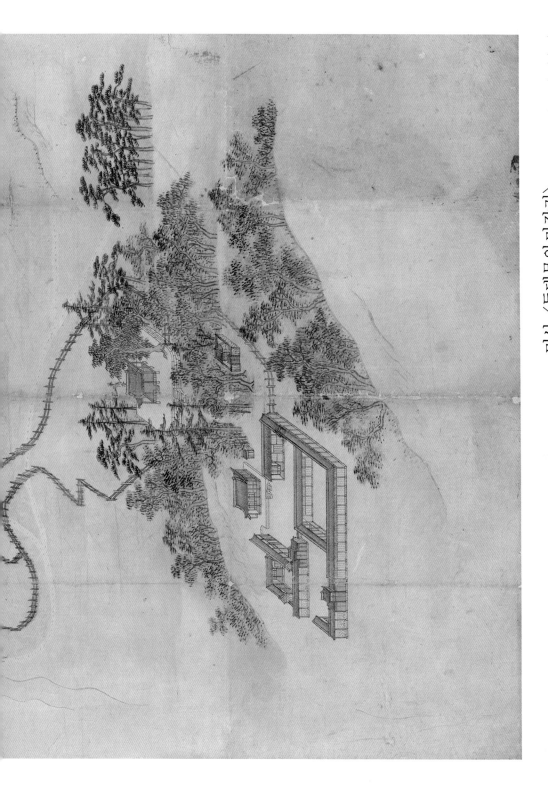

마상, 〈동대문외 마장리〉 72×118, 종이, 18세기, 국립중앙박물관

성수대교 남쪽 하는 높이 뜨들이 마을라서 한강 건너 북동쪽을 한눈에 바라보는 북경

미상, 〈태조 망우령 가행도〉, 《경이물훼첩》, 57×41, 종이, 19세기말, 국립문화재연구소

동구릉과 망우리고개와 망우리 공원 일대 풍경

다가 이곳을 발견해 수릉지로 정했다고 아뢰었다. 그러나 태조 이성계는 사랑하던 신덕왕후가 젊은 나이에 세상을 떠나버리자 지금 중구 정동을 선택해 정릉이라 이름 지은 뒤 자신도 사후 이곳에 묻어달라고 했다. 그러니까 지금 동구릉에 자리잡은 건원릉을 몸소 선택했다는 건 뒷날 만들어낸 이야기일 뿐이다.

태조 이성계가 1408년 5월 창덕궁 별전에서 승하하자 당시 왕위에 있던 태종 이방원이 영의정 하륜1347-1416으로 하여금 태조의 능침을 보러 다니라고 하였다. 경기도 일대를 탐사하던 중 결국 6월에 지금의 건원릉을 발견했다. 이상의 이야기를 재구성해보면 저 동구릉의 건원릉을 택지한 건 태조가 아니라 태종이었고 따라서 망우리고개란 이름도 태조의 탄식이 아니라 태종의 탄식이었다.

태조가 근심을 잊어버렸다는 고개의 길목 저쪽에 동구릉이 터를 잡았고 이쪽에 망우리공원이 자리하고 있다. 망우리공원은 1933년에 개설하여 1973년에 이만구천 기의 묘소가 들어섬으로써 더 이상 들어설 자리가 없어졌다. 이제는 묘역이라기보다는 공원처럼 바뀌었고 특히 의미 있는 생애를 살아간 인물들이 잠들어 있어서 망우리공원 답사 안내책인『그와 나 사이를 걷다』가 나왔을 정도다. 내가 사랑하는 세 분의 미술가들 또한 이곳에 잠들어 있다는 것을 알리고 싶다. 이인성1912-1950, 이중섭1916-1956, 권진규1922-1973가 그들이다. 전쟁의 와중에 어이없이 죽어간 요절 천재 이인성, 전후 난민의 세월을 살다가 참혹하게 스러져간 이중섭 그리고 탐욕의 미술계로부터 소외당해 스스로 목숨을 거둔 비운의 천재 권진규가 여기 잠들어 있다.

혜화문 안팎, 그곳에 남은 사람과 시절의 자취

강세황, 〈남산과 삼각산〉

심사정, 〈남산에서〉

김홍도, 〈남소영〉

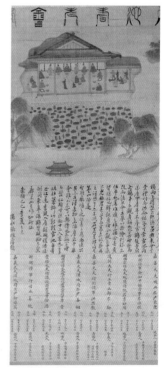

이기룡, 〈남지기로회도〉

미상, 〈송현에서 바라본 백악산〉

권신응, 〈아계동〉

김윤겸, 〈청파〉

06

남산 위 저 소나무,
용산에 흐르는 역사

김윤겸, 〈천우각〉

미상, 〈만리창 연지주유도〉

세월 흐른 지 오래,
그리는 마음 지니고 남산을 바라보네

사연 많은 장충단공원, 항일의 땅이 되다

오군영은 어영청 소속 수도방위 군부대의 하나로 오군영 예하 남소영은 오늘날 동국대학교 옆 장충단공원에 있었다. 남소영南小營은 남쪽의 작은 병영이란 뜻을 지닌 이름과 달리 일백구십네 칸의 대규모 청사를 갖추고 있었으며 영내에는 쉰두 칸의 화약고와 북쪽으로 일백삼십칠 칸의 거대한 창고인 남창을 거느린 대규모 부대였다.

기껏 어영청의 말단 분영에 불과한 남소영이 이런 규모를 갖춘 까닭을 이해하려면 어영청 창설 당시를 돌이켜 보아야 한다. 인조는 즉위하자 곧바로 청나라를 정벌하겠다는 목적을 내세웠고 이를 위해 설치한 군영이 어영청이었다. 하지만 청나라 정벌은 명분일 뿐이었다. 명나라를 멸망시키고 중원 대륙의 새 주인으로 떠오르던 강성한 군사대국 청나라 정벌이란 그저 허황된 꿈일 뿐이었다. 왕위에 오른 이듬해 이괄이 군사를 이끌고 한양을 향해 진격해오자 충청도 공주까지 도주했던 인조였다. 인조가 도주하는 길에 개성유수 이귀는 기껏 이백육십 명의 병사를 모집해 호위군을 편성했는데 이 부대가 내건 깃발이 어영사御營使였다. 어영청이란 그러므로 허상이었다. 북벌은커녕 두 차례에 걸친 침략에 거듭 패배했다. 첫 번째 침략을 당했을 때는 숱한 민인을 희생시킨 뒤 청 앞에 무릎을 꿇었다. 이후 청나라를 형님으로 모시겠다고 약조했다. 문제는 그 다음이다. 무릎을 꿇고 약속을 했으면 지켜 나라의 안전과 번영을 꾀하거나 그러고 싶지 않다면 방비를 튼튼히 할 일이었다. 인조는 아무런 대비책을 마련하지 않았다. 그저 청나라를 멸시만 하다가 십 년 뒤 두 번째 침략을 당했다. 이번엔 아예 신하를 자처하며 주군으로 모시겠다는 항복 서약을 하고서야 비로소 용서를 받을 수 있었다. 어영청은 왜 설치했는지, 명분으로 내세운 북벌의 꿈은 무엇이었는지, 강대국 청나라를 무엇을 믿고 무시했는지, 방어책은 왜 세울 생각조차 하지 않았던 것인지 이유조차 모를 정도로 인조는 무능한 지도자였다.

어영청이 비로소 조선 군대의 대본영으로 우뚝 선 것은 효종 때였다. 효종은 1652년 이완1602-1674 장군을 어영대장으로 임명하고 어영청을 북벌의 본영으로 삼았다. 그러나 북벌은커녕 군대를 국경으로 이동시켜본 적도 없었다. 신하들은 북벌 시비만 일삼을 뿐 대책에는 관심이 없었다.

이렇게 무능한 모습이라고 해도 외형은 그럴듯하여 어영청은 한 시대를 호령했다. 본영은 종로구 인의동 그러니까 종묘 옆 원남동 사거리와 종로4가 사거리 사이에 자리를 잡고 일대에 위용을 자랑했다. 남소영 역시 대규모 군영으로 위세를 뽐내기는 마찬가지였다. 청나라 정벌이 허풍이라는 건 삼척동자도 아는 사실이었지만 그나마도 효종 이후 어느 군주도 그런 꿈을 꾸지 않았다. 그렇게 국고만 낭비하던 터라 고종은 1894년 어영청을 폐지했다. 북벌의 꿈은 이로써 영원히 사라지고 말았다.

남산 기슭 지금 장충단공원 자리에 있던 남소영도 어영청 폐지와 더불어 한동안 그저 백운루白雲樓와 같은 누각만 쓸쓸하게 버티고 있는 처지가 되었다. 그뒤

1900년 나라를 위해 목숨을 바친 이들을 기리는 제단인 장충단이 들어서자 남소영터 일대 역시 신성한 곳이 되었다.

고종은 나라를 위해 목숨을 바친 인물을 기린다는 뜻의 '장충단' 세 글자를 뒷날 순종이 되는 황태자로 하여금 쓰도록 했다. 또한 뒷날 을사늑약 때 자결을 함으로써 핏빛도 선명한 혈죽의 전설을 남기고 간 계정 민영환1861-1905으로 하여금 글을 짓게 해 비석을 세웠다. 그리고 이곳에 1895년 명성황후를 시해한 일본군에 맞서다가 살해당한 훈련대장 규산 홍계훈?-1895과 궁내부대신 신보 이경직1841-1895을 제향했다. 이후에도 일제의 만행에 저항한 인물을 장충단에 계속 배향함으로써 이곳은 민인의 뜨거운 지지를 얻는 공간으로 급격히 부상했다. 그러므로 1910년 일제강점기 때 널리 사랑받던 애창곡 〈한양가〉에는 장충단이 하나의 상징으로 떠올랐다.

남산 밑에 지어진 장충단
저 집 나라 위해 몸 바친 신령 모시네
태산 같은 의리에 목숨 보기를 터럭같이 하도다
장한 그분네

일본은 조선통감부를 내세워 1908년부터 장충단 제사를 금지하도록 압력을 가했다. 이어 대한제국을 강제합병한 뒤에는 아예 비석을 들어내 숲속에 버렸으며 본채 건물인 사전祀典과 부속 건물을 폐쇄하였다. 이뿐만 아니라 1919년 3·1민족해방운동을 당한 일본은 장충단 일대를 공원으로 지정하고 경성부 관할로 넘긴 뒤 벚꽃 수천 그루를 심고 광장, 연못, 어린이놀이터, 다리를 시설하였다. 게다가 상해사변 때 결사대로 죽은 일본군 동상 '육탄3용사'를 세우기까지 했다. 이것으로 끝이 아니었다. 일제는 1929년부터 1931년에 걸쳐 공원 동쪽 약 십사만 제곱미터

(약 사만 평)의 숲을 파헤쳐 일본식 절인 박문사博文寺를 지었다. 경복궁 준원전을 파괴해 옮겨 본전과 서원을 짓고 또 경희궁의 홍화문을 뜯어 입구 대문을 세우는 어이없는 짓을 저지르기까지 했는데, 박문사가 일제강점기 조선통감부 초대 통감 이토 히로부미伊藤博文, 1841-1909를 기리기 위한 곳이었다는 걸 알고 나면 분노하지 않을 수 없다.

단원 김홍도가 〈남소영〉을 그렸을 때는 청나라 정벌 따위 망상을 하고 있을 때도 아니었고, 일본 침략의 위기가 있던 때도 아니었으므로 군사 시설의 위엄 같은 건 생각할 필요가 없었을 것이다. 다만 시원하게 수직으로 날렵하게 선 건물 기둥과 마당 가운데 소나무가 치솟아 이곳이 군영이라는 사실을 암시할 뿐이다.

이 작품은 기록화라고는 하지만 얼어붙은 기념사진이 아니라 생동하는 순간의 풍경과도 같다. 등장하는 사람마다 모두 활력이 넘친다. 중앙 건물을 중심으로 위로는 꽉 채웠고 아래로는 텅 비워 시원하기 그지없다. 더구나 가마솥에 불을 땔 가며 음식을 준비하는 여성들까지 배치함으로써 사실성을 드높였는데 이런저런 점을 생각할 때 〈남소영〉은 그야말로 행사를 그린 그림 가운데 기념비 같은 걸작이라 하겠다.

청나라 정벌에서 항일의 상징으로, 다시 일본 지배의 상징으로 바뀌어온 이곳 어영청이 있던 땅은 지금 천지가 개벽한 듯 바뀌어 있다. 박문사가 있던 땅에는 신라호텔이며, 장충체육관이 들어섰고 일부 땅이 그대로 남아 장충단공원으로 유지하고 있다. 다만 임진왜란 때 승병인 사명당 유정1544-1610 스님과 고종의 신하로 네덜란드 헤이그에서 순국한 해사 이준1859-1907 열사의 동상을 세워 이곳은 항일의 땅이 되었다.

세월 흐른 지 오래, 그리는 마음 지니고 남산을 바라보네

김홍도, 〈남소영〉, 43.7×32.5, 종이, 18세기, 고려대박물관

장충단공원 일대

태종 시절부터 푸르른 남산 위의 저 소나무

1415년 남산을 비롯한 도성 일대에 송충이가 창궐하자 태종은 한성부에 명하여 송충이를 박멸하도록 하고 남산 관리에 전력을 기울이도록 하였다. 이러한 자연보호 정책은 제도화되어 『경국대전』 「공조」工曹 항목에 법률로 규정해두었다. 도성 주변 산림에서 벌목과 채석을 금지하게 했으며 아예 산림에 들어가지 못하도록 입산금지표를 세우게 하였다. 그리고 「병조」兵曹를 통해 감역관과 산지기를 두어 나무를 재배토록 했다. 그 결과는 매우 훌륭했다. 누구도 소나무를 베어가지 못하게 하는 금송정책을 실시한 남산은 소나무가 무성하게 자라나 아름답고 향기로운 곳이 되었다.

이처럼 건강과 아름다움을 동시에 전해주던 남산의 소나무가 훼손당한 때는 일제강점기다. 일제가 남산을 개발한다는 명분으로 소나무숲을 훼손하기 시작했던 게다. 그러나 워낙 많아 해방 직후까지도 소나무가 주종을 이루는 숲이 울창했다. 그런 까닭에 누가 지었는지 알 수 없는 〈애국가〉 가사에서도 소나무는 아주 실감이 넘친다.

남산 위에 저 소나무 철갑을 두른 듯, 바람 서리 불변함은 우리 기상일세

1897년 일본 거류민들은 일만 제곱미터 그러니까 삼천여 평에 이르는 남산 북쪽 기슭을 임차해 왜성대공원을 조성했고 1906년에는 예장동에 경성이사청을 설치하고서 일대를 경성공원으로 조성했다. 그뒤 1908년에는 남산 서쪽 회현동 일대 일백만 제곱미터를 공원으로 만들어 한양공원을 개설하였다. 일본은 남산 전체를 공원으로 개발하는 정책을 추진해 예장동 일대와 장충동 일대를 그렇게 만들어나갔다. 그러는 사이 소나무는 끝없이 잘려나가고 있었다.

해방 뒤 수립한 대한민국 정부도 일제와 다를 바 없었다. 아무런 성찰 없이 일본 제국의 정책을 계승해 끝없는 훼손 행위를 지속했다. 동상이며 기념비를 세우고 굴을 뚫고 극장, 도서관, 식물원, 운동장, 주차장, 호텔에 심지어 임대아파트나 송신탑 따위 온갖 시설과 건물을 세웠다. 예전의 그 아름답던 풍광은 어디론가 사라진 채 들쭉날쭉 제멋대로 변해갔다. 1975년부터 한양성곽 재건공사를 시작한 데 이어 1990년 서울시가 '남산 제모습 가꾸기 사업'을 시작했지만 제모습을 찾는다는 게 무엇인지 알 수 없을 지경으로 이미 크게 변모한 상태였다.

남산은 바위산이 아니라 흙산이다. 흙이 유난히 많은 산으로 숲이 뒤덮여 부드럽고 또 봉우리가 둥글고 푸른 산이다. 옛사람들은 그 이름을 목멱산木覓山이라 불렀는데 목멱이란 다른 게 아니라 나무를 바라본다는 뜻이다. 숭례문 방향 쪽은 절벽처럼 가파른데 그럼에도 불구하고 마치 누에머리처럼 고와서 위험이 없어 보이는지도 모르겠다. 수헌 유본예는 『한경지략』에서 목멱산을 '마치 달리는 말이 안장을 벗은 형국'이라고 한 다음 북쪽 기슭에 대해 다음처럼 설명했다.

남산 기슭 주자동 막바지에 평평한 잔디밭이 있다. 즉 병영 군사들의 무예 연습장으로 예장藝場이라 한다. 보통 왜장倭場이라 하는 것은 예를 왜와 혼동한 것으로 잘못된 것이다.

사람들이 왜장倭場이라고 부른 까닭은 그곳에 왜성대가 있어서다. 왜성대는 조선시대 때 일본에서 온 사신이 머무는 여관이었다. 왜장동 또는 예장동이 있는 저 북쪽 기슭은 평평하기만 한 게 아니라 굴곡져 주름 깊은 계곡이 즐비한데 갈래가 여럿이다. 그 가운데 아계丫溪는 필동에서 남산으로 향해 오르는 곳이다.

충무로역을 나와 남산골공원 한옥마을에 들어서면 시멘트 바닥으로 다져둔 광장이 나오고 그 위쪽으로 오르다 보면 필동천 상류를 연상케 하는 냇가를 복원해두었다. 그 냇가가 바로 아계다. 연못과 정자도 만들어 두어 이곳이 천우각인가 상상하며 잠시 머무르지만 아무래도 조선시대 그 풍경은 그림 속에서나 찾을 수밖에 없음을 깨치곤 이내 자리를 털고 일어서곤 한다. 그러니까 지금 천우각은 옛날의 천우각과는 아무 관련이 없다.

북악십경 아계동, 군부대 주둔지에서 남산한옥마을로

아계동은 오랜 세월 감춰져 있다가 1998년에야 남산골공원 한옥마을이란 이름으로 개방했다. 이 일대는 일본이 점거하기 시작하여 일본헌병사령부, 정무총감관저, 조선주차군사령부 따위가 주둔하였고 해방 뒤엔 미국군, 수도방위사령부가 1991년까지 주둔하던 곳이었기 때문이다. 물론 『동국여지승람』에 보면 조선시대에도 남부 수도방위의 본영으로서 국왕을 호위하는 부대인 금위영의 분영인 남별영이 이곳에 자리잡고 있었다. 일백삼십구 칸이나 되는 거대한 규모의 군영이 설치된 때는 1730년이었다. 하지만 군부대가 주둔한다고 해서 계곡길을 막아놓지 않았다. 남별영 설치 이후 이십여 년이 흐른 뒤 권신응이 그린 〈아계동〉에서도 민간인이 자유로이 드나들고 있음을 보면 말이다.

〈아계동〉의 구도는 계곡 물줄기를 '아'Y자 모습으로 그리고 그 복판에 정자를 그려두었는데 정자는 천우각이다. 그 아래 오른쪽에 자리잡은 한 채의 건물은 남별영이다. 이 그림에 나타나는 아계의 계곡 물길은 대단히 씩씩해 보인다. 물길 따라 줄 지어 자태를 뽐내는 바위와 나무가 귀엽다. 또한 계곡과 건물 그리고 가까운 언덕만을 묘사해서 아기자기하고 붓질도 가볍고 빠른 것이 시원스럽다.

입구에 시동을 데리고 가는 두 사람과 이미 천우각에 당도해 앉아 있는 두 사람이 보이는데 권신응의 할아버지 옥소 권섭 일행이 아닌가 싶다. 권섭은 한양의

세월 흐른 지 오래,그리는 마음 지니고 남산을 바라보네

권신응, 〈아계동〉, 《북악십경첩》, 25.7×41.7, 종이, 1753, 개인
충무로역에서 남산골공원 한옥마을을 향해 바라본 풍경

김윤겸, 〈천우각〉, 《금오계첩》, 33×21.6, 종이, 18세기, 경기도박물관
지하철 충무로역 옆 남산기슭에 있는 남산골공원 일대의 풍경

승경지 열 곳을 골라 손자 권신응으로 하여금 모두 그리도록 했으니까 아마도 그림에 등장하는 인물들은 모두 그 할아버지에 손자일 게다.

아계는 한양팔경으로 꼽히지는 않아 널리 알려진 이름이 아니었지만 아계에 있는 천우각은 잘 알려진 승경이었다. 남별영에 소속된 관청 건물이었던 천우각은 흐르는 개울에 기둥을 세우고 집을 지어 여름철 피서하기에 제격인 형태를 갖춘 것이 재미있다. 『한경지략』에서 천우각을 여름철 피서하기에 좋다고 소개해둔 것도 연원이 있는 셈이다. 그리고 누군가가 그 계곡 바위에 아계라는 글자를 새겨두었다고 하는데 나름 명성이 상당한 곳이었음을 알 수 있다. 서얼 출신 화가 진재 김윤겸의 그림 〈천우각〉은 《금오계첩》金吾契帖에 포함된 것으로 소나무숲을 이룬 남산 일대를 참으로 장대하게 묘사하였다. 천우각을 화폭의 중심에 대담하게 배치하고 멀리 남산을 그렸다. 이렇게 화가의 시선으로 보니 남산이 참으로 깊고 깊어 보인다.

남산 소나무 아래에서 나눈 청춘들의 맹약

남산 기슭, 오늘날 남창동 2-4번지 한국은행 건너 신세계백화점 본점에서 남대문 쪽으로 가다 보면 남대문로지하쇼핑센터 8번 출구가 있는데 바로 여기가 소나무골이라는 송현이다. 이곳에 유능했던 관료인 송현 상진1493-1564의 집터 표석이 서 있다.

영의정 재임 시절 임꺽정의 난을 평정했던 상진의 어린 시절은 개혁의 폭풍우가 휩쓸던 시대였다. 그는 1506년 9월 중종반정과 더불어 정암 조광조의 개혁정치가 일으키는 폭풍우를 지켜보았다. 그만이 아니다. 1519년 12월 기묘사학사, 기묘팔현과 같은 풍운의 개혁당 인물들이 기묘사화로 사약을 받아 죽거나 멀리 절해고도로 유배를 떠나 한양 땅이 일시에 텅 빈 듯한 적막까지도 지켜보았다. 그 다음 해 1520년에는 기묘사림 가운데 한 분인 사서 김식1482-1520이 스스로 목숨을 끊었다. 그 다음해 1521년 10월에는 기묘사림의 우익이란 평을 듣던 영모당 안당1460-1521 부자 그리고 제주 유배를 살던 기묘사학사의 한 사람인 충암 김정1486-1521이 처형당했다. 이게 끝이 아니었다. 기묘사림과 교유하던 중 그들의 죽음을 목격하고 뜻을 잃어 여행과 시서화, 음악에 탐닉하여 절세의 기재로 칭송 받던 원정 최수성1487-1521이 누명을 쓰고 처형을 당했다. 상진은 이 모든 것을 지켜보았다.

그림에는 하단에 우뚝 솟은 소나무가 있어 이곳이 소나무골임을 알려준다. 그림 상단에는 삼각형 산이 보인다. 경복궁 바로 뒤편에 솟은 백악산의 모습이다. 그 우뚝한 것이 왕국의 땅을 호령하는 진산답다. 산의 중앙을 바위처럼 하얗게 처리하고 양옆을 흙과 숲처럼 검게 처리하여 마치 외유내강을 형상화한 느낌이다. 바위와 흙과 숲이 겹겹이 둘러싸고 있어 매우 강인해 보이는데 지금껏 보아오던 여느 백악산 그림보다도 위엄이 넘친다. 뒤쪽으로 삼각산과 멀리 도봉산이 아득하여 백악산의 장엄을 더욱 강화시키고 있다.

하지만 이 그림에 숨어 있는 비밀은 화폭 중단을 가로지르는 나무의 행렬이다. 안갯속을 가로질러 도열하듯 서 있는 나무들은 무엇을 보여주려 한 것일까. 한양을 건설하면서 도심을 가로지르는 청계천변에 가로수를 끝까지 심은 것인지 알 수 없지만 울퉁불퉁한 굴곡을 생각할 때 천변 가로수는 아니다. 오히려 백악산 아래 경복궁을 경배하는 만조백관이거나 한양의 민인을 상징하는 게 아닐까 싶다. 하지만 이날 이들의 모임에 참가한 삼십 대 청년들의 면면을 생각한다면 아마도 줄지어 선 나무들은 기묘사림의 혼백이 아닐까 한다. 억울하여 차마 떠나지 못한 채 도성에 머물러 있는 기묘사림의 혼령들 말이다.

1521년 겨울이 오자 한 무리의 청년들이 텅 빈 가슴을 쓸어내리며 서로 위로의 말이라도 주고받기 위해 한자리에 모였다. 질풍노도와 같은 개혁과 반개혁의

미상, 〈송현에서 바라본 백악산〉, 95×57.5, 비단, 1521, 호암미술관

한국은행 본점과 신세계백화점에서 경복궁 뒤 청와대와 백악산을 향해 바라본 풍경

충돌을 지켜보며 자라난 삼십 대 청년들의 이름은 상진을 비롯해 강현1486-1553, 김섭?-?, 박세웅1493-1541, 채무택?-1537, 허항?-1537, 황사우1486-1536였다. 누가 그린 것인지는 알 수 없으나 〈송현에서 바라본 백악산〉은 바로 이날의 모임을 그린 것으로 서로 변치 말고 이날을 영원히 기억하자는 다짐이기도 했다.

풋내기 관료 시절 기묘사림의 생애를 추모하고 저 사림의 이상과 가치를 계승해나가자며 소나무 아래서 맹약을 했다고 해도 끝까지 지킬 수 있느냐는 다른 일이다. 흐르는 세월과 유혹하는 권세 앞에 이날 모인 이들은 갈가리 찢겨졌다. 이날 모임에 참가했던 이들 중 채무택, 허항, 황사우 세 사람은 뒷날 간악한 용천 김안로1481-1537와 손잡아 그 일당이 되더니 결국 이른바 정유삼흉丁酉三凶이라 지목당해 형장의 이슬로 사라졌다. 상진, 강현, 박세웅, 김섭 네 사람은 저들의 불의와 탐욕을 비판하며 고난의 길을 걸었으나 그 이름은 아름다운 향기로 남았다. 젊은 시절 다짐은 같았으나 탐욕의 길과 지사의 길 앞에서 이들의 삶은 그렇게나 달라졌다. 인생무상함이 여기에도 있음을 알겠다.

"어찌 이런 풍경이 왕성 근처에 있을 수 있는가"

미술사학자 이동주는 『우리나라의 옛그림』이란 책에서 현재 심사정의 《경구팔경첩》의 그림을 두고 '도대체 서울 근교의 어디인지 알 길도 없거니와 과연 이것이 서울 근교일까 의심 나는 화면이 하나둘이 아니다'라고 했다. 그런데 심사정의 절친한 벗인 표암 강세황은 그의 그림을 보고 아주 감동했던 모양이다. 이 그림 옆에 다음처럼 써놓았으니 말이다.

깎은 절벽, 높은 산마루는 구름 하늘을 높이 받치고 큰 소나무는 안개 낀 마을을 가리어 어른거린다. 여기에 하늘 밖 기이한 봉우리 우뚝 서서 푸른 병풍 치듯 하였네. 그림을 떠나 이런 풍경이 어찌 왕성 근처에 있는 것일까.

같은 그림을 두고 이동주는 '이것이 서울 근교를 그린 게 맞느냐'고 의심했고, 강세황은 '정말 서울이 맞느냐'고 감탄한 셈이다.

심사정의 이 그림을 보며 나 역시 감탄한다. 무심결에 지나치면 결코 발견할 수 없는 이런 풍경이 한양에도 감춰져 있었다. 상상력으로 만든 게 아니라 사진을 찍은 것처럼 과장됨 하나 없는 실경이다. 남산에는 소나무가 참으로 많았다. 그 소나무 아래서 벗들 몇이 모이고 보니 그 바로 옆 절벽인데 실로 남산의 서쪽 기슭은 가파르게 깎아지른 절벽 지대였다. 키 큰 소나무 아래엔 세 명의 선비가 앉거니 서거니 손짓을 해가며 나누는 말소리 들리고 멀리 시내 복판엔 크고 작은 가옥들이 옹기종기 웅성거린다.

화폭 상단에는 멀리 삼각산 봉우리가 북쪽 하늘을 찌를 듯 치솟아 오른다. 이쪽 석벽과 저쪽 석봉이 서로 마주 웅대하는 모습이라 그 사이를 수놓는 공간감이 아득하다. 삼각산 바로 아래로는 경복궁의 배경을 이루는 백악산이 마치 용이나 되는 것처럼 등줄기를 길게 늘이고 있는데 밑으로 흐르는 안개구름이 신비롭다. 화폭 중단에는 깨알 같은 집들이 즐비하게 늘어섰다. 청계천을 경계 삼아 위로는 북촌이요 아래로는 남촌이다. 20세기 들어 이리저리 파헤치고 수십 층 고층건물이 들어섬에 따라 아예 풍경이 바뀐 오늘날에도 남산 서쪽 기슭에 서서 보면 이 그림이 보여주는 풍경은 사실 그대로다.

이동주는 표암 강세황이 현재 심사정의 그림을 본 뒤 '실경의 소재에 대해서는 오직 한숨만 짓는다'고 썼다. 강세황이 실망했다는 뜻인데 앞에 인용해둔 저 강세황의 화제를 여러 번 읽어보고 또 그림을 꼼꼼이 살펴본다면, 실망이나 한숨이 아니라 오히려 심사정의 실경화에 대해 크게 감탄하고 있음을 깨칠 수 있다. 그런

심사정, 〈남산에서〉, 《경구팔경첩》, 13.5×24.5, 종이, 1768, 개인
남산 서쪽 기슭 숭례문으로 내려가는 길목 안중근의사 기념관 일대에서 서울 시내를 바라본 풍경

데도 이동주는 왜 강세황의 감탄을 한숨, 실망으로 읽었던 것일까. 심사정이 '실경을 그린다고 하는 경우라도 중국산수의 전통을 따르려 하였다'는 이동주 자신의 견해에 따른 것이다. 더구나 이동주는 심사정이 '화선지 바탕의 중국첩책中國帖冊으로' 그렸다고 덧붙이기까지 했다. 심사정이야말로 '중국냄새가 나는 화가'라고 생각했던 자신의 의심을 키우는 것이었다. 물론, 이동주는《경구팔경첩》가운데 일부 작품은 '아취가 넘쳐흐르고 섬세한 선의 흐름이 굽이치며 나가는 묘품도 있다'면서 이 작품을 '가작'佳作이라고 평가하기를 잊지 않았다.

이동주의 평을 정리하면 이런 뜻이 된다. 그림의 품격이 뛰어난 것과 별개로 겸재 정선은 조선풍이고, 현재 심사정은 중국풍이라는 도식으로 구별하고 보니 심사정이란 화가는 조선의 실경을 그려도 조선의 풍경을 닮기보다는 엉뚱한 중국풍으로 그린다는 것이다. 자주성 없이 대국을 추종하는 아류 말이다. 하지만 그런 판단은 오늘의 기준과 생각을 어제에 그대로 들이댄 결과일 뿐이다. 겸재 정선, 현재 심사정, 표암 강세황이 활동하던 때는 중국을 중심으로 삼는 유가문명권의 시대였다. 따라서 조선에서 시를 짓고 그림을 그릴 때 중국 옛 시인이나 화가를 따르는 일은 소중화小中華 관념을 바탕에 깔고 살아가는 문명공동체의 일원으로서 유가문명을 공유하는 지식인에게 지극히 자연스러운 태도였다. 자주성을 상실한 모방이 결코 아니었다. 또한 이런 태도는 현재 심사정만의 것이 아니었다. 겸재 정선 역시 중국 고전을 따랐다. 심사정의 그림을 다시 들여다 보자. 우리가 잊고 있던 남산의 풍경이 바로 이 그림 안에 있다. 이런 풍경이 어찌 우리 곁에 있는가.

그에게 한양은 곁에 있어도 여전히 그리운 고향

이번에는 표암 강세황이 부채에 그린 남산이다. 그림 속 마을은 지금의 서울역 위쪽 회현동에서 후암동을 거쳐 이태원으로 휘돌아 감기는 남산 서쪽 기슭 어느 곳이다. 화폭 왼쪽 고갯길엔 숭례문이 자리해 있을 것이고 화폭의 오른쪽 끝 밭두렁 위쪽에는 삼성미술관 리움이 들어선 자리다.

이 그림은 화폭을 절반으로 나누어 위아래가 너무도 달라 느낌이 묘하다. 위쪽 삼각산은 날카로운 선을 구사하여 마치 일만 마리의 말을 타고 쏟아져 내리닥치는 일천 명의 군대처럼 거칠다. 남산은 먹물을 듬뿍 뿌려 마치 철갑을 두른 공룡처럼 거대한 몸집을 하고서 산 아래 사람 사는 마을을 호시탐탐 엿본다. 왜 이리 불안한 것일까.

아래쪽은 봄날의 풍경이라 곱디 고운 어린 시절 포근한 추억이 담긴 듯, 이루 말할 수 없이 편안하다. 부드러운 곡선으로 평화로운 들판이 펼쳐지는 가운데 기와집과 초가며 밭과 길이 듬성듬성 자연스레 어울려 있다. 사람 사는 마을 그대로다. 강세황에게 한양은 번거로운 도시가 아니라 곁에 있어도 여전히 그리운 고향이었다. 그래서일까. 그는 〈남산과 삼각산〉 화폭에 다음과 같은 문장을 써뒀다.

교외로 나가 산 지 어느덧 오래지만 아직 한양 그리는 마음 지니고 있어 남
산과 삼각산을 때때로 집 뒤 언덕에 올라 바라본다네

하지만 이 그림을 그린 때가 언제인지 알려주는 자료는 없다. 후대의 감상자는 그저 추측할 뿐이다. 1744년 서른두 살의 젊은 날 표암 강세황은 한양 생활에 흥미 잃어 처가가 있는 경기도 안산으로 옮겨갔다. 안산에서 더없이 행복했던 것은 위대한 스승 성호 이익을 가까이 모실 수 있어서였다. 이때 성호 이익은 안산의 호수 성호星湖에서 학문을 베풀고 있었다. 지금 경기도립미술관 옆의 호수가 바로 성호다. 성호 문하는 밤하늘 별처럼, 바닷가 모래알처럼 숱한 인물을 배출했다. 안산은 그야말로 재사들의 집결지였다. 그런 안산에서 저 눈부신 안산 십오학사와

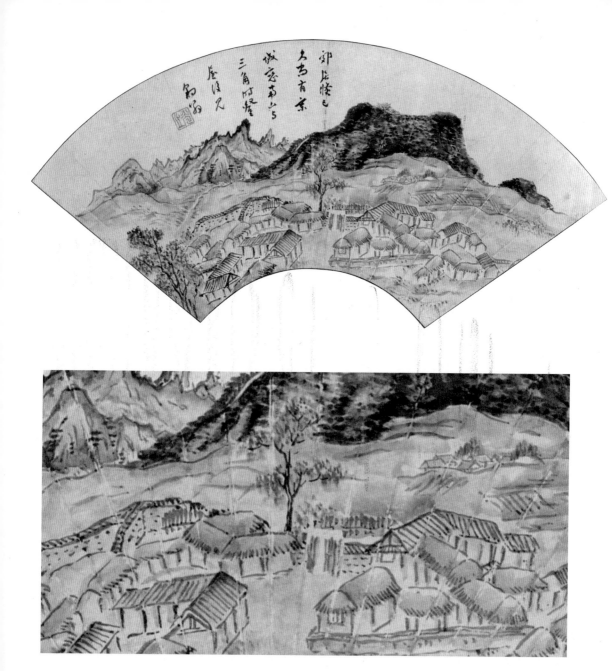

강세황, 〈남산과 삼각산〉, 43×20.7, 종이, 18세기, 개인
서울역 위쪽 회현동을 휘돌아 후암동 어느 곳에서
남산 봉우리와 숭례문 너머 멀리 삼각산을 바라본 풍경

밤낮으로 친교를 맺고서 예술의 심연을 노닐던 강세황은 그러나 번화한 한양을 결코 잊을 수 없었다. 예조판서 집안의 귀공자로 자라던 시절을 어찌 잊으랴. 화려한 도시 생활을 떠올리곤 하다가 문득 붓을 들었다. 그렇게 해서 〈남산과 삼각산〉이 탄생한 것은 아닐까.

안산 생활 서른 해가 흘러 어느덧 18세기 중엽, 예원에 그 이름 떨치던 예순한 살 환갑의 표암 강세황에게 처음으로 벼슬이 주어졌다. 영조의 배려가 있었는데, 예술의 힘으로 금의환향한 셈이다. 강세황은 이후 한성판관까지 올랐고, 정조의 어진 제작을 감독하기도 했다. 영광은 오래 이어졌다. 일흔이 넘어서는 중국 건륭제의 즉위 오십 년을 축하하는 자리에 참석하는 사행단의 부사로 북경을 다녀오기도 했고, 금강산 유람을 다니기도 했다. 그가 관직에 나아가고 예술 활동을 펼친데는 영조와 정조의 힘이 컸다.

세월 흐른 지 오래, 그리는 마음 지니고 남산을 바라보네

그후로 오랫동안
이곳에도 역사가 흐르다

숭례문 밖에 연못이 있었네, 그곳에는 연꽃이 피었네

도화서 화원 화가 궤은 이기룡1600-?의 〈남지기로회도〉南池耆老會圖는 1629년 6월 5일 숭례문 밖 연못인 남지에서 열두 명의 노인인 기로耆老가 모인 것을 기념하는 작품이다. 색채도 그렇고 형상이며 구도에 이르기까지 아름답기 그지없다. 먼지와 진흙으로 가득한 세상에서도 더럽힘으로 물들지 않는 연꽃의 그 맑고 깨끗함이 눈부시다.

시서화 삼절로 이름 높던 인재 강희안1417-1464은 꽃 이야기를 담은 아름다운 책『양화소록』에서 꽃과 나무의 등급을 아홉으로 나누어 품평했다. 연꽃은 매화, 국화, 대나무와 나란히 일품 자리에 배치했다. 높고 뛰어난 운치를 갖추었다는 것이 이유였다. 강희안은 또한 꽃마다 이름을 지어주었는데, 매화는 오랜 벗이란 뜻으로 고우古友 또는 기이한 벗이란 뜻의 기우奇友라고 붙여주고, 국화는 뛰어난 벗이란 뜻으로 일우逸友, 대나무는 맑은 벗이라는 뜻의 청우淸友 또는 으뜸가는 그대라는 뜻의 차군此君이라 하였다. 연꽃은 깨끗한 벗이라는 뜻의 정우淨友라 하였다.

매화, 국화, 대나무도 모두 빛난다고 했지만 강희안은 연꽃이야말로 '훈훈한 봄볕과 함께 부는 바람이라 강호에 뛰어나고 또 이름 구함을 즐기지 않으나 저절로 그 이름 감추기 어려운 존재'라고 하였다. 숨어 살아도 비 갠 맑은 하늘의 달빛이 되어 눈부신 제모습 드러내므로 그 이름이 바로 연꽃이다. 그래서인가. 부처와 보살이 모두 연꽃 위에 자리하는 연화좌를 하고 있다. 선비가 연꽃을 사랑하는 까닭도 그 고요함과 맑음이 함께 하고 있기 때문이 아니던가. 고요하고 맑은 연꽃의 아름다움이야 더 말할 것이 없다.

그러나 그림 속 주인공들이 연꽃 같은 인생을 산 것은 아니었다. 이날 모임은 연못 바로 곁에 있던 홍첨추洪僉樞라는 사람 집에서 열렸다. 참석자들은 대략 이호민1553-1634, 이귀, 이권1555-1635, 윤동로1550-1635, 이인기1549-1631와 같은 이들이다. 모두 일흔 살이 넘은 기로들이다. 대부분 광해 왕 정권을 비판하는 쪽에 섰던 이들이다. 특히 이귀는 인조가 정변을 일으킬 적에 주역 중의 주역을 맡았던 인물이다. 그림에 대해 제화시를 쓴 계곡 장유1587-1638 역시 인조정변에 가담했다. 그림 속 모임은 말하자면 인조정변으로 권력을 장악한 서인당 세력의 정치 회동인 셈이다. 얼핏 보이는 것처럼 단순히 국가 원로의 노고를 위로하고 노인의 풍류를 위한 잔치가 아닌 것이다. 이들은 왜 저 연꽃 가득한 남지에서 모였으며, 그것을 그림으로 남긴 걸까. 스스로 맑고 깨끗하기 그지없는 당파임을 과시하고자 그랬을지도 모르겠다. 하지만 정권에 대한 도전과 형벌로 세상은 온통 피비린내가 진동할 때였다. 그런 시절 비 갠 날 연꽃 감상은 너무도 한가해 보인다.

계곡 장유는 제화시에 이 모임을 중국 당나라 백거이772-845의 구로회에 비하면서 '신선과 같다'고 한 다음, 학을 타고 하늘에 노니는 학상선鶴上仙보다 장수하면서 한가하게 살아가는 불가佛家의 지행선地行仙이 더 좋다는 말을 써두었다. 천상의 복락보다 지상의 권력을 가까이 두고 살아가는 것을 더 원하는 지극한 권력에의 욕망을 드러낸 셈이다. 이런 사정을 헤아리니 이 그림이야말로 정치의 예술화에 성공한 그

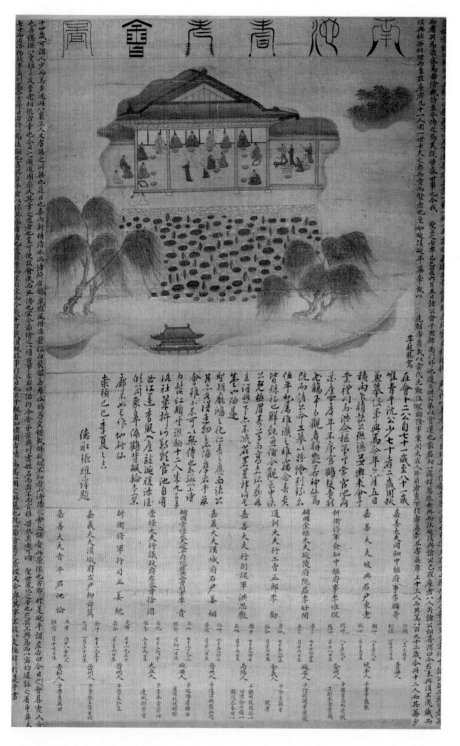

이기룡, 〈남지기로회도〉, 72.4×116.7, 비단, 1629, 서울대박물관
숭례문에서 서울역 방향을 바라본 풍경

림임을 알겠다.

도화서 화원 이홍규의 아들로 대를 이어 화원이 된 궤은 이기룡은 화폭 상단에 전각을 배치하고 화폭 중단에 연못과 버드나무 네 그루를 배치하였으며 숭례문과 성곽은 화폭 하단에 아주 작게 그려넣었다. 특히 전각 주변을 구름으로 감싸둠으로써 마치 구름 위에 둥실 떠 있는 느낌을 준다. 화폭 안에 신비로운 별세계를 연출한 것이다.

그러나 이 그림에서는 무엇보다도 연못 속을 가득 메운 연꽃 무리의 자태가 아름답다. 동글동글한 것이 너무도 어여뻐서 보기에도 아까울 지경이다. 타원의 잎사귀 위에 부채처럼 펼친 꽃잎이 사방연속 무늬를 이루어 어여쁘고 또 어여쁘다. 하단의 숭례문 문루와 양옆으로 휘어져 뻗어나가는 성벽도 화폭을 감싸는 날개처럼, 구름처럼 화려하다.

또한 재미있는 것은 나무들이다. 버드나무 잎사귀를 보면 모두 열한 개의 덩어리다. 여기에다가 오른쪽 상단 멀리 구름 밖에 활엽수 한 덩어리가 있다. 그 잎사귀 덩어리 숫자가 모두 열두 개다. 이는 참석한 사람 열두 명과 숫자가 일치한다. 그런데 왜 한 덩어리는 버드나무가 아니라 활엽수로 했을까. 그것은 열두 명 가운데 아직 일흔 살이 안 된 인물이 참석했기 때문이다.

이처럼 그림이 아름다워서였을까, 아니면 워낙 서인당의 힘이 커서였을까. 두 세대가 흐른 1691년에 서계 박세당1629-1703이 발문을 쓴 임모본도 있으며 또 다른 임모본들도 몇 폭 전해온다.

거대한 창고 지대, 한강 물류의 중심지, 용산나루

조선시대 창고 중 하나인 만리창萬里倉은 지금 용산구 청파초등학교 뒷산 중턱에 있었다. 만리창을 설치한 기관은 태조 이성계가 1392년에 설치한 군자감이다. 군수품 저장 및 출납을 담당했고 관리한 곡식의 규모는 대략 삼십만 섬이었다. 도성 안에 설치한 본감과 숭례문 안쪽의 분감, 그리고 도성 밖 한강변의 강감으로 나누어 유지하다가 영조 때 본감을 폐지했으며 그뒤 분감도 폐지했지만 강감만은 계속 두었다. 강감은 지금 원효로 3가 1번지 그러니까 용문동 우체국 뒤쪽 땅에 있었다.

이곳 용산에 창고를 설치한 것은 괜히 그런 게 아니다. 용산나루는 한강 물류의 중심지였다. 오늘날에는 그 흔적조차 찾을 수 없지만 조선팔도 전체를 누비고 다니는 조운선이 정박하는 나루터였다. 전국의 배들이 모여드는 곳이었으므로 정부는 이곳 용산에 수군 주둔지를 설치하였고, 이후 임진왜란 중에는 새로이 별영창을, 대동법 실시 이후에는 규모가 커지는 물산을 소화하기 위해 선혜청의 별고는 물론 각 지역의 물건을 관리하는 호서창, 호남창, 영남창을 증설해 나갔다. 이렇게 해서 용산 일대는 군량미와 군수물자를 관리하는 거대한 창고 지대가 되었다.

만리창은 용산의 그 어느 창고보다도 뒤늦게 설치하였는데 새로 지었으므로 신창이라고 불렸다. 이 창고가 만리창이라 불리던 까닭이 있다. 새 창고 인근에 집현전 부제학으로 부정과 타협을 몰랐던 인물인 강호산인 최만리 ?-1445의 집이 있었다. 그 이름에서 따와 새 창고를 만리창이라고 불렀다는 것이다.

최만리는 세종이 창제한 한글이 쓸모없다고 주장하는 상소를 올린 일 때문에 한글 창제 반대론자로 널리 알려졌다. 하지만 정작 한글을 창제하는 과정에서는 세종의 뜻을 무척 잘 받들었던 걸로 보아 한글 창제 자체를 반대한 것은 아니었고, 한글 창제와 함께 한자음까지 바꾸려 했던 세종의 의도에 반대했을 뿐이라고들 한다. 세종이 최만리에게 '내가 만일 이 한자음을 바로잡지 않는다면 누가 바로잡을 것이냐'고 되물었다는 기록이 그것을 증명하고 있다는 게다.

최만리에 대한 비판은 여전히 많은데 그 가운데 사대주의자라는 비판이 유난히 흔하다. 그러나 오늘의 기준으로 지난 사람에 대해 평가하는 것은 옳지 않다.

미상, 〈만리창 연지주유도〉, 35.5×55, 종이, 개인

청파초등학교 뒷산 중턱 풍경

당시 유학자라면 누구라도 중화주의 세계관 안에 있었다. 유난히 최만리를 특정해 비난하는 일은 지나치다. 오히려 그에게는 새겨보아야 할 지점이 있다. 최만리는 청백리였다. 청백리란 그저 청렴하고 결백한 관리를 칭송하는 말이 아니다. 실제로 국가가 시행하는 제도의 하나였다. 중국의 경우에도 기원전 168년 한나라 때부터 청백리를 선발했는데 추앙 받는 관리의 상징이었다고 한다.

조선에서는 개국과 더불어 이 제도를 실시하였다. 조선시대 청백리 선발 기준은 '청백淸白, 근검勤儉, 경효敬孝, 후덕厚德, 인의仁義'로서 그 삶은 '나라가 정한 급여 이외에 국가나 민간 어느 쪽에도 폐해를 끼치지 않고 깨끗하고 검소한 것을 생활철학으로 삼은 인물'이다. 선발 정원은 없지만 엄격하여 최소한의 인원으로 제한했다.

1914년 강효석이란 인물이 지은 『전고대방』에는 이백열여덟 명에 이르는 청백리 명단이 실려 있다. 그런데 눈에 띄는 지점이 있다. 풍요의 시대이자 문예부흥기로 알려진 18세기 영조 시대에는 아홉 명, 정조 시대에는 겨우 두 명으로 그 수가 현저히 줄어들었다. 그 이후는 더하다. 순조 시대에는 네 명을 선발하고, 그뒤 헌종 이후로는 단 한 사람도 없다. 조선후기에 접어들면서 노론당 일당독재가 장기간 이어지면서 관리들의 기강은 문란해졌고, 오히려 탐관오리가 흔해졌으니 청백리 선발은 아예 엄두조차 낼 수 없는 지경으로 나라가 온통 혼탁해졌고, 그런 시대가 이어지면서 청백리는 잊힌 과거의 이야기가 되고 만 셈이다.

경강상인의 거점이었던 땅,
일본군과 미군 주둔지를 거쳐 다시 돌아온 땅

1763년 늦가을 어느 날이었다. 화가 진재 김윤겸과 역관 손암 원중거1719-

1790를 좌장으로 이덕무와 이희경1745-1806이후, 이희명1749-?, 원유진?-?이 함께 모였다. 모두 서얼 출신이기도 한 이들이 모인 곳은 사육신의 한 사람인 취금헌 박팽년1417-1456이 경영하던 남산 아래 송단松壇이었다. 이덕무는 「송단 후록松壇後麓에 오름」에서 이날의 모임을 다음처럼 묘사했다.

가을날 맑으니 모두 굳센 기운이요, 저녁 그림자는 갑자기 맑은 얼굴이구나. 좋은 일 그림으로 모사함직하거니, 두 어른 만났음을 깊이 즐거워하네.

이날 모임 좌장 중 한 사람 김윤겸은 당시 집권당 핵심 가문인 장동김문이 탄생시킨 육창 형제 가운데 넷째인 노가재 김창업1658-1721의 서자였다. 어릴 때야 신분의 귀천을 몰랐겠으나 열두 살 때 부친을 여의고 철이 들었을 때 형제와는 다른 신분을 깨쳤다. 그런 까닭에 시서화 세계에 몸과 마음을 던졌다. 그때만 해도 누가 알았을까, 적자인 다른 형제들 이름은 몰라도 오직 김윤겸만이 수백 년 뒤 후대에까지 전해질 것을. 돌이켜보면 그가 마주한 현실의 절망이 미래의 희망으로 재탄생한 셈이다. 물론 김윤겸이란 이름은 살아 생전에도 이미 모두가 존경해마지 않았다. 비록 몸은 낮았으나 뜻은 높았고 신분이야 중간이었으되 그 명예는 존귀했다.

이 무렵 김윤겸은 그림 〈청파〉靑坡를 남겼다. 화폭 하단을 보면 세 명의 선비가 길을 나서는데 숭례문을 빠져나오니 곧 청파동 허허 벌판이다. 나귀를 탄 두 명의 선비는 송단 모임에서 좌장을 맡은 자신과 원중거이고 행렬 중간에 서 있는 선비는 두 분을 모시는 이덕무인 듯도 하다. 그들 일행이 지나가는 저 너른 벌판은 어떤 곳인가. 서대문구 무악산에서 발원하여 독립문, 서울역을 거쳐 이곳 청파동으로 흐르는 넝쿨내 다시 말해 만초천 아래쪽 배다리 어느 어간이지 싶다. 또 나룻배 떠다녀 한강처럼 보이는 저 큰 강물은 어느 곳인가. 땅 생김으로 보아 남산에서 발원하여 이태원 산줄기 아래로 흘러 만초천과 만나 용산호를 이루던 어느 곳이겠다.

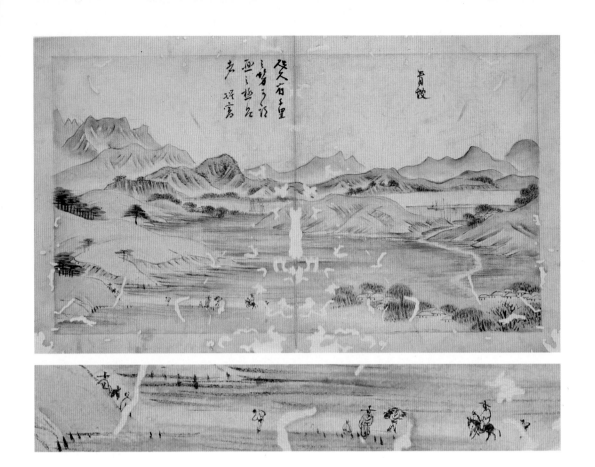

김윤겸, 〈청파〉, 51.9×28.6, 종이, 1763, 국립중앙박물관

청파동 북서쪽 만리재 언덕에서 용산구 일대를 바라본 풍경

용산호는 청담 이중환이 『택리지』에서 말한 바대로 한가운데 연꽃이 나서 그 이름을 용산龍山이 아닌 용산蓉山이라고도 하였던 곳이다. 그토록 아름다워 고려 때에도 멀리 개성에서 임금 행차가 끊이지 않았다고 한다. 어디 그뿐인가. 서해안의 바닷물이 밀려들어 염창 모래언덕이 무너지면서 십 리나 되는 긴 호수로 변했다. 그래서 조선팔도 화물을 수송하는 조운선이 모두 용산에 정박했다.

화폭 왼쪽 저 멀리 치솟은 남산 위세가 가파르다. 그 아래 배나무 많던 이태원 산줄기가 줄창 뻗어 동쪽 작은 설마재 다시 말해 소설마현小雪馬峴을 지나 옥수동 아래 두모포를 만날 즈음 한 번 솟구쳐 응봉을 이루고는 끝내 한강으로 빨려들고 만다. 그림 상단의 산줄기는 그 흐름을 기가 막히게 잘 표현했다.

화폭 중단의 너른 벌판은 청파동에서 용산호에 이르는 일대의 모습이다. 한양성곽 주변의 성저십리 땅이 모두 그러하였던 것처럼 이곳도 분주한 산업지구였다. 경강상인의 거점 포구로 최대의 물자가 흐르는 유통기지였으며 따라서 창고업이 발달해 군자감과 별영창, 만리창에 빙고까지, 여기에 벽돌 기와를 제조하는 와서, 조선업이 발달해 다리 놓고 배 만드는 주교사, 전함사가 자리잡고 있었던 산업지구였던 게다. 그후로 역사는 이곳에도 흘렀다. 1876년부터 1882년까지 일본, 영국, 독일, 청국과 연이어 무역장정을 조인하면서 양화진에 개설된 자유무역시장인 '개시'開市가 1884년에는 용산으로 옮겨와 개항시장이 형성되었다. 그 이후로는 1910년 식민지로의 전락을 앞뒤로 하여 남산에서 청파, 원효로, 삼각지에 이르는 지역이 일본군사령부 및 일본인 거주지로 변하고 말았다. 어디 그뿐인가. 해방이 된 뒤에는 그땅에 주한미군사령부가 들어섰다. 같은 자리 풍경을 그림에 담은 김윤겸은 훗날 이 땅의 변화를 짐작조차 못했을 것이다. 또 시간은 흘러 이 땅은 다시 대한민국 차지가 되었다. 2020년대 어느날엔가 미군이 물러간 뒤에는 새로운 풍경이 만들어질 것이다. 앞으로 이 땅에는 과연 무엇이 들어설 것인가.

정선, 〈광진〉

정선, 〈송파진〉

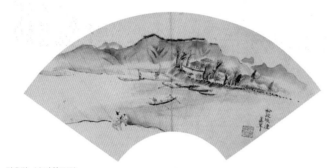

김윤겸, 〈송파환도도〉

김석신, 〈압구청상〉

정선, 〈압구정〉

신윤복, 〈주유청강〉

김석신, 〈가고중류도〉

미상, 〈제천정, 무진추한강음전도〉

미상, 〈독서당 계회도〉

강세황, 〈서빙고〉

07

한 강 을 따 라
광나루에서 흑석나루까지

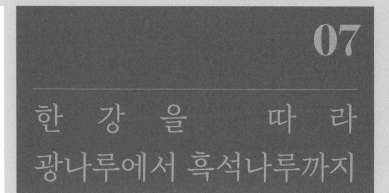

정선, 〈압구정〉

장시흥, 〈동작촌〉

정선, 〈동작진〉

김석신, 〈금호완춘〉

미상, 〈독서당 계회도〉

사람 사는 이야기가 들리는 듯,
활기가 넘치던 땅

아차산부터 광나루까지, 교통과 물류, 군사의 현란한 교차

오늘날 한강변 남쪽 서울 암사동 유적지나 또는 천호대교 남쪽 끝에서 북쪽 워커힐호텔을 바라보면 호텔 뒤편으로 솟은 아차산이 보인다. 1949년 서울시로 편입된 광장동에 속해 있는 산인데, 광장동 일대에는 흥미로운 장소들이 제법이다.

아차산이 백제의 땅이었던 시절 고구려의 남침을 방어하기 위해 쌓은 아단산성은 고구려 평강왕 때 장수인 온달?-590이 전사한 곳이어서 유명하다. 온달은 미천한 계급 출신이었으나 평강공주의 마음을 사로잡아 결혼하였고 공주는 온달에게 정성을 다하여 뛰어난 인물로 성장하게 했다는 이야기는 모르는 사람이 없을 정도다. 뛰어난 무예를 떨쳐 장수로 발탁된 온달은 한강 유역을 회복하라는 명령을 받고서 이곳 일대를 점령한 신라군과 전투하던 중 전사하였다. 고구려군이 장수 온달의 시신을 관에 넣어 운반하려 했으나 움직이지 않았는데 공주가 나타나 관을 쓰다듬으며 돌아가자 하니 신기하게도 관이 움직이기 시작했다는 이야기 역시 전설처럼 전해진다.

광나루는 군사 요충지이자 교통 요충지였다. 아차산 아래 한강을 건너다니기 위한 포구는 예부터 있었지만 강원도와 충청도에서 올라오는 사람과 특산물이 모두 이곳을 거쳐 한양으로 들어갔으므로 조선시대부터는 거대한 물류 중심지로 성장했다. 고려시대까지만 해도 포구 이름이 버들나루라는 뜻의 양진楊津이었지만 조선시대에 이르러 넓은 나루라는 뜻의 광진廣津으로 바뀌었던 것도 바로 물량이 크게 늘어났음을 드러낸다.

이곳 나루터 백사장에 장이 서는 날이면 저 멀리 강원도며 충청도에서 올라온 상인들이 북적대고 갖은 유흥으로 달아오르곤 했는데 문득 죄수를 공개 처형하는 일도 벌어지곤 했다. 그러니까 이곳은 정부가 운영하는 형장의 하나이기도 했다. 그런 날이면 구경꾼이 구름처럼 몰려들었다. 하루는 목을 길게 뺀 죄수가 묶여 있고 칼을 든 망나니가 춤을 추며 죄수의 혼을 뺏고 있는 중이었다. 그런데 아차산고개 너머 말을 탄 전령이 바쁘게 달려오며 손을 흔드는 것이었다. 이에 형 집행을 재촉하는 것이라 여긴 집행관이 망나니더러 빨리 목을 치라 했다. 모든 게 끝났다. 허겁지겁 형장에 당도한 전령은 망연자실했다. 그 죄수의 무죄가 밝혀져 사형을 중지하라는 명령을 전달하러 왔는데 그만 '아차' 하는 사이에 사형을 재촉한 결과를 낳고 만 것이다. 그래서 산 이름이 아차산, 그 고개는 아차산고개가 되었다고 한다. 아차산의 옛 이름이 언덕의 아침을 뜻하는 아단阿旦 또는 언덕에 제물을 올려놓는 대를 뜻하는 아차阿且였는데 그 뜻을 새겨보면 의식을 베푸는 신성한 장소 또는 형을 집행하는 언덕이므로 실제 그랬을 수도 있을 듯하다. 그러다가 세종 때 우뚝 솟았다는 뜻의 아차峨嵯라는 한자말로 바꿔 쓰기 시작했는데 왜 그렇게 바꿨는지 그 까닭은 알 수 없다.

나루터 서쪽 낮은 산, 용당산龍堂山에는 양진사楊津祠라고 하는 사당이 있었다. 예부터 이곳 언덕에서 용에게 제사를 지내는 풍습이 있었다. 제룡단을 차려놓고 정부에서 내려주는 물품으로 봄과 가을에 제사를 지냈다. 기록을 보면 신라 때부

사람 사는 이야기가 들리는 듯, 활기가 넘치던 땅

터의 일이라고 한다.

이 일대에서 무엇보다도 빼놓을 수 없는 것은 풍경이다. 뒤로는 병풍 같은 산이 펼쳐져 있고 앞으로는 바다 같은 강이 흘렀다. 사람들은 이곳을 별유천지라 하였다. 그래서였는지 나루터 서쪽에는 잣골, 다시 말해 자하동紫霞洞이란 이름을 지닌 마을이 실제로 있었다고 한다.

그러므로 이곳 아차산에서 광나루까지는 버드나무 흐드러진 승경일 뿐 아니라 용을 모시는 신성한 땅이었으며 교통과 물류, 군사가 교차하는 현란한 땅이었다. 겸재 정선이 그린 〈광진〉은 그 현란한 풍경을 오롯이 보여주고 있다. 이 그림을 두고 태종 이방원의 별장인 낙천정이 있는 광진구 자양동 잠실대교 근처의 대산臺山을 그린 것이라는 의견도 있다. 하지만 화가가 화폭에 써넣은 제목 그대로 광나루를 그린 것으로 보아야 한다. 천호대교 남단에서 강 건너편 워커힐호텔을 향해 보이는 풍경이다. 화폭 상단을 지배하고 있는 산은 아차산이고 기슭에서 강변까지 이어지는 아주 반듯한 기와집들은 모두 번화한 광나루의 화려함을 과시하는 장면이다. 하지만 오늘날 산중턱에는 호텔이 들어섰고 강변 나루터나 모래사장은 모두 파헤쳐 아차산길과 강변북로가 되었다. 화면의 중단 산기슭 기와집이 잔뜩 모인 곳에 자리하고 있는 워커힐호텔은 정부기관인 국제관광공사가 주한미군을 고객으로 설정하고서 1963년에 개관했다. 워커힐이란 이름은 한국전쟁 때 미8군 사령관 월턴 H. 워커Walton H. Walker를 기리고자 붙였다. 주인이 여러 차례 바뀌었어도 저 워커 장군의 이름을 계속 사용하고 있는데 삼국시대부터 이곳이 군사요충지였기에 그 전쟁의 기운이 작용하는 것인지, 홀로 생각한다.

송파나루, 같은 풍경을 바라보는 화가의 서로 다른 시선

신라의 문무왕?-681은 당나라와의 전쟁을 이끈 영웅이었고 죽어서는 경주의 동해안 감포 앞바다 대왕암에 자신을 묻으라 했다. 그곳에서 백성을 지키겠다는 의지였다. 죽어서조차 외적으로부터 자신의 백성을 보호하려 했던 참된 왕이었다. 문무왕이 672년 한양 남쪽 땅인 남한산에 성벽을 쌓은 것은 당나라 침공에 대비하기 위해서였다. 놀랍게도 이 남한산성은 고려시대 때 위력을 발휘했다. 침략군인 몽고군에 맞서 고려군이 바로 이 남한산성 전투에서 승전을 거두었다.

조선시대 남한산성은 수도방어 요충지로 부상했다. 인조 때 일이다. 인조가 왕위에 오를 적에 공을 세운 이괄이 또 다시 인조를 폐위하기 위해 군사를 일으켜 한양을 점령했지만 패전하여 삼전도를 거쳐 경기도 광주 땅으로 도주했다가 부하의 배반으로 죽고 말았다. 그런데 저 이괄의 위세에 겁을 먹은 인조는 충청도 공주까지 도주했다. 인조는 두려움을 진정하려 했음인지 허물어진 채 버려져 있던 남한산성을 다시 쌓는 일에 전력을 기울였다. 몇 년 후 청나라가 침략해오자 강화도로 피난했다. 강화도까지 피난을 갔지만 형편없는 전투력으로 말미암아 항복하고 말았다. 그런데 무슨 자신감 때문인지 청나라의 사신을 냉대하였다. 그뿐만 아니라 결전 의지를 천명하기도 했다. 이런 인조를 그대로 보고 있지 않았던 청나라는 십 년을 지켜보다가 압록강을 건너 질풍노도처럼 한양을 점령해버렸다. 혼비백산한 인조는 강화도로 가려 하였지만 길이 막혀 남한산성으로 피난하였다. 청나라 군대는 선봉군을 보내 남한산성 일대를 포위하고서 기다리기로 했다. 살을 에는 추위와 부족한 땔감에 식량마저 없었으므로 성 안엔 죽음의 그림자가 어른거렸다. 해가 바뀌고 더 버틸 수 없던 인조는 소현세자는 물론 신하들을 이끌고 한양과 남한산성을 이어주던 나루 삼전도로 나아가 청나라 태종 홍타이지皇太極에게 스스로를 다음처럼 낮췄다.

정선, 〈광진〉, 《경교명승첩-상권》, 31.5×20, 비단, 18세기, 간송미술관
천호대교 남단에서 강건너 아차산을 바라본 풍경

낮은 땅의 값싼 신하

그렇게 큰절을 올리고 아주 특별한 예를 갖춰 항복하였다. 강화도 항복 때는 형제로 아우를 자처했지만 남한산성 항복 때는 군신으로 신하를 자처해야 했다. 군주와 신하 사이 관계가 문제가 아니었다. 얼거나 굶어 죽는 것이 더욱 큰 문제였던 게다. 그렇게 해서 목숨을 부지한 인조는 항복한 땅 삼전도에 항복을 기념하는 비석을 세우고, 거기에 새겨넣을 글을 심혈을 기울여 새긴 끝에 '대청황제공덕비'를 건립하였다. 흔히 '삼전도비'라고 부르는 너무도 유명한 이 비석은 지금도 송파구 삼전동 백제 초기 적석총 옆에 자리잡고 서 있다. 유명한 까닭은 어이없는 비참함의 상징이어서이기도 하지만 만주문자, 몽고문자, 한자 등 여러 문자로 제작된 특이한 비석이기 때문이기도 하다.

세월이 흐른 뒤 치욕의 상징이 되어버린 삼전도 나루터는 폐지되었다. 한강을 건너는 교통요지는 이제 바로 그곁 송파나루로 옮겨졌다. 인간의 어리석음을 자연에 화풀이하는 꼴이긴 했지만, 한편으로는 부끄러운 기억을 지우려는 안간힘이기도 했다. 하지만 청나라의 위세에 감히 비석까지 바로 치워버릴 수는 없었다. 비석은 한동안 그 자리에 그대로 있다가 1895년 고종 시대에 이르러서야 땅에 묻혔다. 아마도 기억까지 묻고 싶었던 건 아닐까.

비석은 그러나 다시 빛을 보았다. 조선을 강점한 일제가 1913년에 굳이 파내서 다시 세웠다. 해방을 거쳐 대한민국 정부 수립 이후 1956년 문교부가 나서서 또다시 파묻었다. 치욕스러운 기록물이라는 것이 명분이었다. 하지만 치욕은 영영 사라지지 않았다. 1963년, 기껏 일곱 해 세월이 흐른 뒤 억수로 비가 내리던 어느 날 강가에서 비석이 솟아올랐다. 숨긴다고 해서 사라지는 게 아니라고 비석이 말해주는 듯했다. 그뒤로는 더 이상 파묻지 않았다. 1983년에는 송파구 석촌동 27번지 어린이공원에 세웠다가 2010년에 다시 잠실동 47번지 석촌호수 옆 지금의 자리로 옮겨 세웠다. 원래의 자리에 가장 가까운 곳이라서 그랬다고 한다.

　　남한산과 송파는 백제의 수도 위례성이 있던 땅으로 온조왕7-28의 터전이었다. 1639년 인조는 남한산성 안에 온조사당을 건립했다. 삼전도비를 세우던 그해였다. 조금이나마 죄를 씻고자 했던 걸까. 하지만 이름도 없는 무명 사당이었고 그럴듯한 제사 한 번 지내지 않는 이른바 비밀 사당이었다. 청나라 눈치를 보아야했기 때문이다. 그렇게 벌벌 떨며 세월이 흘렀고 약 일백오십 년이 훌쩍 흐른 1795년 정조 때에야 비로소 사당에 숭열전崇烈殿이란 이름의 현판이 붙었다. 삼전도비와 온조사당 사이의 시간은 그러니까 약 일백오십 년이었던 게다.

　　여름날의 송파나루를 그린 겸재 정선의 〈송파진〉은 녹청색이 눈부시게 아름답고 멀리 남한산과 남한산성이 황홀하다. 이른 봄날의 송파나루를 그린 진재 김윤겸의 부채그림 〈송파환도도〉는 멀리 눈 쌓인 남한산이며 추위가 가시지 않아 칼바람 부는 한강이 차가운 그림이다. 두 작품 모두 뚝섬에서 강 건너 송파나루 쪽 뱃사공을 기다리는 승객들이 저 멀리 남한산성을 향하고 있는 풍경이다. 강 건너 오늘날 서울종합운동장 옆 탄천이 한강으로 흘러드는 모습도 그렇지만 상단에 남한산이 장엄하다. 그 능선을 따라 소나무가 길게 늘어서 있는 모습이 특별한데 아마도 남한산성을 그렇게 표현한 모양이다. 산성 왼쪽으로 천마산天馬山이 가깝고 오른쪽엔 검단산黔丹山이 아득하다.

　　일백 년의 시차가 있다고 해도 병자호란과 깊은 연관이 있는 장동김문의 일원임을 생각하면 김윤겸이 이곳 풍경을 무심결에 그렸다고는 할 수 없다. 김윤겸의 고조할아버지 청음 김상헌은 청나라에 죽음으로 맞설 것을 외친 결사항전론자였다. 항복한 뒤 인질로 잡혀가서도 황제 앞에 무릎을 꿇지 않았다. 가상히 여긴 청나라 황제가 살려주어 귀국하자 그 명성이 조선 천지를 뒤흔들 정도였다. 특히 청나라에 대한 복수를 주장하는 이들 사이에 김상헌은 마치 신처럼 떠받들어졌다. 그러므로 서자이기는 해도 그 후손인 김윤겸은 〈송파환도도〉의 중심을 차지하고 있는

사람 사는 이야기가 들리는 듯, 활기가 넘치던 땅

정선, 〈송파진〉, 《경교명승첩-상권》, 31.5×20, 비단, 18세기, 간송미술관
뚝섬에서 강 건너 송파나루 쪽을 향해 멀리 남한산성을 바라본 풍경

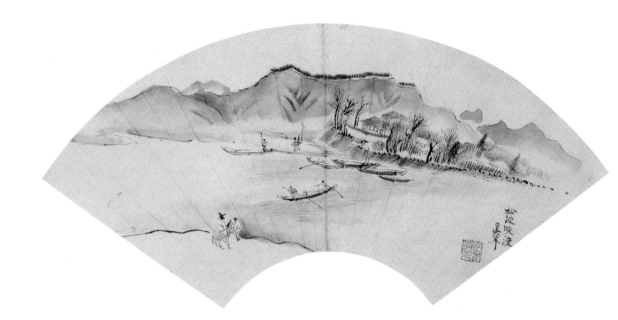

김윤겸, 〈송파환도도〉, 61×24.1, 종이, 18세기, 국립중앙박물관

뚝섬에서 강 건너 송파나루 쪽을 향해 멀리 남한산성을 바라본 풍경

저 남한산 몸체에 칼질하듯 두 군데 깊은 상처를 내놓았다. 아직 아물지 않은 고통을 그리 표현한 것이겠다. 그래서인지 그림 전편에 서늘하고 불안한 공기가 감도는 듯하다. 분명 전쟁의 추억 탓이므로 김윤겸이 살던 시대의 태평성대만 떠올릴 일은 아니다. 곱고 아름답기만 한 겸재 정선의 그림과 비교해보면 더욱 그러하다. 겸재 정선에게 남한산성이나 삼전도는 그저 풍경이요 자연이었을 뿐이지만 진재 김윤겸에게 그 풍경은 천하의 역사였고 고난에 찬 시대였으며 가문의 흔적이었을 것이다.

중랑천과 한강이 만나는 곳, 그곳에 저자도가 있었네

한양이 고향인 복재 한종유1287-1354는 고려말 올곧은 길을 걸어 정승에 이르렀지만 권세가들의 횡포에 염증을 느껴 끝내 조정에서 물러나 고향으로 내려와 은거한 인물이다. 은일지사가 된 한종유가 별장을 마련하고 유유자적 세월을 보낸 곳은 저자도였다. 개혁군주였던 공민왕1330-1374이 그를 재상으로 삼고자 했으나 더 이상 나가지 않은 채 이곳 저자도에서 그 생애를 마쳤으므로 그의 은거는 탐욕의 시대를 꾸짖는 것이었다.

한종유가 그렇게 살다가 세상을 떠난 뒤 사십 년이 채 지나지 않아 왕조가 바뀌었는데 조선의 2대 정종, 3대 태종과 4대 세종이 연이어 이곳 저자도를 자주 찾아 주연을 즐기곤 했다. 그러니까 저자도가 한양의 명승임을 발견한 이는 저 한종유였던 셈이다.

세종은 한글 창제에 공을 세운 영민한 둘째딸 정의공주1415-1477에게 저자도를 하사하였고 공주는 이 섬을 한성부좌윤을 역임한 아들 안빈세1445-1478에게 물려주었다. 세종은 정의공주에게 저자도를 하사한 일을 뿌듯하게 생각했던 모양이다. 지금은 전해지지 않지만 이 일을 기념하여 화가로 하여금 저자도를 그리게 하고 또 당대 제일의 문장 사숙재 강희맹으로 하여금 발문을 짓게 하였다고 한다. 이때 강희맹은 「저자십영」을 따로 지어 그 아름다움을 특별히 노래하였는데 '긴 시내 할퀸 언덕에 선 바위'라고 멋지게 묘사한 바 있다. 강희맹만이 아니다. 당대 문장의 권력으로 예문관과 집현전 대제학을 두루 역임한 학역재 정인지1396-1478는 저자도를 '완연히 물 가운데 있는데 물굽이 언덕이 둘리고, 흰 모래, 갈대 숲'으로 이루어진 섬이라고 묘사하였다. 아주 짧지만 마치 눈앞에 펼쳐진 그림을 보는 느낌이다. 뛰어난 재사였던 안재 성임1421-1484은 '천 년의 위태로운 돌 언덕'이라고 했다. 그 위엄을 이보다 더 잘 나타낸 문장은 없을 것이다.

　　화가 김석신의 그림 〈가고중류도〉笳鼓中流圖는 저자도에서 중랑천 건너편으로 보이는 입석포를 그린 것이다. 입석포는 선돌개라는 멋진 이름으로 불렸던 곳이다. 화폭 하단에 나무줄기 흐드러진 이곳이 닥나무 많은 저자도요, 상단에 남산 줄기가 끝나는 곳이 입석포다. 중단에는 차양 지붕을 친 배 두 척을 나란히 띄워 모두 서른 명이 풍류를 누리는 모습을 실감나게 연출했다. 또한 화면 상단 왼쪽 구석에는 선비와 농부는 물론이고 승려와 어린이에 아기 업은 아낙네까지 구경꾼들이 입석포 중턱에 줄지어 서 있고 화면 하단의 저자도에는 두 선비가 미처 배에 오르지 못한 듯 담배 물고 물끄러미 서 있다. 호화로운 선상 풍류의 주인공이 누구인지 또 어느 때의 놀이인지 알 수 없다. 하지만 군복을 갖춰 입은 장수의 호위가 삼엄한 것으로 보아 아마도 재상가문의 경사를 기념하는 잔치가 아닌가 한다.

　　재미있는 건 이 그림이 《도봉첩》과 같은 크기라는 사실이다. 《도봉첩》은 김석신의 〈도봉도〉가 포함되어 있는 서책이다. 그렇다면 〈가고중류도〉는 저 〈도봉도〉와 같은 화첩에 묶여 있다가 뜯겨 나온 것으로 짐작할 수 있다. 그렇게 보면 이 잔치는 1805년 형조판서 지포 이재학과 좌의정 심재 서용보 일행의 유람일 가능성도 있다.

　　〈가고중류도〉에서 피리와 북소리에 흥겨움 넘치던 저자도는 중랑천이 한강

　　　　　　　　　　　　사람 사는 이야기가 들리는 듯, 활기가 넘치던 땅

김석신, 〈가고중류도〉, 53.7×36.6, 종이, 18세기, 개인

서울숲공원 앞 한강가 뚝섬에서 중랑천 건너편 입석포를 바라본 풍경

과 만나는 곳에 삼각주로 형성된 모래섬이었다. 그러니까 지금 금호동 건너편 성수동의 서울숲 공원 앞 한강에 떠 있었다는 말이다. 하지만 이미 사라져 전설의 섬이 된 지 오래다. 그렇다면 저자도는 언제 사라진 것일까. 한강을 파헤치던 시절이었다. 1967년 12월 김현옥1926-1977 전 서울시장은 수수만년 그렇게 흐르던 한강을 파헤치면서 스스로도 부담스럽고 민망했는지 '민족의 예술'이라는 해괴한 구호를 내세웠다. 1969년 2월 서울시로부터 압구정 앞 한강을 덮어도 좋다는 매립 허가를 받은 현대건설은 1972년 12월까지 무려 약 십육만 제곱미터(약 사만팔천 평)를 메웠다. 그 많은 흙과 모래는 강 건너 저자도에서 나온 것이었다. 일부가 아니라 통째였고 그렇게 하여 저자도는 흔적도 없이 사라졌다. 섬 하나를 통째로 파내 강을 메꾼 셈이다.

당시 저자도의 주인이 따로 있었지만 십여 년의 소송에도 불구하고 등기권리까지 가진 소유자의 권리는 짓밟히고 말았다. 박정희와 김종필이 세운 군사독재정권의 폭력 앞에 엄연한 법은 권력의 편에 섰다. 저자도는 그렇게 어이없이 사라져버렸다. 그로 말미암아 약 칠백여 년 전 한종유가 은거했던 이곳은 그러므로 이제 한낱 전설 속 풍경이 되어버렸다.

두모포 사대부라면 한강 제 물 쓰듯 재물을 아끼지 않더라

금강산과 오대산에서 시작해 흐르고 흘러 천리길 달려온 물줄기가 양수리라 부르는 두물머리를 지나 또 다시 중랑천과 만나는 곳 지금 옥수역 위쪽 응봉 아래 나루터인 두모포에 이르렀다. 이제야 비로소 남한강이 한양의 강으로 바뀐다 하여 여기서부터는 경강京江이라고 불렀다. 또는 북한산(삼각산), 다시 말해 큰 산 아래 강물이라 하여 한산하漢山河라고도 하였다. 두모포는 어떤 곳인가. 두모포는 중랑천과 남한강이 합류하는 나루터였으므로 두물개 또는 뒵개라 불렀다. 도성으로부터 동쪽 십 리에 있고, 또한 두모포에서 비로소 한양의 시작을 알렸으니 두모포 앞 한강은 동호東湖라고 불렀다. 동호는 왕이 머무는 도시 한양의 시작을 알리는 첫머리임에 부족함이 없었다. 그 주변에 장엄한 입석포며 아름다운 저자도까지 멋진 풍경이 즐비했기 때문이다.

두모포에서 가장 유명한 곳은 거대한 얼음 창고인 동빙고다. 수헌 유본예가 『한경지략』에 쓰기를, 동빙고 얼음은 궁궐 행사에만 올리는데 그러므로 매년 섣달 관리가 사한제司寒祭를 올려 추위와 얼음의 신인 현명씨玄冥氏를 모시는 제사를 엄숙히 치른 뒤에야 한강 저자도 얼음을 깨기 시작한다 하였다. 이곳에는 얼음시장이 있었다. 관청에서 얼음을 채취하고 남은 것을 민간에서 파내 팔다보니 그러했다.

두모포는 강 건너 송파나루로 밀려드는 전국의 쌀이며 목재는 물론 토산품과 연계하여 거대한 물류시장을 형성했던 번화가이기도 했다. 한강 나루터 어느 곳에서나 시장이 서서 화려했다. 숱한 여염집과 가게들이 들어섰고 연이어 현란한 홍등가도 번창했을 것이다. 두모포 일대에 크고 작은 누각과 정자가 즐비하게 자태를 뽐내고 있음을 보면 알 수 있다. 숱한 시민이 모여들어 재물 쓰길 아끼지 않는 성시盛市를 이루었다. 더구나 강기슭에 배 띄워 풍류를 누리는 세력가들이 즐겨 드나들고 보니 더욱 번성할 수밖에 없었다. 한강을 무대 삼아 상거래로 엄청난 재화를 쌓으면서도 지독한 구두쇠로 소문난 경강상인이나, 공짜 좋아하기로 제일인 사대부 관료조차 한강 제 물 쓰듯 화폐를 남발했다. 그러므로 두모포는 한성부 관리들이 눈독 들인 세금밭이기도 했다.

부패한 세도가 윤원형?-1565의 첩 난정?-1565은 민인들도 마음껏 먹지 못할 쌀밥을 두모포 물고기 밥으로 매년 두세 번씩 뿌려주는 놀이로 소문이 파다했다. 16세기 사람으로 서얼 출신의 탁월한 문장가인 야족당 어숙권은 『패관잡기』에 '사람들이 말하기를 백성의 먹을 것을 앗아다가 강물 고기에게 밥을 주니 이것을 앗아서 저것을 주는 것이 까마귀나 제비가 개미나 벌레를 잡아먹는 것보다 더 심하다고 수근댔다'고 기록해두었다. 또한 윤원형 대감이 죽기 직전, 나룻배만큼 큰 흰빛 물고기인 백어白魚 두 마리가 죽어 강물 위로 솟아오르자 이를 잡은 어부가 놀라 조정에 바치는 괴기한 일이 일어났는데 이를 빗대 성균관 유생들이 조롱하여 말하기를 '저만큼 큰 물건이 상공 윤원형의 밥을 기대하여 바다에서 멀리 왔다가 사람에게 잡히고 말았으니 가엾구나'라고 풍자하였다.

도시의 유흥문화를 가장 빼어나게 묘사했던 화가 혜원 신윤복1758-1830?의 〈주유청강〉舟遊淸江은 기생과 어울리는 사대부 풍류를 그린 것이다. 두모포 강기슭 어느 곳에선가 음탕한 놀이가 드러내놓고 벌어졌을 터이고, 화가 신윤복은 이런 소재를 여기저기 기웃기웃 수집하던 차였을 게다. 그의 눈길에 잡힌 어느 일행 행락이라 그들이 누구인지는 알 길 없다. 그저 갈매기 날아다닌다는 압구정이 강 건너 보이는 홍등가 나루터인 두모포라 짐작할 따름이다. 피리 소리에는 관심도 없고 오로지 성욕에 빠진 두 청년 난봉꾼의 표정이 볼 만하다. 서 있는 중년 양반의 표정이 쓸쓸한데 어쩌면 청년들은 권력을 누리는 탐관오리요, 중년의 인물은 기생을 상납해서 이권을 따내려는 사업가인지도 모르겠다. 그래선지 여덟 사람 몸짓이 한결같지 않고 제각각인데 기생의 표정이야 그렇다 치고 배 끝에 노 저으며 무슨 일이라도 일어날까 살피는 사공의 표정이 자못 음흉하다. 화가 신윤복은 중년 인물의 찌푸린 눈길과 사공의 비웃음을 통해 탐욕에 빠진 두 청년을 비판하고 있다. 이런 해석의 근거는 '늦바람 탓에 피리 소리 들을 수 없고, 꽃물결 따라 흰 갈매기가 나른다'라고 쓴 화가의 화제 속에 숨어 있다. 늦바람 탓에 피리 소리를 들을 수 없다는 건 색욕 탓에 예술을 밀어내버린다는 뜻으로 화가의 주장이 아주 명확하다. 흥미로운 건 화폭의 배경을 이루는 거대한 바위다. 인간의 욕망을 그렇게 형상화한 것으로 탐욕이란 끝이 없음을 보여주고 싶었던 것이겠다.

신윤복, 〈주유청강〉, 《혜원전신첩》, 35.6×28.2, 종이, 19세기, 간송미술관

지하철 옥수역 앞 포구였던 두모포 풍경

옥수동 인근, 선비들의 독서 지대이자 왕실의 누정 지대

학문을 즐기던 군주 세종은 1426년 12월 신하들로 하여금 휴가를 내주어 학문에만 탐닉하도록 하는 사가독서賜暇讀書 제도를 시행하라고 집현전 대제학 춘정 변계량1396-1430에게 명령하였다. 이에 변계량은 집현전 학사 가운데 재능과 덕망이 넘치는 인물들 몇몇을 선발해 지금 세검정 위쪽 세검정초등학교 자리에 있던 사찰인 장의사에서 공부하도록 했다. 문장에 뛰어난 재질을 지닌 여서 권채1399-1438, 당대 제일가는 문장이라 칭송 받던 경재 남수문1408-1443, 젊은 날 과거시험에서 장원을 차지한 연빙당 신석조1407-1459 세 사람이 그들이다. 이것이 최초의 독서당이었다. 사가독서의 은혜를 입은 이들은 뒷날 큰 업적을 쌓았는데 권채는 동료와 함께『신증향약집성방』을 편찬, 간행했고 신석조는『의방유취』와 같은 과학 의료 분야의 명저를 편찬하였으며 남수문은『고려사절요』와 같은 역사서의 초고를 썼다.

하지만 세조는 집현전 학사들을 싫어해서 사가독서 제도를 폐지해버렸다. 집현전 학사들은 세종으로부터 단종을 보호하라는 명령을 받은 터에 조카인 단종을 쫓아내고 왕위를 찬탈한 세조를 비판했다. 그러니까 단종을 보위하려는 집현전 학사들이 싫었던 것이겠다. 게다가 이들이 1456년 단종 복위를 꾀하는 이른바 사육신 사건을 일으키자 세조는 집현전을 아예 폐지해버렸다.

그런 반면 성종은 집현전을 홍문관이란 이름으로 복구하였고 사가독서 제도를 부활시켰다. 물론 쉽게 부활한 건 아니다. 1474년 4월부터 그 논의를 시작해 몇 해가 걸렸다. 1476년 6월 14일 국정최고기관인 의정부에서 채수1449-1515, 권건1458-1501, 허침1444-1505, 유호인1445-1494, 조위1454-1503, 양희지1439-1504를 선발해놓고 27일에는 몇 가지 규정을 마련하였다. 무엇보다도 성 안 번화가인 여염집이 아니라 고요한 산중 절집에서 독서하도록 했다. 1481년 용산에 있던 폐사를 수리하여 호당湖堂이라고 부르는 독서당을 설치한 조치는 학문에 전념하라는 뜻이 담긴 것이었다. 1491년 8월 21일에는 홍문관 관원에게도 별도로 집을 지어 사가독서 하도록 하였다. 이후로도 사가독서 제도는 이어졌다.

중종은 여승인 비구니들이 모여 살던 정업원淨業院에서 비구니를 내쫓은 뒤 그곳을 독서당으로 삼아 사가독서를 시행케 하고 노비 열 명을 독서당에 배정하여 그 경영을 강화하였다. 그러다 정업원이 독서당으로는 적합하지 않다고 여긴 탓인지 두모포 월송암 근처에 집을 새로 지어 독서당으로 삼는 조치를 취하였다. 옥수동에서 약수동으로 건너가는 고개 아래였다. 그뒤로 이 고개를 독서당고개라 하였고, 오늘날에는 옥수동성당 서쪽 극동아파트 입구에 독서당터라는 표석을 세워놓았다. 〈독서당 계회도〉는 지난 날 사가독서를 하였던 인물들이 한자리에 모여 지난날의 추억을 되새기는 모임을 기념해 그린 기록화다. 참가자는 율곡 이이, 송강 정철1536-1593, 월정 윤근수1537-1616, 서애 류성룡이다. 이름만으로도 한 시대를 뒤흔든 당대 최고의 인물들이다. 기록화라고는 해도 왕이 매를 놓아 사냥하여 큰매봉이라 불렀던 응봉을 왼쪽 끝에 솟구칠 듯 배치하고 고개 아래 독서당 앞쪽 아래로 몇 척의 배가 떠도는 호수인 동호를 그려 깊은 맛이 우러나는 한 폭의 산수화다. 꿈틀대는 산줄기가 굽이굽이 오른쪽으로 쏟아내리는 모습이 가파르긴 해도 아래쪽 물줄기가 한가해 여유마저 갖추고 있다. 이 기록화에서 흥미로운 부분이라면 세심한 묘사다. 그러니까 산중턱 고갯길을 넘어가는 두 사람과 독서당 건물 안에 앉은 세 사람, 그리고 화폭 하단 강변에 나귀 타고 가는 선비 일행에 짐꾼과 아낙의 모습은 물론 강 위를 떠도는 여섯 척의 배들을 꼼꼼히 그린 세부를 들여다 보고 있으면 자못 활기가 느껴지는데 사람 사는 이야기가 들리는 듯해서다. 〈독서당 계회도〉는 한강 건너 남쪽 압구정에서 바라본 풍경이라고 여기기 쉽지만 산의 모양과 물결의 흐름으로 미루어 지금은 사라져버린 저자도에서 바라본 풍경이다. 화폭 하단 오른쪽 구석에 위치한 땅이 바로 그 저자도다.

독서당 뒤로는 응봉, 매봉과 같은 높은 산이 치솟았을 뿐 아니라 거북바위며 투구바위, 너럭바위, 칼바위, 형제바위가 즐비하고, 달맞이봉에 바람맞은고개며 진 등고개가 독서당고개와 더불어 얽혀 있어 그야말로 심산유곡이 따로 없었다. 또한 한양에서 으뜸가는 우물이 있어 위장병에 특효라는 약수도 솟구치는 땅이라 약수 동, 또 옥 같은 물이란 뜻의 옥수동이란 이름으로 불렸다. 그렇게나 물이 좋았으므 로 정부는 이곳에 얼음을 저장하는 창고의 하나인 동빙고를 설치했던 게다.

또 한 폭의 〈독서당 계회도〉가 있다. 언젠가 일본으로 건너갔는데 교토국립 박물관 관장을 지낸 간다 기이치로1897-1984가 소장했으나 죽은 뒤 여러 곳을 떠돌 다 미국 크리스티경매장에 나온 것을 국외소재문화재단이 구입해왔다. 화폭 복판 을 차지한 독서당 지붕을 중심으로 오른쪽 끝에 지금은 없어진 저자도楮子島와 두 모포豆毛浦가 보이고 왼쪽엔 연이어 천일정天一亭과 제천정濟川亭이 우뚝하다. 상단엔 높이 솟은 응봉鷹峯을 중심으로 맨 오른쪽부터 도봉산과 삼각산이, 맨 왼쪽부터 인 왕산과 남산, 백악산이 즐비하다. 또한 뱃놀이 하는 한강의 아래쪽엔 압구정鴨鷗亭 이 있는 땅이 보인다.

지금은 흔적조차 없으나 옥수동이 명승지임을 증명하는 정자들이 한때 이곳 에 즐비했다. 1506년 질탕한 풍류를 사랑했던 연산 왕이 창건한 황화정, 성종에게 왕위를 빼앗긴 불운의 왕자 제안대군1466-1525의 정자인 유하정 그리고 부패한 관 료였던 용천 김안로의 보락당, 글씨에 뛰어났던 재상 임당 정유길1515-1588의 몽뢰 정, 뛰어난 개혁 관료였으나 권력에 탐닉했던 석애 조만영의 쌍호정이 바로 한양 풍류를 상징하는 이름들이었다.

조금 아래쪽으로 내려와 오늘날 한남대교 북단은 그야말로 왕실의 누정 지 대였다. 세조가 왕위에 오르기 전 야심을 기르던 창회정과 즉위한 지 이 년째인 1456년 그 이름을 바꿔 왕의 정자로 삼은 제천정을 비롯해 세조의 왕위 찬탈에 공 을 세운 뒤 출세의 길을 걸어 좌의정에 이르렀던 서석 김국광1415-1480의 천일정,

사람 사는 이야기가 들리는 듯, 활기가 넘치던 땅

미상, 〈독서당 계회도〉, 57.5×102, 비단, 16세기, 서울대박물관
서울숲공원 앞 한강가 저자도에서 중랑천 건너편 옥수동 옥수역 독서당터를 바라본 풍경

미상, 〈독서당 계회도〉, 62.2×91.3, 비단, 1531년경, 국립고궁박물관

압구정 쪽에서 한강 건너 성동구 옥수동 일대 독서당터를 바라본 풍경

미상, 〈제천정, 무진추한강음전도〉, 42.6×28, 종이, 16세기, 개인
한남대교 북단 높은 곳 제천정터에서 한강 건너
강남구 개포동 대모산을 바라본 풍경

세조의 손자인 은천군의 정자인 세심정, 그리고 인조의 아우 능원대군1592-1656의 능원정, 효종의 아우 인평대군1622-1658의 대은정이 모여 있었다.

특히 제천정은 명나라 사신을 맞이하여 잔치를 베푼 곳으로 최고의 승경지였다. 하지만 인조가 정변을 일으킬 때 작전 지휘를 맡았던 장수 이괄이 포상에 불만을 품고 집권 이 년 만인 1624년 반란을 일으키자 인조가 충청도 공주로 도망치던 날 밤 제천정 건물에 불을 질러 그 불빛으로 어둠을 밝혀 한강을 겨우 건너면서 사라지고 말았다. 그뒤 다시는 제천정을 재건하지 않았다. 부끄러운 추억을 감추고자 했던 까닭이지만 제천정이란 이름만큼은 아주 오랫동안 잊히지 않은 채 대를 물려 전해 왔다. 고종이 연희전문학교 설립을 비롯한 교육 활동에 공을 세운 언더우드1859-1916에게 제천정을 불하했다는 전설이 있으나 그것이 정말 제천정인지는 알 수 없는 일이다.

그런 이를 알 수 없는 〈제천정, 무진추한강음전도戊辰秋漢江飮餞圖〉는 저 제천정의 화려했던 시절을 그대로 보여준다. 자연을 노래한 「어부가」의 시인으로 이름 드높은 문인 농암 이현보1467-1555가 1508년 가을 경상도 영천군수가 되어 한강을 건너기 전 제천정에서 동료들과 어울려 이별의 모임인 전별연을 열었다. 이 장면을 그린 것이 이 작품이다. 등장하는 사람 한 명 한 명의 옷차림이며 움직임까지 자세히 묘사하여 생동감이 눈부시다. 강 건너 화폭 상단 왼쪽에 대모산이 보인다. 화폭 하단에서는 선상의 모임이 펼쳐지고 있고 왼쪽 절벽 위에는 제천정이 단아한 자태를 뽐내고 있다.

사람 사는 이야기가 들리는 듯,활기가 넘치던 땅

한강은 여전히 흐르나
그 시절은 간 곳이 없네

세조의 장자방 한명회가 사랑한 압구정,
풍경은 사람을 가리지 않는가

밀려드는 바닷물과 더불어 날아든 기러기며 오리떼가 쉬어간다는 압구정리 狎鷗亭里는 1970년까지만 해도 마을과 논둑길 어우러진 벌판이었다. 일백여 가구가 모인 마을 어귀엔 성황당도 있고 구렁이 나온다는 구렁박 언덕배기에 너무도 큰 느티나무 우뚝 솟아 왼쪽으로 동작나루, 오른쪽으로 잠실벌을 거느린 채 곱디고운 까치벌이 끝없던 땅이었다. 단옷날이면 지금 옥수동으로 이름 바뀐 한강 북쪽 나루 두모포에서 배 타고 건너온 도성의 시민들이 얼마나 즐거워했던가. 이 이야기는 『한국일보』 1994년 3월 8일자 「내가 살던 압구정리」란 수필에 당시 워싱턴 D.C.에 살고 있던 김정자라는 이가 베풀어놓은 추억이다.

그렇다면 압구정의 예전 모습은 어땠을까. 화가 김석신의 〈압구청상〉狎鷗淸賞을 통해 상상해볼 수 있다. 앞에서 이미 김석신의 그림 두 점을 보았다. 하나는 〈도봉도〉이고 또 하나는 저자도에서 바라보는 입석포를 그린 〈가고중류도〉다. 〈가고중류도〉를 살피며 〈도봉도〉와 같은 크기임을 들어 혹시 김석신이 1805년 심재 서용보와 지포 이재학의 유람에 동행하여 그린 것일 가능성을 언급했다. 〈압구청상〉역시 그 유람의 연장이라면 어떨까. 그렇게 추론한다면 뒤에 나오는 다른 그림들까지도 매우 흥미롭게 지켜볼 수 있겠다.

요즘 관직으로 보면 총리급의 좌의정 심재 서용보와 장관급의 형조판서 지포 이재학 일행을 태운 두 척의 배가 도봉산에서 입석포, 저자도를 거쳐 두모포 건너 압구정리에 닻을 내렸다. 이들 일행을 따르던 화가 초원 김석신은 땅에 오르지 않은 채 배 위에서 그 일행을 바라보고 그림을 그렸으니 바로 〈압구청상〉이다.

치솟은 바위 끝 아슬아슬 자리잡은 건물이 어딘지 불안한데 뒤편이 솟아올라 받쳐주니 그제야 안정을 얻었다. 지붕 안에 네 명, 밖에 세 명 모두 일곱이 먼저 올랐고 셋이 오르막길 오르는데 자꾸만 위태롭다. 어인 일인가.

화폭 위 높은 곳에 자리한 건물은 뒷날 왕위에 오른 수양대군의 책사로 영의정을 세 번이나 지낸 사우당 한명회의 별장이었다. 수양대군이 1453년 안평대군을 죽인 다음 어린 조카 단종을 쫓아내고 1455년 왕위에 오를 때 한명회는 참모로서 갖은 활약을 펼쳤다. 이 어이없는 정변에 누구나 분노하고 있던 날 그 분노를 대표하는 사육신과 생육신이 등장했다. 시절이 수상할 때면 그 사람을 알 수 있다 하였다. 한명회란 사람은 누구인가. 늘 과거에 떨어지던 한명회는 가문의 위세로 얻은 벼슬할 수 있는 특권 덕분에 겨우 관직에 나간 인물이다. 하지만 수양대군의 심복이 되어 정권을 찬탈하는 계유정난 일등공신으로 출세가도를 달리기 시작했다. 단종 복위 운동을 펼치던 사육신을 주살하여 다시 승승장구, 드디어 판서, 좌의정, 영의정 자리에 올랐다. 어디 그뿐인가. 제8대 왕 예종1450-1469, 제9대 왕 성종 시대까지 끝없는 권세를 누렸다. 과연 세조가 총애하는 모사꾼다웠다. 실제로 세조는 그런 한명회를 가리켜 천하를 통일한 영웅으로 한나라를 창업한 유방의 모사꾼 장량, 다시 말해 장자방에 비유하여 '나의 장량'이라 했다. 그러니까 한명회란 인간

한강은 여전히 흐르나그 시절은 간 곳이 없네

김석신, 〈압구청상〉, 23.5×30.9, 종이, 18세기, 선문대박물관

압구정 현대아파트와 현대백화점이 들어서서 사라진 한강가
가파른 언덕과 그 위에 자리한 압구정 풍경

은 정적의 시신을 밟고서라도 권력을 지키기에 부족함 없던 책략가였던 게다. 그런 인간도 아름다운 자연은 알아 압구정을 제것으로 삼았다.

김석신의 〈압구청상〉을 다시 보아야 한다. 이 그림은 그저 단순치가 않다. 김석신은 '청상'淸賞이라고 화제를 써넣었다. 청상이란 탐욕 없는 맑음을 기린다는 뜻이다. 그런데 그림은 그게 아닌 것 같다. 그림의 붓질이 거칠고 건물은 기울어 불안하며 분위기는 스산한 데다 화면은 꽉 차서 욕망이 덩어리째로 치솟아 오르는 구도다. 어쩌면 화가는 이 그림을 그릴 때 한명회의 탐욕과 죄악 그리고 그 한명회에 의해 핍박을 받았던 사람들을 떠올렸는지도 모르겠다.

한명회로부터 핍박 받은 생육신 중 한 사람인 천재시인 추강 남효온1454-1492은 한명회를 가소로이 여기며 아홉 친구를 모아 '죽림칠현'을 자처하며 두모포를 건너 압구정에 오를 때 한명회를 다음처럼 빗댔다.

배추벌레 제 아무리 오래 산다 해도, 필경에 모두 같이 소멸하고 마는 것

사악한 사람을 벌레로 비유하여 풍자하고 보니 저 벌레조차 불쾌해 했을 것이지만 그래도 통쾌하기 그지없다. 그렇지만 모두가 다 그러했던 건 아니다. 한명회와 더불어 정치를 하였던 당대 관료 문학의 대표자 삼탄 이승소1422-1484는 오히려 압구정에서 풍류를 누리는 한명회에 대해 「압구정」이란 시에서 다음처럼 찬양해 마지않았다. 추악한 삶을 살아가는 자라고 해도 그를 가까이 모시며 이익을 얻는 사람의 눈에는 그렇게 아름답게 보이는 모양이다.

상공께서 한가로운 날 이르러 거닐며, 산 오르고 물 담그니 마음 절로 한가롭네

한강은 여전히 흐르나그 시절은 간 곳이 없네

이곳은 뱃놀이 즐기기에 지극히 아름다운 풍경이라 명나라 사신 일행을 대접하기도 했다. 한명회 또한 명나라 사신 예겸倪謙을 초대, 이곳에서 선상 풍류를 즐겼다. 이를 기념하여 정자를 세운 뒤 사신으로 명나라에 갔을 적에 정자 이름을 부탁했다. 예겸은 갈매기 나는 이곳 풍경을 떠올리며 옛 송나라 재상 한기韓琦의 서재 이름인 압구정狎鷗亭을 주었다. 감격한 한명회는 자기 호마저 압구정으로 정하고서 자랑스러워했다. 다만 그 정자는 오늘날 흔적조차 없다. 게다가 1972년에는 압구정 바로 앞 넓은 한강을 메우고 거기에 현대백화점이며 현대아파트를 세워 이제는 정자가 어디 있었는지 짐작조차 할 수 없다. 그 아름다운 옛 모습을 그대로 보여주는 작품은 겸재 정선이 그린 두 점의 〈압구정〉이다.

첫 번째 〈압구정〉은 거대한 건물을 화폭 아래쪽에 두 채나 그려넣었는데 누각이나 정자라고 하기엔 지나치게 크다. 압구정 주인 한명회가 지녔던 권력과 욕망의 크기만큼이었을까. 강 건너 화폭 상단은 서울숲공원과 응봉 사이를 흐르는 중랑천 그리고 중랑천을 가로지르는 살곶이다리를 그린 것이다. 저 멀리 상단에는 도봉산이 아득하다.

두 번째 〈압구정〉은 한강을 그린 그림 가운데 가장 아름다운 작품이다. 강과 언덕은 물론이고 산과 나무 그리고 안개처럼 뽀얀 산에 이르기까지 화폭을 채우고 있는 온갖 풍경들이 참으로 어여쁘다. 그뿐만이 아니다. 화폭을 수놓는 초록빛 색채는 물론 섬세한 붓놀림에 이르기까지 눈부시다. 특히 구도가 놀랍다. 화폭 중앙에 자리한 압구정 건물을 향해 초록빛 언덕이 줄지어 완만하게 상승하고 있고 한강물 또한 화폭 하단에서 위를 향해 급격히 치솟아 압구정 건물로 모여들고 있어서 겉은 고요한데 내면의 운동감이 거세다. 정선의 작품은 압구정이 왜 승경지였는지를 말없이 일러준다.

정선, 〈압구정〉, 23.4×29.2, 비단, 18세기, 왜관수도원

압구정에서 강 건너 북쪽 서울숲공원과 응봉 사이를 흐르는 중랑천을 바라본 풍경

정선, 〈압구정〉, 《경교명승첩-상권》, 31.5×20, 비단, 18세기, 간송미술관
서울숲공원에서 강 건너 압구정을 바라본 풍경

조선의 얼음창고 서빙고, 수양대군이 꿈을 키운 요람

나라에서 경영하는 한양의 얼음 창고 다시 말해 빙고는 동, 서 두 군데가 있었다. 동빙고는 앞서 얼핏 언급하였으나 여기에서 다시 살펴보기로 한다. 수헌 유본예의『한경지략』은 동빙고와 서빙고를 다음처럼 설명하였다.

> 동쪽 창고는 뒴개라 부르는 두모포에 있는데 나라에서 제사 지내는 제향 얼음만 바치고 서쪽 창고는 둔지산에 있는데 왕의 수라간인 어주御廚와 관료들인 백관에게 공급한다

수헌 유본예가 이 글을 1830년에 썼으므로 동서빙고는 조선왕조 개창 이래 사백여 년이 넘도록 여전했음을 알 수 있다. 동빙고는 두모포 인근 지금 옥수동 8번지 빙못골이라 부르는 곳에 있었고 서빙고는 지금 서빙고동 주민센터 자리에 있었다. 동빙고, 서빙고는 모두 관청에서 운영하는 관설 빙고였고 이에 대응하여 민간에서도 얼음 창고를 운영하였다. 별도의 기록이 없지만 많을 때는 삼십여 개의 사설 빙고가 즐비하였고 아마도 이게 지금 동빙고동에 몰려 있었을지 모르겠다.

동빙고의 얼음은 종묘와 사직의 제사 때만 사용했으므로 규모도 매우 작았지만 서빙고는 매우 컸다. 궁궐부터 주요 관청에 공급했으니까 그 규모가 동빙고에 비해 여덟 배가량 컸고 저장하는 얼음의 양은 무려 열세 배나 많았다. 관리하는 관원의 숫자도 동빙고는 열 명이었지만 서빙고에는 마흔 명을 배치했다. 단 종묘와 사직의 제사가 훨씬 중요했으니 얼음을 주관하는 신에게 제사를 지내는 사한단司寒壇은 동빙고 쪽에 설치했다. 그렇다고 동빙고만 중요한 건 아니니 서빙고에서도 부군당符君堂을 설치하여 귀중한 얼음 창고를 지키려 했다.

해동강서시파의 한 사람인 허백당 성현1439-1504은『용재총화』에서 얼음 창

고 운영에 관해 자세히 써두었는데 한강물이 네 치의 두께로 얼면 대규모로 군인들을 파견하여 얼음을 채취하였다. 얼음을 녹지 않게 보관하기 위한 시설은 이미 여름부터 준비하였다. 한여름 난지도나 저자도에 자라는 갈대를 엄청나게 베어다 창고 안 바닥과 천장, 사방 벽을 온통 메꾸는 것이다. 이때 볏집이나 솔가지도 함께 쌓아두는데 온도 유지에 큰 힘이 되었다고 한다.

얼음을 채취하는 벌빙伐氷은 전쟁을 방불케 했다. 강변에 장작불을 여기저기 피워놓고, 동상에 걸리는 것이나 느닷없이 강물에 빠지는 사고에 대비하였고 의약품과 의원들도 갖추어놓았다. 칡으로 꼰 새끼줄을 얼음 위에 깔아두고 미끄러지는 것을 막기도 하고 또 끌어당기기도 하는 것이 벌빙의 요령이었다. 군인들만 많이 투입한다고 쉽게 되는 일이 아니었다. 이 일에 익숙한 민간인들이 캐낸 얼음을 인근에서 구입해서 할당량을 채우기조차 했다. 얼음 채취 기간은 아주 짧았다. 녹아버리기 때문이다. 일 년에 단 한 번, 짧은 며칠 동안 이루어지는 벌빙의 풍경은 얼음판 위로 펼쳐지는 기이한 장관이었고, 흥미로운 구경거리였다. 서빙고가 있는 곳은 광나루, 삼밭나루, 동작나루, 노들나루와 더불어 한양 땅 오강 나루라 이를 만큼 중요한 교통 요지여서 항상 사람으로 붐비는 장터였으므로 얼마나 많은 구경꾼들이 몰려들었을지는 보지 않아도 짐작할 만하다.

서빙고 땅은 세조가 수양대군 시절 꿈을 키운 요람이었다. 나루터 위쪽 강변에 멋진 정자인 창회정이 있는데 수양대군이 이곳에 자주 놀러와 머물곤 했다. 어느 때인가 여기서 소한당 권람1416-1465이란 인물을 만나 크게 신임하였는데 권람이 사우당 한명회를 소개하여 이 두 사람의 지략과 무력으로 끝내 왕위에 오를 수 있었다. 그러니까 이곳 서빙고는 세조에게 특별한 땅이었다. 왕이 된 뒤에는 창고 앞쪽 강변 모래사장이 펼쳐진 곳에서 군대의 훈련 상태를 점검하는 열병식을 여러 번 되풀이하였다고 한다.

1786년 얼음 창고업자들의 조합인 빙계중氷契中에서 사설 빙고를 모두 없애

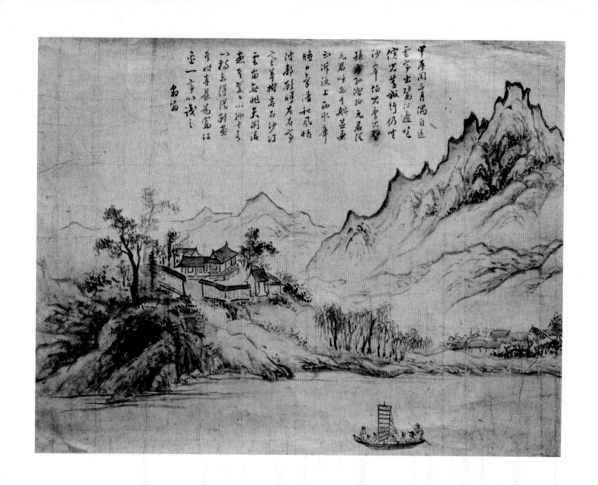

강세황, 〈서빙고〉, 64×49, 종이, 1784, 조선미술박물관

반포대교 남단에서 북단에 바짝 붙어 있는 서빙고동 주민센터에 있던 서빙고를 바라본 풍경

고 여덟 개만을 남겨두었다. 이에 따라 장안의 얼음 값이 폭등하여 창고업자들은 폭리를 취하였고 어물魚物 상인들은 얼음이 부족해 생선이 썩어나가는 재앙에 직면했다. 유사 이래 최초의 빙고 사건이라 이를 만했다.

빙고를 줄어버려 생선이 썩어나가는 빙고 사건이 일어나기 두 해 전인 1784년 3월 어느 날 표암 강세황은 서빙고 앞 나루에서 열린 모임을 그림으로 남겼다. 가파르게 치솟아 아주 험준한 오른쪽 상단의 남산을 빼고는 모두 편안한 풍경이다. 언덕의 기와집이며 분지에 옹기종기 모인 초가지붕들, 그 사이에 너울대는 버드나무가 그저 평화롭다.

'한강의 기적'이 지워버린 풍경, 동작동과 흑석동

동작동에는 동재기나루라 부르던 동작진이 있고 배물다리라 부르던 이수교가 있다. 동작진은 한양에서 과천을 지나 수원으로 향할 수 있는 포구였다. 조선시대 군함 여섯 척을 배치하여 치안 질서를 유지해야 할 만큼 이곳은 번화한 시장이었다.

겸재 정선이 그린 〈동작진〉은 동작동에서 흑석동에 이르는 땅 일대를 겹겹으로 감싸고 있는 주변 풍경을 아름답게 보여주고 있다. 화폭의 왼쪽 강변에 안개 낀 듯 넓게 펼쳐진 나무숲은 반포 일대이며, 나루터에서 나귀를 탄 선비가 떠나는 길은 과천으로 향하는 길이다. 그리고 갑자기 하늘 향해 가파르게 치솟은 산은 지금 국립현충원의 주산인 화장산 다시 말해 공작봉에서 오른쪽 날개로 흘러 강가에서 끝나는 이른바 갯말산이다. 수직으로 솟은 갯말산의 뒤편은 서달산으로 이 일대는 국립서울현충원으로 변하여 지금에 이르고 있다. 갯말산의 서쪽 움푹 파인 둥근 분지에 커다란 마을은 흑석동 일대를 묘사한 풍경인데 한강대교와 동작대교

한강은 여전히 흐르나그 시절은 간 곳이 없네

정선, 〈동작진〉, 27.5×18.5, 종이, 18세기, 개인
한강대교와 동작대교 북단 이촌동 한강공원에서 강 건너 흑석동 중앙대학교 쪽을 바라본 풍경

铜雀津

銅雀村
方壺子

장시흥, 〈동작촌〉, 17×21.6, 종이, 18세기, 고려대박물관
한강대교와 동작대교 북단 이촌동 한강공원에서 강 건너 동작대교 남단에 있는
국립서울현충원 쪽을 바라본 풍경

사이 중앙대학교를 품고 있다. 돌 빛깔이 검은색이어서 마을 이름이 검은 돌이었던 것을 한자로 표기해 흑석동이 되었다. 이곳에서 비개고개를 넘어가면 동작역으로 그 안쪽이 국립서울현충원이다.

방호자 장시흥의 작품 〈동작촌〉은 바로 그곳 동작 나루터와 갯말산을 멋지게 묘사한 그림이다. 오늘도 한강은 여전히 흐르고 또 동작동이며 흑석동도 그대로지만 그림 속 풍경은 사라져버려 어디서도 찾을 길 없다. 기껏 사십여 년 전인 1967년 12월 김현옥 전 서울시장이 시작한 한강종합개발이 그 풍경을 지웠다. 그나마 이촌동에서 강 건너 흑석동 쪽을 바라보면 제법 높은 절벽이 있어 짐작할 뿐이다. 그저 그림 속 가만히 살펴보는데 두 개의 솟구친 검은 바위를 화폭 아래 한쪽으로 치우쳐 세워놓은 것이 기묘하다. 벌어진 틈 사이 계단 길 내놓고서 양쪽으로 반듯한 기와집 쌓아올렸으니 가파른 데도 아늑하다. 그대로 두면 휑할 뻔했는데 화가의 감각은 한걸음 더 나아간다. 저 멀리 졸고 있는 소와 같다 하여 이름 지은 우면산을 마치 뚜껑처럼 덮어놓았다. 아마도 여기서 그쳤다면 답답했을지도 모른다. 그래서 화가는 세 척과 아홉 척으로 나눠 모두 열두 척 돛배를 강 아래 옹기종기 늘어두어 땅과 물 사이 숨길을 터놓았다.

동작나루는 조선에서 가장 뛰어난 상인이라고 하는 경강상인이 드나들던 포구의 하나였다. 이곳에서 한양 상권을 나눠쥐었던 칠패상인과 거래를 텄는데 대개 18세기 전반 어느 무렵이었다. 시장의 일을 기록한 『각전기사』 1746년 11월치 기록에는 숭례문 밖 칠패에서 허가 받지 않은 시장인 난전을 설치하고 조금도 거리낌없이 거래한다 하였다. 칠패상인들이 수입하는 물품 절반은 모두 동작나루에서 나온다 하였다. 거대 도시 한양을 나와 나루터의 번화함을 누비던 화가 장시흥은 번영의 주인인 경강상인이며 칠패상인들의 성장을 목격하던 터에 누군가 이곳 동작나루를 그려 달라 하자 겁 없이 치솟아 오르는 상인들의 기세를 두 갈래 절벽 같은 검은 돌에 아로새겼음이 분명하다.

금호동을 둘러싼 오해, 추사가 머문 땅 금호는 어디인가

추사 김정희의 아버지이자 판서와 평안감사를 역임한 유당 김노경1766-1840 이 탄핵을 당해 1830년 10월 전라도의 고금도로 유배를 떠나자 아들인 김정희 또한 월성위궁을 나와 마포구 용산과 흑석동 금호를 전전해야 했다. 금호에서는 1832년 5월부터 1835년 6월 무렵까지 삼 년이나 살았는데 그러므로 김정희에게 용산과 더불어 이곳 금호는 슬픔이 배어 있는 땅이다. 사람들은 김정희가 머물렀던 금호를 오늘날의 성동구 금호동으로 알고 있는데 맞지 않는 일이다. 우선 추사 김정희의 글을 보자. 1832년 5월 중순 「눌인 조광진께 올립니다. 일곱 번째」라는 편지에 '조태曺台라는 사람의 집 금호琴湖로 이사하여 눈코 뜰 새 없는 형편이다'라고 했다. 또한 김정희의 제자 소치 허련1809-1892이 쓴 자서전 『소치실록』에는 1840년 7월 김정희가 '직첩職帖을 회수당할 지경에 이르러서 금호黔湖로 물러나왔다'고 되어 있다.

여기서 말하는 '금호'琴湖와 '금호'黔湖는 같은 곳이다. 금호琴湖나 금호黔湖가 모두 우리말로 '검은 못'인데 금호琴湖는 거문고라는 말의 소리를, 금호黔湖는 검다는 소리를 새겨서 한자로 옮긴 낱말이다. 문제는 이곳 금호琴湖 다시 말해 '검은 못'이 어딘가 하는 것이다.

당연히 지금 성동구 금호동 일대를 떠올리게 마련이지만 정작 성동구 금호동金湖洞은 검은 못과 아무런 관련이 없는 이름이다. 1966년 한글학회가 편찬한 『한국지명총람』에 '무수막'이라 부르던 곳으로 한자로는 수철리水鐵里라 불렀던 땅이다. 지금 우리가 사용하고 있는 금호동金湖洞이란 이름의 기원은 1936년 조선총독부가 너무도 엉뚱하게 금호정金湖町이라고 쓴 때부터다. 그것을 미군정 통치 시대인 1946년에 정町을 동洞으로 바꾸었을 뿐이다. 조선시대 내내 사용해오던 '무수막' 또는 '수철리'라는 이름을 생각하고 또 그곳에 연못이 있을 턱이 없는 지형이라는 사실을 생각했다면 일제강점기 이전의 이름을 회복했어야 했다.

그럼 저 검은 못은 어디인가. 그래서 살펴보아야 하는 것이 초원 김석신이 그린 〈금호완춘〉琴湖翫春이다. 이미 우리는 화가 김석신을 따라 〈도봉도〉와 〈가고중류도〉, 〈압구청상〉을 함께 봐왔다. 〈금호완춘〉은 금호에서 열린, 봄을 즐기는 선비들의 모임을 그린 것인데 비록 〈가고중류도〉와 〈압구청상〉에는 일곱 명의 선비가, 여기 〈금호완춘〉에는 여섯 명의 선비가 있어 다른 점이 있긴 하지만 같은 일행의 유람으로 보아도 크게 무리가 없어 보인다. 특히 이 그림에는 개석정, 수각, 추수루라는 누각의 이름까지 써두었다. 하지만 2016년까지만 해도 그림의 제목이 말하는 저 금호가 어느 곳인지 몰랐다. 소론당 명문가 출신으로 대제학을 역임한 극원 이만수1752-1820의 저서 『극원유고』에 실린 시편을 살펴본 연구자 이종묵은 「경강의 그림 속에 살던 문인, 그들의 풍류」라는 글을 통해 저 〈금호완춘〉이란 그림에 등장하는 금호와 개석정의 출전을 찾아 위치를 꼼꼼하게 밝혀주었다. 화폭 중심을 차지하고 있는 건물은 이만수의 별서 금호정사琴湖精舍이며 화폭 상단 왼쪽 구석의 조그만 정자는 소론당의 영수로 이만수의 형이자 영의정을 지낸 급건 이시수1752-1821가 경영하는 개석정임을 밝혔다. 이만수는 금호정사와 개석정을 노래한 시에서 이르기를 이곳은 동작나루를 뜻하는 동호銅湖 또는 구리 못 일대라 하였다. 다시 말해 저 동호銅湖와 금호琴湖는 모두 구리 못 또는 검은 못을 뜻하는 것이며 예부터 검은 돌이라 부르던 흑석동 앞 너른 한강을 뜻하는 것이었다. 비로소 김석신이 그린 저 〈금호완춘〉이 흑석동 이만수의 금호정사와 이시수의 개석정을 그린 것임을 확인했던 게다. 이제라도 알 수 있어 그 얼마나 다행인가.

한강은 여전히 흐르나그 시절은 간 곳이 없네

김석신, 〈금호완춘〉, 53.7×36.6, 종이, 18세기, 개인
중앙대학교가 있는 동작구 흑석동 일대 풍경

장시흥, 〈노량진〉

미상, 〈노량진 선전관 계회도〉

미상, 〈노량진 선전관 계회도〉

김석신, 〈담담장락〉

심사정, 〈밤섬〉

정선, 〈선유봉〉

정선, 〈양화환도〉

김희겸, 〈춘생와〉

심사정, 〈공암〉

정선, 〈안현석봉〉

정선, 〈행호관어〉

08

노량진 거쳐 행주산성,
한강은 흐른다

정선, 〈양화진〉

정선, 〈귀래정〉

정선, 〈이수정〉

정선, 〈소요정〉

천년의 명승에서 바라볼 것이
어찌 풍경뿐이랴

노량진을 지날 때면 사육신을 생각하노라

사람도 물건도 많이 몰려드는 한강 삼대 포구 중 하나였던 노량진은 용산에서 한강대교를 잇는 포구로 정조 시대에는 배다리를 설치해 강을 건넜다.

포구에 모이는 사람들 누구나 쉬쉬했지만 노량진에는 다섯 개의 무덤이 버려진 채 있었다. 사람들은 이를 사육신묘라 하였다. 감추던 세월이 흐르고 사육신의 한 사람 취금헌 박팽년의 6대손이 17세기 중엽에 들어 흙을 쌓아올려 봉우리를 만드는 봉분을 했다. 이어 1651년에는 당대의 명필 미수 허목에게 묘비명을 부탁했다. 이때 '여섯 신하의 무덤인 육신총이 노량진 아래 강 언덕 위'에 있다고 썼는데 그 위치를 확인해주는 첫 기록이었다. 이처럼 후손이 나서고 또 문장으로 그 묘의 존재를 명시할 만큼 사육신을 추모하는 분위기가 이 무렵 세상에 분분해져 갔다. 이에 숙종은 1679년 노량진의 무덤을 가꾸라는 명을 내렸다. 1682년에는 제사를 지낼 수 있는 사당인 육대사六臺祠를 동작진 쪽에 세웠다. 1691년 12월에는 바로 다섯 무덤 위쪽에 민절서원愍節書院을 창건했다. 사육신 묘역이 비로소 국가 공인 묘역으로 승격하는 순간이었다.

하지만 방호자 장시흥이 그린 〈노량진〉에는 가파른 듯 둥그런 봉우리에 기와집이 즐비하여 시장의 융성함은 말해주고 있지만 서원이나 묘역은 없다. 다만 1776년 왕위에 오른 정조가 아버지 사도세자의 묘소를 찾아 수원을 향할 때 배다리 건너 잠시 쉬곤 하던 정자 용양봉저정이 화폭 왼쪽 산기슭에 자리잡고 있을 뿐이다.

그로부터 삼백여 년 전인 1453년 10월 수양대군이 계유정난을 일으켜 당대의 실권자 김종서1390-1453 장군을 격살한 뒤 집권에 성공했다. 지나치게 유능했던 김종서 장군은 강직하고 위엄을 갖춘 인물로 '큰 호랑이'란 별명을 지닌 좌의정이었다. 이런 인물을 처단하고 그 권력을 빼앗아 집정자의 지위에 오른 수양대군은 두 해가 채 지나지 않은 1455년 윤6월 겨우 열다섯 살 된 조카이자 어린 왕 단종을 내쫓은 뒤 스스로 왕위에 올랐다.

한 해 뒤인 1456년 6월 2일 성삼문1418-1456, 박팽년, 이개1417-1456, 하위지1412-1456, 유성원, 김문기1399-1456, 유응부?-1456를 비롯한 이들이 상왕으로 물러난 단종과 새로 왕위에 오른 세조 그리고 세자가 창덕궁에서 잔치를 열 때를 틈타 세조를 죽이기로 했다. 하지만 거사 직전 계획은 탄로가 났다. 이에 세조는 참가자 전원을 체포하여 국문을 벌였다. 쇠꼬챙이를 달구어 다리를 뚫고 팔을 자르는 고문에도 성삼문은 얼굴빛조차 바뀌지 않았다. 마침 보한재 신숙주가 세조 앞에 서 있었다. 이에 성삼문은 지난날의 동료 신숙주를 향해 다음처럼 호령하였다.

나와 네가 집현전에 있을 때 세종께서 날마다 손자인 단종을 안으시고 거닐면서 이르시길 '과인의 천수만세 뒤에 경들은 모름지기 이 아이를 보호하라' 하시던 말이 아직 귀에 쟁쟁한 터, 너는 홀로 이를 잊었는가. 너의 극악함이 이 지경일 줄은 생각조차 못했구나.

천년의 명승에서 바라볼 것이 어찌 풍경뿐이랴

장시흥, 〈노량진〉, 17×21.6, 종이, 18세기, 고려대박물관
한강대교 북단에서 강 건너 노량진을 바라본 풍경

또 세조는 무장 유응부의 살가죽을 벗기면서 질문을 거듭했지만 그는 굳게 입을 다물었다. 화가 난 세조는 불에 달군 쇳덩이를 가져다 배 아래를 지져댔다. 얼굴빛조차 변함없이 버티던 유응부는 '이 쇳덩이는 식었다. 다시 달구어 가져오너라'고 호령하여 무서운 기개를 보이더니 사형당하던 날 울음을 터뜨리며 이렇게 말했다.

살아서도 가질 것 없었는데 죽을 때에야 큰 재난禍을 얻었도다

그처럼 참혹하게 죽어간 사육신의 삶은 어떤 것이었을까. 이개가 읊은 대로 '무거운 시절엔 삶이 또한 큰 보람生亦大'이지만 가벼운 시절엔 죽는 것이 오히려 영광死猶榮'이었다. 이렇게 스러져간 피해자가 모두 일흔 명이었다.

장시흥의 〈노량진〉은 얼핏 보면 이 모든 비참함과는 동떨어진 풍경이다. 하지만 가만히 살펴보면 바람조차 잠든 날의 화폭임에도 다섯 그루 버드나무가 폭풍우 만나 쓰러질 듯 휘청거린다. 어인 일일까. 화가가 그릴 당시 박팽년, 유응부, 이개 세 사람과 성삼문 부자 두 사람 하여 모두 다섯 무덤만 있었으므로 모진 바람 견디는 다섯 그루만 그렸음은 당연한 일이었다. 이 그림 중단의 오른쪽에 봉긋하게 솟아오른 언덕이 바로 저 사육신 묘역의 자리다. 경기도 화성을 다니면서 그 옆을 자주 지나던 정조가 1782년 이곳에 신도비神道碑를 세웠는데 그 묘비명은 간단했다.

유명 조선국 육신묘비有明 朝鮮國 六臣墓碑

오랜 세월이 흘러 1955년 6월 서울시에서 다시 '사육신 묘비'라는 문장의 비석을 세웠으며 1977년에는 하위지, 유성원, 김문기 세 신하의 묘소를 만들어 비로소 일곱 개의 무덤을 완성했다.

천년의 명승에서 바라볼 것이 어찌 풍경뿐이랴

홍미로운 사실은 사육신이라는 것이 죽은 여섯 신하를 뜻하는 것인데 왜 무덤은 일곱인가 하는 것이다. '사육신'이란 낱말을 처음 쓴 이는 생육신의 한 사람인 추강 남효온인데 그의 글 「육신전」에 나온다. 여기에 김문기를 포함시키지 않았으므로 논란이 계속 이어졌다. 그뒤 1731년 영조가 김문기를 복관시켜 충신의 반열에 올렸고 1791년 정조는 공조판서 김문기를 이조판서 민신?-1453과 병조판서 조극관?-1453과 함께 삼중신三重臣으로 선정함으로써 사육신과 나란히 높이는 조치를 취하였다. 논란을 종식하려고 한 일이었지만 민신과 조극관은 세조가 즉위하기 이전 수양대군 시절에 위험인물로 지목당해 피살당했기 때문에 엄밀히 말하면 단종복위 운동의 직접 가담자가 아니었다. 1977년 7월 국사편찬위원회 역시 특별위원회를 구성하여 김문기를 사육신의 한 사람에 포함했다. 그러나 이 결정이 논란의 종식을 의미하는 것은 아니다. 논쟁의 여지는 여전하다. 김문기의 충절과 그 위대함을 두고 왈가왈부하는 논쟁이 아니다. 일곱 명을 세워놓고 사육신이라고 하자는 것이어서 그렇다.

정조가 즉위한 지 이 년째인 1778년 9월과 1787년 9월에 열린 선전관의 잔치를 그린 두 폭의 기록화 〈노량진 선전관 계회도〉는 모두 노량진을 무대로 삼았다. 선전관은 왕이 타는 수레인 어가 앞에서 대열을 지어 선도하는 무관 관직으로 최측근 근위대였다. 그러므로 왕의 비서인 승지에 견줄 만큼 무관에게는 핵심 요직, 다시 말해 미래의 중추로 성장할 인재들이 거쳐야 할 무장의 청요직으로 알려져 있었다. 정조가 친히 노량진 모래사장에서 군사 훈련을 검열하는 열병식을 마치고 궁궐로 되돌아간 다음 선전관들은 이곳 노량진에서 완벽한 임무 수행을 축하하는 모임을 가졌다. 아마도 정조의 특별한 배려였을 게다. 두 작품은 크게 보아 비슷하지만 1778년 작품은 모임 장소가 물 위이고 1787년 작품은 땅 위다. 두 작품 모두 강 건너 쪽에 홍살문이 있으므로 그 장소가 사육신 묘역이라 하겠다. 그렇다면 화폭 하단은 지금 한강대교 북단으로 용산구 이촌동이고 강 건너편은 동작구 노량진이다. 그러므로 1778년의 〈노량진 선전관 계회도〉는 한강에 떠 있는 선상에서의 잔치를 그린 것이고 1787년의 〈노량진 선전관 계회도〉는 용산구 이촌동 땅 위에서의 잔치를 그린 것이다.

그렇다면 1782년 사육신묘 신도비를 세워준 정조는 왜 신도비를 전후하여 사육신묘 바로 곁 노량진 모래사장에서 저와 같은 군사훈련을 시행했을까. 혹여 억울하게 죽어간 영령을 위로하려 한 것은 아닐까.

고려의 왕과 조선의 왕들이 즐겨 찾던 곳, 용산호

지도 제작의 천재 고산자 김정호가 1861년에 제작한 〈대동여지도〉를 보면 넝쿨내라 부르던 만초천 줄기가 뚜렷하게 나타나 있다. 넝쿨내는 지금 원효대교 북단에서 용산전자상가를 거쳐 용산역쯤에서 두 갈래로 나뉜다. 한 줄기는 이태원을 거쳐 남산으로 이어져 있고, 또 한 줄기는 청파로를 거쳐 서울역, 독립문, 무악산까지 올라간다. 물론 지금은 온통 시멘트로 뒤덮여 도로가 되어버렸지만 1967년 복개공사 이전까지는 엄연한 하천이었다. 이곳에 넘쳐드는 물을 막으려 강바닥 파내는 준천 공사를 되풀이해왔는데 일제강점기인 1914년에는 아예 둑을 쌓아 홍수의 범람을 막았다.

초원 김석신이 그린 〈담담장락〉澹澹張樂에 보이는 큰 강은 용산호라 부르는 한강물이다. 용산호라 부른 까닭은 『증보문헌비고』에 실려 있는데 백제 기루왕재위 77-128 때 두 마리 용이 나타나고부터 용산이란 이름을 얻었다고 하였다. 청담 이중환이 『택리지』에 쓴 것처럼 조선 개국 직후 한강 조수가 용산으로 통하기 시작함에 팔도의 화물을 수송하는 배가 모두 용산에 배를 대기 시작했다. 그림에 줄지어 선 선박들이 이웃 마포와 더불어 용산이 조선 최대의 물류기지임을 드러낸다. 화폭

천년의 명승에서 바라볼 것이 어찌 풍경뿐이랴

미상, 〈노량진 선전관 계회도〉, 종이, 1778, 개인
이촌동 쪽에서 한강에 떠 있는 선상을 사이에 두고 강 건너편 노량진을 바라본 풍경

미상, 〈노량진 선전관 계회도〉, 72×110, 종이, 1787, 개인
용산구 이촌동 한강대교 북단에서 강 건너 노량진 사육신묘를 바라본 풍경

김석신, 〈담담장락〉, 46.8×32.1, 종이, 18세기, 간송미술관

원효대교 북단에서 용산전자상가 쪽 방향으로 흐르는 넝쿨내를 따라 멀리 남산을 바라본 풍경

오른쪽 상단 즐비한 기와집 뒤로 남산이 소나무 한 그루를 세운 채 우뚝한데 저 줄지어선 기와집 규모가 대단하여 이곳 용산 일대가 얼마나 번화한 시장이었는지를 생생하게 보여준다.

화폭 한복판에 수직으로 쭉쭉 뻗어오른 바위들이 엄청난데 마치 앞쪽 강물로 떨어질 듯 가파른 곳에는 기둥으로 받쳐 놓은 정자가 하나 있다. 읍청루다. 화폭 왼쪽 상단 구석 담담정이라고 쓴 정자에 일곱 명이 옹기종기 모여 있다. 그림이 보여주는 그대로 이곳 풍경이 워낙 아름다워 고려의 왕들이 개성을 버려둔 채 즐겨 찾던 곳이었다고 하므로 이곳은 천년 명승이었다. 수헌 유본예의 『한경지략』에 이렇게 나와 있는 걸 보면 조선왕조가 들어선 뒤에도 사랑을 독차지한 승경지였다.

> (안평대군이) 담담정을 지어 만 권의 서적을 쌓아두고 문사들을 모아 혹 밤
> 새도록 등불을 밝히고 담화를 하며 혹은 배를 타고 달밤에 놀이를 했다

화가 김석신의 그림을 따라 즐긴 유람도 이제 마칠 때가 되었다. 1805년 도봉산 야유회를 가졌던 좌의정 심재 서용보와 형조판서 지포 이재학 일행이 두모포와 저자도를 지나 압구정, 흑석동의 금호정사를 거쳐 이곳 용산의 담담정에 이르기까지 함께 하면서 화가 김석신으로 하여금 그 풍경을 그리도록 했을 것으로 추론하는 동안 그림을 보는 즐거움이 배가 되었다. 마침 〈담담장락〉에 등장하는 선비의 숫자 역시 〈가고중류도〉와 〈압구청상〉과 같은 일곱 명이다. 하지만 지금까지의 그림 유람이 서용보 일행과 관계가 없으면 또 어떤가. 이 그림 〈담담장락〉 화폭 하단 절벽 아래 포구에서 빨래하는 여염집 아낙네가 정겹고 그 방망이 소리 울려퍼져 건너편 동쪽 버드나무 더욱 흐드러진다. 그뿐만 아니라 그림 속 넝쿨내 혹은 만초천蔓草川은 '새벽 빛나는 냇물'이라는 뜻의 욱천旭川이란 이름도 갖고 있었는데 주민들이 밤마다 불 밝히고 게 잡는 풍광이 장관을 이루었기 때문에 일제 때 지

은 이름이다. 화폭 오른쪽 위부터 아래쪽까지 훤한 모래 들판이라 백사장인데 지금 서울역부터 용산역을 거쳐 한강철교까지의 풍경이다. 탁 트인 시야가 그 맑고 그윽한 즐거움 베푸는 데 더없이 어울렸음에랴.

그러나 역사가 늘 그렇게 아름답기만 한 것은 아니다. 1876년 개항 이래 몰려든 일본인들은 이태원부터 용산까지를 조선 침략의 전진 기지로 삼았다. 이때부터 정부는 읍청루와 그 일대를 세관감시소로 사용하였다. 1893년부터는 총세무사로 재임하던 영국인 브라운이 읍청루를 자신의 별장으로 사용했고, 일제강점기에는 조선총독부 정무총감의 별장이었다.

이방인들의 눈에도 그 아름다움이 보였던 것인데, 제 나라를 되찾은 이 나라 독재정권의 관료들에게는 그런 아름다움을 살필 눈이 없었다. 그들은 수수만년 이어온 이 나라 이 땅의 자연을 무참하게 파괴해버렸다. 그리하여 오늘날에 이르러서는 한강변의 아름다움은 아득한 옛이야기가 되어버렸고 그림 속 승경 역시 자취를 감춘 지 오래다.

천년의 명승에서 바라볼 것이 어찌 풍경뿐이랴

오늘이 옛을 가리니 사라진
그 풍경은 어디에서 찾을까

풍광으로 특별한 밤섬, 사라졌으나 다시 드러난 기적의 땅

밤섬은 마포구 광흥창역에서 여의도 국회의사당으로 향하는 서강대교 중간에 자리한 조그만 섬이다. 1530년에 간행한 『신증동국여지승람』에는 밤의 마을이란 뜻의 「율주」栗州 항목에서 다음과 같이 묘사했다.

> 율도栗島 또는 가산駕山이라 한다. 그 길이가 칠 리인데 경성 서남쪽 십 리 곧
> 마포 남쪽이다. 나라에서 가꾸는 뽕나무 밭과 약초를 기르는 밭은 지금 내
> 의원에 속해 있다. 전의감에 속해 있다고도 한다. 모래섬 중에 늙은 은행나
> 무 두 그루가 있는데 세상에서는 고려 사람 김주金澍가 심은 것이라 한다.

밤섬을 그린 그림은 지금껏 찾을 수 없었다. 현재 심사정의 그림이 1988년 진화랑과 공창화랑 공동으로 기획한 전시 '조선시대 회화 명품전'에 공개되었을 때만 해도 여덟 폭으로 이루어진 《경구팔경첩》의 한 폭으로 알려졌을 뿐 어느 곳을

그린 것인지는 알 수 없었다.

2017년 연구자 윤진영은 「진경산수화로 보는 경강의 명소」에서 이 그림을 밤섬을 소재로 한 작품으로 추정하였다. 물론 섬의 크기가 '칠 리'라는 기록을 생각하면 그림 속 섬이 너무 작다. 하지만 심사정의 몇 안 되는 다른 실경 작품들이 실제 크기와 비례를 무시하고 있음을 생각할 때 밤섬을 이렇게 그리는 건 얼마든지 가능하다. 심사정의 벗 표암 강세황이 붙여둔 화제의 내용이다. 역시 근거로 삼을 만하다.

물 속 외로운 섬에 어부들의 시골집이 점으로 이어져 있고 그 가운데 평평한 호수와 낮은 산은 매우 아름다운 운치가 있다. 여기까지 권자卷子를 펼쳐 보니 사람으로 하여금 조각배에서 한가로움을 즐기는 홍취가 있게 만들었다. 내 장차 노를 저어 한 번 찾아가리라.

이 문장 가운데 '평평한 호수와 낮은 산'이라는 뜻의 평호잔산平湖殘山이 바로 밤섬과 어울리는 표현이다. 지금은 여의도와 멀리 떨어져 있지만 예전에는 밤섬의 모래밭이 여의도와 이어져 있었다. 그림에서도 하단의 물풀이 자란 땅과 가깝게 자리하고 있는데 그 모래밭은 밤섬의 가장 빼어난 풍경이었다고 한다. 강물이 불어나면 밤섬과 여의도가 나뉘고 줄면 이어지곤 하였는데 그러므로 평호잔산이란 표현이 딱 들어맞는 그런 아름다운 풍경이었다. 또한 밤섬 동편과 서편 양쪽에 강물이 출렁대며 생긴 절벽인 하식애河蝕崖가 워낙 날렵하게 만들어져 '작은 해금강'이라고 불렀단다. 그림에 보이는 섬을 보면 아래쪽에서 위쪽으로 치솟아 꼭대기엔 키 큰 나무들이 자라나 있다. 나무를 끝으로 그 반대편은 낭떠러지 절벽임을 알 수 있다. 그러고 보면 이 밤섬은 여의도에서 한강 북쪽을 향해 바라보는 풍경임에 틀림이 없다. 물론 이런 절벽도 지금은 사라지고 없다.

오늘이 옛을 가리니 사라진그 풍경은 어디에서 찾을까

水中孤嶼溽村點綴甚中
平湖淺山掩有佳致展卷
至此令人有扁舟容与之興
余將理檝一尋

玄菴

심사정, 〈밤섬〉, 《경구팔경첩》, 27×24.5, 종이, 1768, 개인
여의도에서 밤섬이 떠 있는 한강의 북쪽을 향해 바라본 풍경

밤섬은 정부가 관리하는 뽕나무와 약초밭이 있었으므로 가구와 주민이 상당하였고 또한 이웃 여의도와 더불어 그 풍광이 아름다워 숱한 시인 묵객들이 드나들며 읊은 시편들이 지금까지도 전해오고 있다. 누군가는 옛 기록을 들춰 밤섬의 풍속이 음란하다고 지적하기도 했지만 그 풍속이 질박하다는 기록도 있으므로 굳이 따질 일이 아니다. 음란하다는 것은 『명종실록』 1556년 4월 4일자 사간원에서 올린 아래의 글을 근거로 삼은 것이다.

> 잉화도仍火島는 그 풍속이 친족끼리 혼인하여 사촌이나 오촌도 피하지 않고, 홀아비나 과부가 있으면 가까운 친척이라도 마음 내키는 대로 같이 살면서 조금도 괴이하게 여기지 않고 있습니다.

그러나 잉화도는 밤섬이 아니다. 넓은 섬이란 뜻의 잉화도는 여의도를 가리킨다. 여의도는 넓은 섬답게 양과 돼지를 기르는 목축의 땅이었고 사축서가 관장했다. 목축과 풍습 이야기를 빼면 별다른 이야기조차 없는 여의도와 달리 밤섬은 누에 치고 약초 캐어 궁중에 올리는가 하면 아름다운 풍광으로 숱한 시인 묵객이 유람할 뿐 아니라 그들이 남긴 숱한 시편이 전해오는 특별한 땅이었다. 사람의 향기를 지닌 땅이었다. 정조 시대 좌의정을 역임한 칙지헌 유언호1730-1796가 낙향하여 처사의 삶을 살아간 야은 길재1353-1419에 관해 쓴 글에서 길재의 집이 이곳 밤섬에 있고 또 그 위에 은행나무 세 그루를 길재가 심은 것이라고 했다는 대목은 흥미롭다. 고려말 뛰어난 학자였던 길재는 국망의 시기에 은거의 길을 선택한 인물이다. 새 왕조에서 태종 이방원이 출사할 것을 청하였지만 끝내 두 임금을 섬기지 않는다는 '불사이군'을 내세워 은일지사의 길을 포기하지 않았다. 목은 이색1328-1396, 포은 정몽주와 더불어 삼은三隱이란 칭호로 불렸다. 길재가 이곳 밤섬에서 은거 생활을 했는지는 알 수 없으나 다만 이곳에 별장을 두고 문득 들르곤 했던 듯하다.

오늘이 옛을 가리니 사라진그 풍경은 어디에서 찾을까

이 섬은 이십여 년 동안 사라졌다가 다시 나타난 기적의 땅이기도 하다. 다만 다시 나타났을 때는 이십 년 전 크기의 사십 분의 일로 줄어든 모습이었다. 기적의 앞뒤는 다음과 같다. 대한민국 정부는 한강 정비를 내세워 밤섬 주민 육십이 가구, 사백마흔 세 명을 지금 서강대 뒤쪽 창전동에 밤섬마을을 만들어 강제이주시켰다. 그뒤 1968년 12월 텅 빈 밤섬에 폭약을 잔뜩 설치하여 폭파했다. 수수만년을 그렇게 그 자리에서 아름다웠던 섬이 순식간에 사라지고 말았다. 한강 정비는 그냥 명분이었다. 실제로는 강 건너편 여의도를 신도시로 개발하기 위하여 거대한 둑을 쌓아야 했는데 마침 이웃에 섬이 있으니 그 섬의 흙과 모래와 바위를 가져다 메꾸면 비용과 시간을 크게 절약할 수 있다는 지극히 단순한 이유 때문이었다. 오늘날 여의도 벚꽃 축제라든지 불꽃놀이를 치를 때면 미어터지는 저 윤중로 땅이 모두 밤섬의 흙과 모래와 바위로부터 비롯되었다는 사실을 아는 이들은 많지 않을 것이다. 약 이십여 년 뒤 놀라운 일이 벌어졌다. 1990년대 초의 일이다. 사라진 밤섬 자리에 흙과 바위가 저절로 쌓이면서 갈대와 버드나무가 자라고 또 모래톱이 넓어져만 가는 가운데 물새마저 돌아오기 시작했다. 그러다 보니 생태계의 보고가 되었고 서울시는 밤섬을 제1호 생태경관보전 지역으로 지정하는 호들갑을 떨었다. 폭파는 뭐고 보전은 또 뭔가.

대제학을 지낸 18세기 전반기 최고의 명필 백하 윤순1680-1741은 밤섬에 들러 회 한 접시 대접 받다가 그곳 노인들이 불사이군의 은일지사 야은 길재를 말하는 모습을 목격하고서 감탄하는 시를 남겼다. 같은 소론당 후배이자 조선이 삼백 년 만에 낳은 문장이라는 평판을 얻은 당대의 처사 월암 이광려1720-1783는 밤섬을 이상향인 도원 또는 신선의 섬인 중주中洲라고 묘사하면서 은자의 상징인 연꽃을 심고 싶은 마음 고백하는 시편을 남겼다. 이어서 또 같은 소론당의 후예로 조선 오백 년 최대의 시인이자 19세기 예원의 맹주인 자하 신위는 이광려 시의 가락을 가져와 밤섬을 다음처럼 노래하였다.

자욱한 안개에 포구는 아득한데

회 파는 배와 초가는 강남 땅 풍경이라

속세로 귀양 온 적선謫仙은 슬프고 노래만 남았기에

밤섬 꽃을 찾아올 수 있다네

신위에게 밤섬과 인연을 맺은 이들은 모두 '밤섬이라는 속세에 귀양 온 천상의 신선들'이었다. 문장으로 이름 높았던 이광려는 물론이고 불사이군의 은일지사 길재 또한 속세에 살아가는 신선이었던 게다. 이렇게 잊혀지지 않고 후예들의 기억 속에 살아 있는 그들의 생애는 마치 밤섬의 운명과도 같다. 죽여도 죽지 않는 불사이군의 은일지사와 속세의 욕망을 떠난 처사의 생애 말이다.

잠두봉이었으나 이제는 절두산, 선유봉이었으나 이제는 선유도

서강이라고 부르는 서호는 마포와 양화진 사이에 있는 한강인데 지금 서강대교 북쪽 끝에서 잠두봉 앞 일대까지다. 서호로 흘러내리는 봉원천을 거슬러 북쪽으로 올라가면 신촌네거리와 연세대학교를 지나 그 끝 안산 서남쪽 기슭에서 발원지를 만날 수 있다. 봉원천은 깊고 푸른 냇가라 하여 녹계천 또는 싸늘한 냇가라 하여 창천이라고도 부르는데 지금은 온통 아스팔트로 뒤덮여 흔적조차 알 길 없는 땅속 물길이 되고 말았다.

봉원천이 한강과 만나는 곳에서 아래로 조금 내려오면 치솟은 절벽을 만난다. 바로 이곳이 누에머리 생김새라 하여 잠두봉이라 부르는 곳이다. 1866년 이후엔 머리가 잘렸다는 뜻의 절두산이란 이름을 새로 얻었다. 그 사연은 이렇다. 1866년 8월 프랑스 함대가 서호에 이르러 조선 정부를 협박하다가 9월엔 강화도

오늘이 옛을 가리니 사라진그 풍경은 어디에서 찾을까

에 무단으로 침입하여 문수산성을 점령하는 병인양요를 일으켰다. 위기의식이 심화되던 이 시절 민인의 분노와 불안이 증폭됨에 따라 당대 집정자인 대원군 이하응은 프랑스 함대와 내통한 서학교도 다시 말해 기독교 세력을 응징하였다. 정부는 프랑스가 군함을 정박했던 이곳 양화진 잠두봉에서 일천 명이 넘는 기독교 신자의 머리를 잘라버렸다.

이런 참변이 일어나 피의 땅으로 변하기 이전까지 누에머리 같던 잠두봉 일대는 마포팔경이나 서호팔경의 한 곳이라 부를 만큼 아름다운 승경지였다. 잠두봉 일대가 더욱 유명했던 까닭은 잠두봉 건너편 쪽에 고양이를 닮아 굉이산이라 했다던 선유봉 때문이다. 지금은 선유도라고 해서 섬으로 알려져 있지만 원래는 높은 봉우리였다. 1960년대 한강변 개발을 위한 정비 사업 때 선유봉을 파헤치고 육지와 떼어버려 섬이 된 것이다.

합정역에서 양평동 선유고등학교 쪽으로 가기 위해서는 한강을 가로지르는 양화대교를 건너야 하는데 다리 중간 지점에 버스 정류소가 있고 내리면 바로 그곳이 선유도다. 겸재 정선이 양천현령으로 재임하던 중 양천의 여덟 곳 승경을 묶은 《양천팔경첩》 가운데 〈선유봉〉이 바로 저 선유도를 그린 것이다. 선유봉 일대에는 문인들이 별장을 지어 경영하곤 했는데 2014년에 발표한 연구자 김세호의 「이민서 이건명 부자의 선유도 별서」에 따르면 이곳은 서하 이민서1633-1688와 한포재 이건명1663-1722 부자의 별장이었다. 좌의정을 지낸 이건명은 노론당의 영수로 노론사대신의 한 사람이었지만 머나먼 유배지인 전라도 흥양 땅 뱀섬이라 불리는 사도에서 사약을 받아 세상을 떠난 인물이다. 정선의 〈선유봉〉 중단 오른쪽에 마당 넓은 담장이 있고 반듯한 기와집 세 채가 서 있다. 아버지 이민서가 세운 선유정사에 아들 이건명이 또 다시 지은 삼유정이다. 그야말로 선유봉 일대는 이민서, 이건명 부자가 전유하는 땅이었다.

정선은 다른 그림에 이 근방을 더 그려두었다. 1740년 양천현령으로 부임하

정선, 〈선유봉〉, 《양천팔경첩》, 24.7×33.3, 비단, 18세기, 개인
성산대교 남단에서 선유도의 봉우리인 선유봉을 바라본 풍경

던 때 한강 주변을 그린《경교명승첩》가운데〈양화환도〉를 보면 위쪽에 잠두봉, 아래편에 선유봉을 배치하고서 강 복판에 나룻배를 띄웠다. 지금은 두 봉우리 사이를 잇는 양화대교가 한강을 가로지르고 있고 게다가 지하철이 지나다니는 당산철교까지 설치되어 있어 다시 볼 수 없는 그림 속 풍경일 뿐이다. 이 근처를 보여주는 그림으로《양천팔경첩》가운데 하나인〈양화진〉과 중인 출신 도화서 화원 화가 불염재 김희겸이 그린〈춘생와〉도 빼놓을 수 없다.〈춘생와〉에 나타난 잠두봉을 보면 서호 강가에 거의 수직으로 솟구친 절벽과 그 봉우리가 장엄하고 왼쪽으로 파고든 숲속 커다란 기와집이 대단하다. 김희겸은 그 집 이름을 춘생와라 하였는데, 춘생와는 청렴강직한 인물로 명성이 드높았던 이조판서 소정 송진명1688-1738의 별장이었다. 송진명은 대사간과 형조판서를 역임한 사위 성암 유엄1692-?에게 이 집을 물려주었는데 그뒤로는 주인의 행방을 알 수 없다.

이곳 양화나루 일대에 저 춘생와만 있는 건 아니었다. 일찍이 이곳 일대는 효령대군의 망원정, 양녕대군의 영복정 그리고 안평대군의 담담정이 즐비하여 대군의 누정 지대였다. 상단 왼쪽으로 치솟은 산은 지금 홍익대학교 뒷산인 와우산이 아닌가 한다. 가파른 모습이야 빗겨 보았으니 그런 생김이 나온 것일 게다. 커다란 소가 걸어가던 중 무악산에다가 길마를 벗어두고 애오개 네거리에 굴레를 벗어놓은 다음 서호를 향하다가 그만 중간에 누워버렸으므로 와우산이 되었다고 했다. 그림에는 보이지 않지만 동쪽 기슭엔 광홍창과 공민왕 사당이 있다. 꿈속에 나타난 공민왕이 내린, 이곳에 올 때면 잠시 쉬어갈 자리를 언덕에 마련하라는 분부를 받든 광홍창 창고지기가 건물을 짓고서 왕비와 왕자, 공주는 물론 최영1316-1388 장군의 영정까지 봉안했다고 한다.

조선을 창업한 태조 이성계의 코밑에 고려 왕 공민왕 사당을 그대로 두었음은 무슨 사연인지 모르겠다. 하지만 이 땅은 반란의 요새이기는커녕 와우산이야말로 목동들 피리 소리 구슬픈 땅이라 하여 '우산목적'이라 했고 또 양화진은 저녁노을 붉게 비추던 나루터라 하여 '양진낙조'라 하였다. 왕조야 바뀌었거나 말거나 그저 하염없이 아름다울 뿐인 한양 명승이었던 게다.

그 모든 풍경 사라진 지 오래인 지금, 와우산 자락엔 홍익대학교가 자리잡고 굽이굽이 흘러 강변엔 당인리화력발전소터가 버티고 있다. 어디 그뿐인가. 잠두봉엔 절두산 순교기념관이 생겨났고, 그 곁 양화진을 지키던 관청 양화진영이 사라진 자리엔 선교사를 비롯한 외국인 공동묘지가 들어섰다. 게다가 일대를 가로 세로 지르는 당산철교, 양화대교, 강변북로가 잠두봉과 양화진을 가려버렸으니 오늘이 옛을 가린다는 말 그대로다.

강변북로 제3로는 1969년에 완공한 한강대교 북단부터 양화대교 북단을 잇는 길인데 1984년에는 대건로란 이름을 붙여주었다. 천주교 전래 이백 주년 기념식 때 교황 방문을 계기 삼아 요청한 결과로 조선인 최초의 신부 김대건1821-1846을 기린다는 뜻이었다. 절두산 꼭대기에 동상으로 서 있는 김대건 신부야 흐뭇하겠으나 수백 년을 머물던 공민왕이며 최영 장군, 안평대군 게다가 1894년 일본에서부터 이곳으로 운반해온 시체를 또 다시 죽여버리는 이른바 능지처참의 형벌을 당해야 했던 제국 시대의 풍운아 고균 김옥균1851-1894은 기념관은커녕 비석 하나 없다.

개발 광풍에 사라진 그림 속 저 봉우리

이수정二水亭 가는 길은 다음과 같다. 여의도 서쪽 끝에서 성산대교 남단 교차로에서 서쪽으로 가면 양화인공폭포가 보이고 곧장 양화교를 건너면 지하철 염창역이 나온다. 지금은 이쪽 길들이 모두 공항대로로 바뀌었지만 예전엔 이수정 길이었다. 염창역 북쪽으로 어린이도서관이 있고 그 사이 길로 들어가다 보면 염창동 281-3번지 이수어린이공원이 나온다. 이수정은 대개 이쪽에 있었다고 한다.

정선, 〈양화환도〉, 《경교명승첩-상권》, 29.4×23, 비단, 1740, 간송미술관
성산대교 남단 상공에서 선유도 그리고
한강 건너 양화대교 북단 쪽 잠두봉을 바라본 풍경

정선, 〈양화진〉, 《양천팔경첩》, 24.7×33.3, 비단, 18세기, 개인
양화대교 북단 잠두봉 선착장에서 잠두봉 절두산 순교성지 방향을 바라본 풍경

김희겸, 〈춘생와〉와 〈소요정〉, 《불염재주인진적첩》, 각 30.7×37.5, 종이, 18세기, 개인
〈춘생와〉는 양화대교 북단 상공에서 잠두봉 절두산 순교성지 방향을 바라본 풍경이고
〈소요정〉은 한강 위에서 허준근린공원 방향을 바라본 풍경

겸재 정선의 〈이수정〉 안에 보이는 정자는 아주 위엄에 넘치도록 자신을 뽐낸다. 정선은 지금 염창공원 앞을 흐르는 한강 위를 새처럼 날며 남쪽의 지하철 염창역 방향을 바라보고 있다. 화폭 하단엔 쌍돛을 단 나룻배가 보이고 강가엔 네 그루 버드나무 건너 마을이 옹기종기 숨어 있다. 오른쪽 계단길 따라 숨 가쁘게 걸어오르니 반듯한 기와집이 보인다. 그게 바로 이수정이다. 지금은 그런 풍경의 흔적조차 찾을 길 없다. 이수정을 떠받치고 있는 가파른 언덕은 물론 울창한 나무숲과 반듯한 건물은 대체 어디로 사라진 걸까. 그림 속 저 봉우리는 마을 굿을 행하는 곳으로 도당산이라 부른다. 정자를 가파른 절벽 속에 파묻어놓아 깊은 산중처럼 묘사하고 보니 과장이 지나치다. 그래서였을까. 화가는 도당산 바로 뒤에다가 우뚝 치솟은 국사봉을 배치하고 또 저 멀리 남쪽 관악산 줄기를 푸른빛으로 그려넣음으로써 자칫 어색해질 수도 있는 풍경을 겹겹의 조화로움으로 재구성했다. 국사봉은 봉천동과 상도동 경계를 이루는 산인데 태종 이방원의 장남 양녕대군이 세자 자리를 아우 효령대군에게 물려준 뒤 이곳에서 아우를 걱정해주었다는 전설의 산이다. 화가가 그 사실 알고 일부러 저토록 우뚝 솟은 모습으로 그린 것일지도 모르겠다.

세자 자리를 물려받은 효령대군은 또 다시 아우 충녕대군1397-1450에게 자리를 물려주었다. 자유인이 된 효령대군은 전국 각지의 사찰을 새로 짓거나 다시 일으켜 세우며 생애를 아름답게 가꾸어간 왕자였다. 어디 그뿐인가. 1424년 홍제천을 끼고 솟은 성산 아래터에 망원정을 지은 효령은 다시 강 건너 남쪽에 안양천을 끼고 솟은 도당산에 정자를 지었다고 한다. 효령대군은 언젠가 안양천이 흘러들어 한강과 부딪히는 염창탄 옆 도당산 꼭대기에 정자를 짓고 한가할 때를 만들어 여울지는 물결을 누리곤 했다. 그뒤 외동딸에게 정자를 물려주었으므로 그 정자는 사위 가문인 한산이씨 수중으로 들어갔다. 뒤이어 그 한산이씨 후손으로 이수옹이란 멋진 호를 가진 인물 이덕연1555-1636의 소유가 되었다. 어지러운 시절을 피해 관직을 사퇴한 이덕연은 이곳에서 두 물길을 지켜보며 물려받은 정자 이름을 이수

정선, 〈이수정〉, 《양천팔경첩》, 24.7×33.3, 비단, 18세기, 개인
염창공원 증미산에서 지하철 염창역 방향을 바라본 풍경

정이라 하고 또한 자신의 아호도 이수옹이라 하였다.

소북당에 속한 이덕연은 1618년 1월 광해 왕이 인목대비를 유폐하고 또 대북당이 집권하여 권력을 전단하자 강원도 철원으로 물러나 은거하였다. 하지만 아우 죽천 이덕형은 왕의 뜻에 충실한 신하로 거듭 승진하여 어느덧 비서실장 격인 도승지에 이르렀다. 바로 그 1623년 3월 서인당이 능양군을 앞세워 정변을 일으켰다.

이덕형은 광해 왕의 신하답게 능양군에게 옛 군주를 베지 말아야 한다는 '무살구군'無殺舊君을 주청함에 능양군은 이덕형을 충신이라 일렀다. 또한 이덕형은 정변의 위험을 의심하는 인목대비에게 보고하여 능양군에게 어보를 내리도록 하였다. 옛 군주와 새 군주 모두에게 공훈을 세운 슬기를 발휘한 것이다. 그가 한성부판윤으로 재직하던 1624년 1월 이괄의 난을 진압하는 공을 세워 이덕형은 서인 정권 아래였지만 능양군 인조의 비호를 얻을 수 있었다. 뒤이어 십 년 간격으로 일어난 정묘호란, 병자호란 때 인조를 호종하였고 이후 예조판서를 역임했다.

인조정변 뒤 은거를 끝내고 관직에 복귀한 이덕연은 다시 이곳 도당산에 이르러 정자를 새로 고치고 한가할 때면 아우 이덕형을 불러 함께 어울렸다. 형제가 도란도란 이야기 나누던 어느 날 이덕형은 그 풍경 노래하기를 '베개 밖 먼 종소리 절집은 가까운데 문 앞 큰 나무엔 물새가 둥지를 트고 넓은 땅엔 여염집 가득한데 아득한 천 년 그대로구나'라 하였다.

그로부터 일백여 년이 흐른 1742년 화가 정선이 이곳 이수정을 지날 때에도 그 풍경 그대로였지만 다시 일백여 년이 흘러 1876년 개항을 앞뒤로 한 시기에 낡은 정자를 헐어버리고 그 자리에 마을 굿을 하는 도당을 세웠다. 지금은 도당마저 흔적조차 없다. 1960년대 불어닥친 개발의 광풍 탓이다. 그러니 이덕형이 노래한 천년은 무슨, 사라지는 건 순식간의 일이다.

공암나루 광주암, 오늘날 공원에 남아 옛시절을 전하다

강서구 가양동에 탑산이 있었더란다. 지금은 탑산초등학교가 그 흔적으로 남아 있다. 탑산초등학교 바로 곁에 허준근린공원이 있는데 이 공원은 조선 최고의 의학자 구암 허준의 아호를 따서 구암공원이라고도 부른다. 공원 안 연못에는 바위가 있는데 바위에 구멍이 뚫려 있어서 공암이라 부르고 또 광주廣州에서 굴러온 바위라고 해서 광주암이라고도 부른다.

지금은 강변에 올림픽대로가 들어서서 그런 풍경을 다시는 볼 수 없지만 여기엔 공암나루가 있었다. 공암나루에서 한강을 건너면 행주나루에 도착한다. 행주나루와 공암나루는 고려시대부터 개성에서 남도를 잇는 교통 요충지였고 조선시대에는 한양에서 양화나루를 통해 강화도를 향하는 길목이었다.

광주암은 전설을 머금고 있다. 아주 오랜 옛날 큰 홍수가 지자 한강 상류인 광주에서 큰 바위가 떠내려 오다가 하필 이곳 공암나루 앞에 멈추었다. 비가 그친 뒤 소식을 들은 광주 관아는 그 바위를 자기 관할 땅이라고 하여 양천 관아로 하여금 세금을 내라고 하였다. 바윗덩이라 이렇다 할 작물도 없으므로 그곳에서 자라는 싸리나무를 베어 싸리비 세 자루를 만들어 보내다가 양천현령은 매번 귀찮기도 하여 '소용없으니 가져가달라'고 통보하였다. 섬을 떼어갈 수도 없어 어려워진 광주는 관할을 포기하고 소유권을 양천에 넘겨주고 말았다는 것이다.

아주 오랫동안 일본이 동해의 독도를 제것이라고 하는데 이익이 없으면 저렇게 할 리 없다. 독도 주위 엄청난 바다를 제 관할 아래 둘 수 있고 거기 지천으로 널린 자원을 차지할 욕심 때문일 것이다. 아마도 광주암 주위의 강물까지 관할할 수 있었다면 광주나 양천이나 결코 쉽게 포기하지 않았을 것이다. 예나 지금이나 이익 없이 움직이는 일은 없다.

겸재 정선은 이곳 일대를 그려놓고 정작 제목은 〈소요정〉逍遙亭이라 하였다.

오늘이 옛을 가리니 사라진그 풍경은 어디에서 찾을까

'아득히 거닌다'는 아름다운 뜻을 가진 소요정이란 중종이 반정을 일으켜 집권할 때 공훈을 세운 공신 심정1471-1531의 아호이자 그가 지은 정자의 이름이다. 그는 반정 이후 승승장구하던 중 1518년 형조판서 물망에 올랐는데 신진사류로 개혁의 열정에 충실했던 정암 조광조의 반대로 임명 받지 못하고 말았다. 이때 물러나 가양동 탑산 위에 정자를 짓고 울분을 달래던 시절의 것이다. 다음 해 1519년 심정은 기묘사화를 일으켜 개혁 사류들을 일망타진하고 권력을 전횡했다. 하지만 왕세자 저주 사건에 연루되었음이 드러나 유배지인 평안도 강서에서 '기묘삼간'으로 지목당해 사약을 받아 죽고 말았다. 뒷날 다른 이들은 명예를 회복하였음에도 심정은 소인배로 간주당해 영원히 비아냥의 대상이 되었다. 살았을 때는 꾀주머니라고 하여 지낭智囊이란 별명으로 불리었던 걸 생각하면 기가 막힌 인생이다. 심정은 소요정을 세우고 그윽한 은일군자 행세를 하면서도 뒤로는 정적을 넘어뜨리려는 추악한 음모를 꾸미며 부지런한 발걸음을 재촉하던 인간이었다. 그리고 보니 저 소요정이란 이름이 오히려 부끄러워지고 말았다.

겸재 정선이 〈소요정〉을 그릴 때는 저 심정의 음모처인 소요정이 없었던 모양이다. 〈소요정〉 탑산 어디에도 정자는커녕 초가조차 없으니 말이다. 그래도 제목만은 '소요정'이라 했던 뜻이 있을 게다. 이곳 풍경이 하나의 그윽한 정자요, 장자가 『남화경』에서 읊조린 바 저 '소요유'逍遙遊할 만한 땅이었기에 자연 그대로가 정자라고 생각한 것이 아니었을까. 심정의 흔적 따위는 지워버려도 좋으니 풍경 그대로 천연을 그린 것이다. 정선의 그림 〈소요정〉에 등장하는 바위산이며 바위섬은 마치 꽃봉오리처럼 봉긋하고 또한 정선이 즐겨 그리던 금강산 숱한 봉우리처럼 표현했으므로 깊고 깊은 심산유곡이 따로 있는 게 아니라 바로 이곳이 그곳이라, 소요하기에 너무도 좋은 곳 아닌가.

정선의 〈소요정〉을 보면서 깨친 게 있으니 현재 심사정의 《경구팔경첩》에 포함된 바위섬 그림이 바로 이곳을 그린 것이라는 사실이다. 심사정은 《경구팔경

정선, 〈소요정〉, 《양천팔경첩》, 24.7×33.3, 비단, 18세기, 개인
한강 위에서 가양동 허준근린공원 방향을 바라본 풍경

심사정, 〈공암〉, 《경구팔경첩》, 13.5×24.5, 종이, 1768, 개인
한강 위에서 가양동 허준근린공원 방향을 바라본 풍경

첩》여덟 폭 어느 하나에도 지명을 써넣지 않았는데 물결 치는 기세라든지 바위의 형태를 생각하면 그림 속 풍경은 한강의 이곳 공암나루밖에 없음을 알 것이다. 게다가 저《경구팔경첩》에는 여의도 앞 밤섬을 그린 작품도 있지 않은가 말이다.

저 공암은 '허가바위'라고도 불렸다. 양천허씨의 시조 허선문許宣文이 이 바위에서 나왔으므로 그렇게 부른다. 허선문은 후백제를 건국한 견훤867-936을 공격하러 가던 고려 태조 왕건877-943이 이곳 공암나루를 건널 때 협력한 공을 세웠다. 강 건너는 일과 필요한 쌀을 협력해 바쳤는데 태조는 이곳 공암촌 주인으로 허선문을 임명했다. 그로부터 칠백여 년 뒤 여기서 태어나고 자란 허준은 서자로서 중인 계층에 속한 어의였지만 사족만이 오를 수 있던 정3품 당상관에 이르렀다. 게다가 임진왜란 당시 선조를 끝까지 모신 공을 인정받아 공신으로 책봉되기조차 했다. 천재적인 의술과 전쟁이라는 격변의 시대가 그를 그렇게 만들었다.

그러나 허준은 긴장의 끈을 풀지 않았다. 내의원에 봉직하는 가운데서도 십년의 뼈를 깎는 노력 끝에 1610년 드디어 위대한 의학서인『동의보감』을 완성하였다. 광해 왕 시절 일흔의 나이로 세상을 떠나자 왕은 허준에게 부원군을 제수하였다. 더러운 짓을 거듭한 심정은 사라지고 아름다운 업적을 쌓은 허준만이 그렇게 이 땅에 살아남았다.

노년에 관리가 된 화가, 강 건너 한양을 추억하다

예순다섯 살이 넘어 한양을 떠나 양천현령으로 재직하던 겸재 정선은 양천 관아에 머물며 건너편 양화나루를 건너오는 이들을 맞이하곤 할 때마다 저 멀리 인왕산 너머 한양 시절을 추억하곤 했을 것이다. 강 건너 한양에 피어오르는 봉홧불을 바라보곤 하였을 테니《경교명승첩》을 제작할 때 그 풍경을 빼놓을 수 없었을 것이다. 《경교명승첩》의 하나인 〈안현석봉〉을 보면 질마재라 부르는 안현 봉우리를 한복판에 배치한 다음 꼭대기 봉수대에 붉게 타오르는 불꽃도 그리고 또 그 바로 뒤 어깨너머로는 인왕산을 채워두었다. 사람들이 알고 있는 인왕산은 우람한 위용인데 웬일인지 무척이나 원만하고 부드러운 모습으로 그려두었다. 아마도 십여 년 전인 1728년 봄 이사해 살았던 곳이라서 포근하게 그렸던 듯하다. 살림 사는 집이니 어깨 넓어 믿음직하긴 해도 역시 어머니가 아이를 품은 듯 따스한 느낌이었을 것이다. 이와 달리 뾰족한 질마재는 가파르게 치솟아 추종을 불허하는 형상이다. 꼭대기에 봉홧불이 타오르니 오늘 저녁 전국이 안녕하다는 소식이다.

서대문 밖 금화산 서쪽엔 이화여자대학교가 있고 굴을 뚫고 나가는 터널 오른쪽엔 연세대학교와 도선827-898 스님이 889년에 창건하였다는 봉원사가 있는데 그 뒷산이 질마재다. 지금으로부터 삼십여 년 전 군부독재 시절인 1980년대 가끔 질마재를 넘나들곤 했는데 시위대가 경찰에 해산당할 때면 이 산속으로 쫓겨 숨어들다가 연세대학교 교정으로 나아가곤 했다. 그때만 해도 이곳에 봉수대가 있는 줄 몰랐는데 알았다면 그 봉홧불을 민주주의 횃불의 상징이라고 이름지어주었을 것이다. 누구에게나 국토의 평안함을 전해주고 재난도 알려주는 불꽃 봉우리였으니 평화나 민주를 떠올린다고 해도 이상할 것 없다.

질마재 아래 소가 낮게 누운 와우산은 편안하고 그 왼쪽으로 솟아오른 강변 봉우리는 아마도 홍제천을 끼고 솟은 성산인 듯하다. 그렇게 보면 화폭 하단 강줄기 아래 왼쪽과 오른쪽 사이는 이미 알려진 대로 가양동의 파산과 탑산 사이로 보인다. 화폭 하단 오른쪽 구석에 세 개의 바위가 보이는데 이게 공암이고 그렇다면 그곳이 지금 허준근린공원 자리이기 때문이다. 공원에는 탑산이 있었다.

그림 속 풍경은 모두 사라졌다. 역시 한강의 기적이니 민족의 예술이니 하는 구호를 내세운 1968년 한강종합개발과 더불어 그렇게 되었다. 강변 제방도로 사업으로 벼락을 맞은 듯 워낙 파헤쳐버려 모두 사라지고 말았다. 고양이처럼 생겨

정선, 〈안현석봉〉, 《경교명승첩》, 31.5×20, 비단, 1740-1741, 간송미술관
염창동에 서서 한강을 건너 성산과 와우산 사이 홍익대학교 일대를 바라본 풍경.
중앙에는 안현 봉화대가 보인다.

서 꿩이산이라 했다던 선유봉은 물론, 쥐처럼 생겼다고 해서 증미산, 탑 같다고 해서 탑산이라 불리던 곳 대신 그저 근래 만든 인공폭포만 덩그러니 쏟아져 이곳이 승경지였음을 증거하고 있을 뿐이다.

그림 속에는 이곳이 강화도로 나아가는 교통요지이며, 세금으로 거둔 현물을 운반하는 세곡선과 한강을 무대로 거래하는 경강상인이 몰려들던 번화한 상업지구인 데다, 또한 명사들이 즐겨 찾던 승경 지대였음을 알려주는 어떤 자취도 없다. 한가한 초가에 그저 돛단배 몇 척이 여유로워 거울같이 광활한 한강임을 드러낼 뿐이다. 그러나 산세는 고스란히 담아 이곳이 어디인지 후대에게 고요히 일러주고 있다.

권력과 역사가 뒤엉킨 땅 행호, 화가는 풍경으로만 남기다

서울에서 자유로를 타고 고양으로 가다 보면 방화대교 북쪽 끝에 행주산성이 나타난다. 그렇게 지나가버리면 그만이지만 잠시 발길 옮겨보면 뜻밖에 감동을 얻을 수 있다. 행주대첩의 영웅 권율 장군 동상으로 시작해 사당이며 정자에 기념관과 기념탑을 두루 갖추었는데 정상에 우뚝 선 기념비까지 살피노라면 저절로 역사의 시간 속으로 빠져들 수밖에 없다.

일본군에게 한양을 점령당한 상태였던 1593년 2월 권율 장군은 군사를 이끌고 이곳 덕양산에 진을 베풀었다. 덕양산은 수도 방위의 전략 요충지로서 돌 성벽이 없더라도 공격과 방어가 완벽한 천연 요새였다. 위협을 깨친 삼만여 명의 일본군이 파도처럼 권율의 행주진영을 향해 쳐들어왔다. 권율의 병력은 겨우 이천삼백 명일뿐이었다. 2월 12일 새벽의 일이다. 일본군은 세 개 조로 나누어 번갈아 하루 종일 아홉 차례나 공격을 해댔다. 그때마다 혼신을 다해 방어에 성공했는데 무엇보다도 여성들이 치마폭에 돌을 주워 나르는 '행주치마' 전술에다가 더하여 슬기롭게도 '재주머니 던지기'라는 비상한 전법이 승리의 요인이었다. 그 전법은 하나의 신화였다. 이로써 완전한 승리를 거뒀다. 패배한 일본군의 시체가 너무나 많아 태우는 냄새가 십 리 밖까지 퍼질 정도였으니 말이다. 기세를 잃어버린 일본군은 얼마 뒤 한양에서 철수했다. 임진왜란 삼대 전투로 평가 받은 이 승전의 통쾌함도 차츰차츰 잊혔다.

정선의 〈행호관어〉杏湖觀漁는 사실 행주대첩과는 아무런 인연도 없는 그저 민인들의 생업과 사대부들의 생활을 표현한 그림이다. 그래서 행주幸州라 하지 않고 행호杏湖라고 써넣었고 또 절친한 벗이자 당대의 시인인 사천 이병연은 이 그림을 보고 '늦봄이니 복국이요, 초여름이니 웅어회라, 복사꽃 가득 떠내려오면 그물을 행호 밖에서 잃겠구나'라고 읊조렸던 것이다. 그러므로 계절의 진미요, 별미를 생각하며 군침 흘렸던 그림일 뿐이었던 게다.

화폭의 맨 오른쪽에 인조와 효종 두 왕으로부터 신임을 얻으며 호조참판, 우참찬을 역임했던 죽소 김광욱1580-1656의 귀래정이 들어섰다. 그로부터 일백 년의 세월이 지난 뒤 화폭 왼쪽 끝자락 절벽 위에 영조의 비호를 받으며 예조판서에 이르렀던 인물 낙건정 김동필1678-1737의 낙건정이 들어섰고 화폭 한가운데로는 영조의 신임이 두터웠던 인물로 좌의정에 이른 장밀헌 송인명1689-1746의 장밀헌이 보인다. 난리를 견뎌낸 전승지로 기억해야 할 땅이 어느덧 명문가의 차지가 되어 아름다운 풍광을 누리는 별장 지대로 바뀌었다. 그뿐 아니다. 이곳 행주나루 앞은 웅어라는 위어葦魚와 황복어인 하돈河豚이 잡히는 곳으로 유명해 권세가의 입맛을 만족케 하였다는데 마침 강 건너 양천현령으로 재직하고 있던 화가 겸재 정선은 그 고기잡이 장면이 인상 깊었는지 아주 섬세하게 묘사하였다. 고기잡이 배가 양쪽으로 나란히 포진한 모습이 마치 전투를 위한 군대의 진법처럼 보이는 것은 아마도 전쟁의 기억 때문일 것이다. 전쟁과 평화가 번갈아가며 땅에 끼치는 영향이

오늘이 옛을 가리니 사라진그 풍경은 어디에서 찾을까

정선, 〈행호관어〉, 《경교명승첩-상권》, 29.2×23, 비단, 1740-1741, 간송미술관
강서구 가양동 양천향교 일대 궁산에서 한강 북쪽 행주산성 방향을 바라본 풍경

정선, 〈귀래정〉, 22×26, 비단, 18세기, 개인
정선의 〈행호관어〉 속 정자인 귀래정을 바라본 풍경

그토록 큰 것인 모양이다.

이 그림이 그려진 때로부터 일백 년이 지난 1841년 헌종이 서삼릉에 왔다가 권율 장군의 공적을 기리는 건물 한 채 없음을 보고 애석하게 여겨 영의정 운석 조인영으로 하여금 제사를 지낼 사당인 행주기공사를 창건하라는 명령을 내렸다. 그로부터 몇 해가 지난 1845년에는 대리석으로 만든 기념비석이 너무도 낡아 이를 대신하여 새로운 대첩비를 건립하도록 했다. 사족의 별장 지대라는 부끄러움을 씻어냈으니 아름다운 일이다.

다시 일백여 년이 흐른 1950년 6월 28일 서울을 북한 인민군에게 내준 대한민국 육군 제1사단은 이곳 행주산성으로 집결했다가 한강을 건너 남쪽 김포를 향해 후퇴하기로 하였다. 그러나 그보다 먼저 김포를 점령한 인민군 때문에 포기하고 있다가 9월에 한미 해병대가 서울수복을 위해 상륙한 곳이 바로 이곳 행주산성이다. 전쟁이 끝나고 십 년이 지난 1963년에 십오 미터짜리 기념비를 다시 세웠는데 두 해 전 정변을 일으켜 정권을 장악한 박정희가 쓴 글씨를 새겨넣었다. 일본군을 물리친 행주대첩 비문을 일본군 출신 대통령이 새긴 이 해괴한 사건은 문득 충무공 이순신 장군의 영령을 모시는 현충사 현판 글씨를 박정희가 쓴 것과 맥락을 같이한다. 어이없지만 그저 그렇게 권력과 역사가 뒤엉키는 모습 그대로다. 풍경이 사라졌다고 모두 잊고 지나갈 일은 아니다. 기억하지 못하는 이들에게는 미래조차 없을 터이니 그러하다.

오늘이 옛을 가리니 사라진그 풍경은 어디에서 찾을까

부록

옛 그림 속
서울을 그린
조선의 화가들

강세황姜世晃, 1713-1791

호는 표암豹菴. 소북당과 사족 명문세가 출신이지만 스스로는 관직에 나가지 않았다. 삼십 대에 처가가 있는 안산으로 옮겨 안산15학사와 어울리고 성호 이익 선생을 따랐다. 뛰어난 재능으로 〈송도기행첩〉과 같은 숱한 걸작을 남겼고 18세기 미술사를 전환시킨 인물이다. 단원 김홍도를 문하에 들여 한양으로 진출시킨 위대한 스승이다.

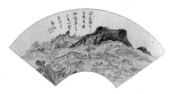

306쪽, 〈남산과 삼각산〉

354쪽, 〈서빙고〉

강희언姜熙彦, 1738-1784이전

호는 담졸澹拙. 중인 출신으로 천문학을 전공한 학자이며 강세황과 먼 친척으로 김홍도와 벗이었다. 두 아우가 지리학과 운명학을 전공하는 집안으로 평생 하급 관료로 생활하였으나 김홍도 이외에도 이인문, 신한평을 비롯한 당대의 화가들과 어울려 예술을 사랑하는 삶을 살아갔다.

158쪽, 〈인왕산도〉

236쪽, 〈북궐조무도〉

부록

권신응權信應, 1728-1786

노론당 명문가인 안동권씨 가문 출신인 옥소玉所 권섭權燮, 1671-1759의 손자. 권섭은 출사하지 않고 평생 문장가로 생애를 누리며 당대 명가들과 교유하였는데 1753년에는 특별히 손자인 권신응으로 하여금 한양의 명승지 열 곳을 그리도록 했고 이것이 바로《북악십경첩》이다.

092쪽, 〈삼청동〉, 103쪽, 〈세검정〉 108쪽, 〈총융청〉 111쪽, 〈홍지문 수문루〉 117쪽, 〈삼계동 석파정〉

130쪽, 〈사일동〉 146쪽, 〈청풍계〉 167쪽, 〈옥류동〉 256쪽, 〈군자정〉 296쪽, 〈아계동〉

김득신金得臣, 1754-1822

호는 긍재兢齋. 화원 명문가 개성김씨 가문 출신으로 복헌復軒 김응환金應煥, 1742-1789의 조카이며 형제, 아들이 모두 화원 화가였다. 단원 김홍도 화풍을 따랐는데 거의 모든 소재를 빼어나게 다뤘지만 도화서 업무에 전념하여 전해오는 작품이 흔치 않다.

054쪽, 〈삼각산 노적봉도〉 064쪽, 〈백악산〉

옛 그림 속 서울을 그린 조선의 화가들

김석신金碩臣, 1758-1816이후

호는 초원蕉園. 화원 명문가 개성김씨 가문 출신으로 긍재 김득신과 형제이나 김응환의
양자로 들어갔다. 아들과 손자 모두 화가였다. 전해오는 작품이 거의 없지만 〈도봉도〉
와 한강 일대를 그린 몇 폭으로 미술사상 지울 수 없는 이름으로 남아 있다.

042쪽, 〈도봉도〉

332쪽, 〈가고중류도〉

346쪽, 〈압구청상〉

362쪽, 〈금호완춘〉

374쪽, 〈담담장락〉

김수철金秀哲, 1820무렵-1888이후

호는 북산北山. 출신과 생애를 전혀 알 수 없으나 말년에 석관동에서 살았으며 간략하고
담백하며 경쾌한 분위기를 연출할 줄 아는 탁월한 감각으로 애호가가 상당하였는데
특히 동래 왜관을 통해 일본으로 흘러들어간 작품이 많다. 우봉 조희룡을 비조로 하는
19세기 신감각파의 중심 작가다.

024쪽, 〈한양 전경도〉

김윤겸金允謙, 1711-1775

호는 진재眞宰. 조선후기 집권 이백오십 년을 누린 노론당 명문세가인 장동김문 출신이
지만 서자여서 벼슬을 멀리하고 산수기행과 실경산수에 탐닉했고 중인예원 인사들의

존경을 한몸에 안고 살아갔다. 가볍고 시원하며 아주 해맑은 담채와 빠른 필치로 가장
독창성 넘치는 작품 세계를 일구었다.

063쪽, 〈백악산〉

182쪽, 〈필운대〉

297쪽, 〈천우각〉

316쪽, 〈청파〉

329쪽, 〈송파환도도〉

김정호 金正浩, 1804-1866

호는 고산자古山子. 중인 가문 출신의 천재 지도제작자다. 황해도에서 태어나 어린 시절
한양으로 이주했는데 『동국여지승람』의 잘못을 바로잡기 위해 삼십여 년 동안 전국을
답사하여 불멸의 지도인 《대동여지도》와 지리지인 《대동지지》를 완성했다.

026쪽, 〈도성도〉

028쪽, 〈도성연융북한합도〉

옛 그림 속 서울을 그린 조선의 화가들

김홍도金弘道, 1745-1805

호는 단원檀園. 중인 가문 출신의 천재화가다. 안산에서 자라나 스승 표암 강세황을 만났고 이후 정조와의 인연을 맺어 왕의 화가로 군림했으며 살아서나 죽어서나 모두들 그를 신선 같다 하여 화선畵仙이라 부른다. 산수, 인물, 화조, 풍속, 기록에 이르는 전 분야에 걸쳐 미술사의 새로운 시대를 열었고 이후 그를 따르지 않는 화가가 없었다.

 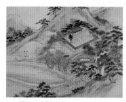

174쪽, 〈송석원 야연도〉   213쪽, 〈북일영도〉   240쪽, 〈규장각〉

292쪽, 〈남소영〉

김희겸金喜謙, 1710-1763이후

호는 불염재不染齋. 화원 명문가 개성김씨 집안으로 또다른 이름인 김희성金喜誠이라고도 한다. 도화서에 나가지 않은 채 평생 문예를 즐기는 생애를 살았지만 숙종어진에 동참화원으로 참가해 그 공로로 사천현감을 지냈으나 그뿐이다.

253쪽, 〈옥류천〉   395쪽, 〈춘생와〉와 〈소유정〉

신윤복申潤福, 1758-1830 무렵

호는 혜원蕙園. 중인 가문 출신으로 아버지가 도화서 화원 일재逸齋 신한평申漢枰, 1735-1809 이후이다. 하지만 도화서에 출사하지 않은 채 직장 없이 자유로운 생애를 살아가며 유연한 필선과 담채로 세련미를 더한 도시감각을 구가하였는데 주로 애정 풍속을 주제로 삼아 커다란 명성을 획득했다.

336쪽, 〈주유청강〉

심사정沈師正, 1707-1769

호는 현재玄齋. 소론당 명문가 출신이었으나 할아버지가 정쟁에 휩싸여 관직 진출을 포기할 수밖에 없어서 화가로 진출해 그 이름을 크게 드날렸다. 두 살 때부터 그림에 재능을 보인 신동이었으며 단 하루도 붓을 놓은 적이 없다. 산수화에도 뛰어났으나 채색 화조화 분야에서 위업을 쌓은 거장이다.

199쪽,　　303쪽,　　　　380쪽, 〈밤섬〉　　　398쪽, 〈공암〉
〈천연동 반송지〉〈남산에서〉

안중식安中植, 1861-1919

호는 심전心田. 개화당에 가담하여 새로운 시대를 꿈꾼 청년 시절 오원吾園 장승업張承業, 1843-1897이후 문하에서 적통을 이은 세기말 세기초 최대의 거장이다. 고전양식을 절충하여 시대양식으로 이끌어 올린 걸작을 탄생시켰으며 문하에서는 10대가를 배출한 20세기 미술의 스승이다.

206쪽,　　　　207쪽,
〈백악춘효도〉　〈백악춘효도〉
여름　　　　　가을

　　　　옛 그림 속 서울을 그린 조선의 화가들

엄치욱嚴致郁, 1770무렵-?

호는 관호觀湖. 중인 가문 출신으로 영월 사람이나 그 생애를 알 수 없다. 『화성성역의 궤』華城城役儀軌와 같은 국가사업에 방외화원으로 참여하였고 또한 관동팔경, 단양팔경과 같은 승경을 그린 실경산수가 남아 있다.

068쪽, 〈백악산〉

유숙劉淑, 1827-1873

호는 혜산蕙山. 중인 역관 가문 출신으로 도화서에 입격해 화원으로 생계를 이어갔다. 하지만 벽오사와 같은 중인예원에도 가담하여 예술가로 성장하였고 아들도 화가로 키웠으며 특히 오원 장승업을 문하에 들여 미술사를 풍요롭게 이끌었다.

104쪽, 〈세검정〉

이기룡李起龍, 1600-?

호는 궤은几隱. 아버지가 도화서 화원이었고 이기룡도 도화서 화원 겸 교수로 활동했다. 1643년 통신사 수행원으로 일본에 다녀왔다. 전해 오는 작품은 〈남지기로회도〉와 〈묵란도〉를 비롯해 극소수에 불과하지만 지극히 아름답다.

310쪽, 〈남지기로회도〉

이방운李昉運, 1761-1822이후

호는 기야箕野. 사족 가문 출신으로 일세의 거장 심사정과 먼 친척이라는 사실 이외에 알려진 내용이 없다. 심사정과 강세황에 의해 소략하고 유연해진 화풍을 아낌없이 발휘하여 격식에 매이지 않는 자유로운 자신만의 화풍을 한껏 과시하였다.

043쪽,
〈도봉서원〉

230쪽, 〈탑동계회도〉

이신흠李信欽, 1570-1631

도화서에 진출해 숱한 회화 사업에 가담했다. 1604년 사행단의 일원으로 명나라를 다녀왔다. 민간의 주문에도 응해 한양 송현동 일대를 그린 1604년 이후 용문산, 섬진강과 같은 실경화를 그렸다. 그러나 후배 화가 나옹懶翁 이정李楨 1578-1607, 허주虛舟 이징李澄 1581-1645이후의 명성에 밀려 그 뛰어난 역량에 비해 높은 평가를 받지 못해 오늘날도 전해오는 작품이 드물다.

222쪽, 〈송현동〉

이인문李寅文, 1745-1824이후

호는 고송유수관古松流水館. 중인 역관 가문에서 태어나 어린 시절 화가의 길을 걸어 이십 대에 도화서 화원이 되었고, 김홍도와 더불어 송석원시사에 참여하였다. 팔 미터가 넘는 국립중앙박물관 소장 〈강산무진도〉라는 최대 걸작을 탄생시킨 한 시대의 거장으로 김홍도와 쌍벽을 이루었다.

039쪽, 〈도봉산 춘경〉

173쪽, 〈송석원 시회도〉

옛 그림 속 서울을 그린 조선의 화가들

임득명林得明, 1767-1822

호는 송월헌松月軒. 중인 가문 출신으로 하급 관료인 경아전 서리였으며 당대 최대의 중인예원 조직인 송석원시사 맹원으로 활동하였다. 시서화 삼절로 명성을 떨쳤는데 한양에서 평안도에 이르는 실경을 그린《서행일천리도권》을 남겼다.

171쪽, 〈등고상화〉 227쪽, 〈가교보월〉

장시흥張始興, 1714-1789이후

호는 방호자方壺子. 중인 가문 출신으로 도화서에 입격하여 서른 해 동안 직임을 다 한 화원이었다. 드물지만 실경을 묘사한 작품을 포함한 산수화 몇 점이 전해온다. 대담한 구도지만 세부묘사의 치밀함과 넓은 담채가 자못 신선한 기운을 머금고 있다.

082쪽, 〈독락정〉 120쪽, 〈창의문도〉 358쪽, 〈동작촌〉 368쪽, 〈노량진〉

전기田琦, 1825-1854

호는 고람古藍. 중인 가문 출신으로 수송동에 약포를 열고서 서화 중개와 감정 업무로 생계를 유지해 나갔다. 우봉 조희룡을 비조로 하는 신감각파의 일원이다. 중인예원 집단인 벽오사, 직하시사 맹원으로 활동했지만 서른 살에 요절한 천재로 단순하고 간명한 필치와 구도에 빛나는 걸작들을 탄생시켰다.

194쪽, 〈징심정 시회도〉

정선鄭敾, 1676-1759

호는 겸재謙齋. 사족 가문 출신이지만 영락한 집안 사정으로 하급관료의 길을 걸어야 했다. 부족한 살림을 위해 끝없이 주문에 응했고 긴 생애만큼이나 숱한 작품을 남겼다. 세 차례의 금강산 여행을 비롯한 사생여행으로 실경산수 분야의 문호를 열었고 스스로 최고의 걸작을 탄생시켜냄으로써 미술사상 가장 위대한 업적을 쌓았다.

022쪽, 〈장안연우〉

044쪽,
〈도봉추색도〉

060쪽, 〈백악산취미대〉

061쪽, 〈백악 부아암〉

073쪽, 〈취미대〉

076쪽, 〈대은암〉

077쪽, 〈대은암〉

080쪽, 〈독락정〉

081쪽, 〈독락정〉

084쪽, 〈청송당〉

088쪽, 〈은암동록〉

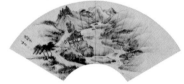
102쪽, 〈세검정〉

112쪽, 〈홍지문 수문천석〉

121쪽, 〈창의문〉

129쪽, 〈백운동〉

140쪽, 〈청풍계〉

141쪽, 〈청풍계〉

144쪽,
〈한양 장동
청풍계〉

145쪽,
〈한양 장동
청풍계〉

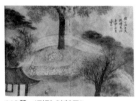
148쪽, 〈괴단 야화도〉

옛 그림 속 서울을 그린 조선의 화가들

152쪽, 〈인왕제색도〉

160쪽, 〈서원소정도〉

160쪽, 〈한양전경도〉

163쪽, 〈수성구지〉

165쪽, 〈수성동〉

168쪽, 〈옥류동〉

178쪽, 〈필운대 상춘도〉

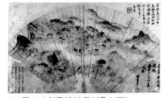

188쪽, 〈소의문에서 도성을 보다〉

223쪽, 〈의금부〉

264쪽, 〈동소문〉

275쪽, 〈동문조도〉

324쪽, 〈광진〉

328쪽, 〈송파진〉

349쪽, 〈압구정〉

350쪽, 〈압구정〉

356쪽, 〈동작진〉

385쪽, 〈선유봉〉

388쪽, 〈양화환도〉

390쪽, 〈양화진〉

393쪽, 〈이수정〉

397쪽, 〈소요정〉

401쪽, 〈안현석봉〉

404쪽, 〈행호관어〉

404쪽, 〈귀래정〉

정수영鄭遂榮, 1743-1831

호는 지우재之又齋. 소북당 사족 명문가 출신으로 뛰어난 지리학자이자 지도제작자 농포자農圃子 정상기鄭尙驥, 1678-1752의 손자이다. 관직에 나가지 않은 채 여행과 시서화에 탐닉하여 자유분방하고 대담한 구성의 산수화와《한임강명승도권첩》과 같은 실경으로 개성에 넘치는 아름다움을 구현하였다.

201쪽, 〈백사 야유도〉

정황鄭榥, 1737-1800

호는 손암巽菴. 사족 가문 출신으로 위대한 겸재 정선의 손자이다. 정선의 겸재화풍을 계승한 많지 않은 후예의 한 사람으로 대담한 수묵과 구도를 구사하였지만 전해오는 작품이 많지 않다.

062쪽, 〈대은암〉　　126쪽, 〈이안와 수석시축〉

조영석趙榮祏, 1686-1761

호는 관아재觀我齋. 사족 가문 출신으로 평생 하급관료를 전전하였다. 마흔일곱 살 때인 1731년 인왕산 기슭으로 이주해 겸재 정선과 이웃으로 살면서 문필과 회화에 탐닉했다. 산수는 물론 화조, 인물화를 모두 잘했으며 풍속화에서도 일가를 이루었다.

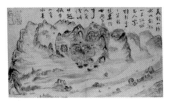

020쪽, 〈한양도〉

옛 그림 속 서울을 그린 조선의 화가들

작가 미상

019쪽, 〈한강에서 도성을 보다〉　030쪽, 〈도성도〉　　094쪽, 〈옥호정도〉

137쪽, 〈장동김문 세거지〉　192쪽, 〈관반계첩도〉　209쪽, 〈근정전 정시도〉

216쪽, 〈비변사 계회도〉　218쪽,　　245쪽, 〈영화당 친림사선도〉
　　　　　　　　　　　　〈총마계회도〉

　　　　　　　　　　　　　　260쪽,
　　　　　　　　　　　　　　〈비변사 문무낭관 계회도〉
248쪽, 〈동궐도〉

266쪽, 〈성균관〉　270쪽, 〈수문상친림관역도〉　278쪽, 〈마장-진헌마정색도〉　282쪽,
　　　　　　　　　　　　　　　　　　　　　　　　　　　　　　　　　〈동대문외 마장리〉

284쪽, 〈태조 망우령 가행도〉

300쪽, 〈송현에서 바라본 백악산〉

313쪽, 〈만리창 연지주유도〉

340쪽, 〈독서당 계회도〉

341쪽, 〈독서당 계회도〉

342쪽, 〈제천정, 무진추한강음전도〉

372쪽, 〈노량진 선전관 계회도〉

373쪽, 〈노량진 선전관 계회도〉

옛 그림 속 서울을 그린 조선의 화가들

사전

서울특별시사편찬위원회, 『서울지명사전』, 서울특별시, 2009.

손성우, 『한국지명사전』, 경인문화사, 1986.

이민우, 『한국지명사전』, 한국교열기자회, 1993.

전용신, 『한국고지명사전』, 고대민족문화연구소 출판부, 1993.

한글학회, 『한국지명총람 1(서울편)』, 한글학회, 1966.

지도

『관광서울』, 중앙지도, 1986.

김정호, 『대동여지도』, 1861, 경희대학교 전통문화연구소 편찬, 백산자료원, 1976.

_____, 『청구도』, 1834, 민족문화추진회, 1971.

『대경성부대관』, 1936, 서울역사박물관, 2015.

『대동여지도 색인』, 경희대학교 전통문화연구소, 1976.

『서울지도』, 서울역사박물관, 2006.

『옛 서울지도』, 서울역사박물관, 2016.

이찬, 『한국의 고지도』, 범우사, 1991.

『한국의 옛지도』, 영남대학교박물관, 1998.

〈한양도성도〉, 18세기 중엽, 삼성미술 관리움 소장.

『해동지도』, 서울대학교 규장각, 1995.

허영환, 『서울지도』, 범우사, 1994.

도록

『서울, 하늘 땅 사람』, 서울역사박물관, 고려대학교박물관, 2002.

『우리 강산을 그리다』, 국립중앙박물관, 2019.

국립광주박물관, 『진경산수화』, 삼성출판사, 1991.

국립춘천박물관, 『우리 땅, 우리 진경』, 통천문화사, 2002.

『어느 수집가의 초대』, 국립중앙박물관, 2022.

고전

『국역 신증동국여지승람』 1-7, 민족문화추진회, 1970.

유본예 지음, 권태익 옮김, 『한경지략』, 탐구당, 1974.

이중환 지음, 이익성 옮김, 『택리지』, 을유문화사, 1971.

논문 및 단행본

고동환 외, 『경강』, 서울역사박물관, 2017.

김영상, 『서울육백년』 1-5, 대학당, 1994-1996.

김현지, 「조선중기 실경산수화 연구」, 홍익대학교 석사학위논문, 2001.

나각순, 『서울의 능묘』, 서울특별시, 2010.

_____, 『서울의 산』, 서울특별시, 1997.

_____, 『서울의 성곽』, 서울특별시, 2004.

나혜영, 「조선후기 한양명승도 연구」, 이화여자대학교 석사학위논문, 2000.

박경룡, 『청계천, 중구의 물길 따라』, 서울특별시 중구문화원, 2012.

박정애, 『아름다운 옛 서울』, 보림, 2006.

박정혜, 『조선시대 궁중기록화 연구』, 일지사, 2000.

박현욱, 『서울의 옛물길 옛다리』, 시월, 2006.

유홍준, 『나의 문화유산 답사기 9, 10-서울편』, 창비, 2017.

송희경, 『조선 후기 아회도』, 다할미디어, 2008.

이미순, 「조선후기 정선화파의 한양실경산수화 연구」, 고려대학교 대학원 박사학위논문, 2012.

이상배, 『서울의 하천』, 서울특별시, 2000.

_____, 『서울의 누정』, 서울특별시시사편찬위원회, 2012.

이상협, 『서울의 고개』, 서울특별시, 1998.

이재곤, 『서울의 전래동명』, 백산출판사, 1994.

이종묵 외, 『한강의 섬』, 마티, 2009.

이태호, 『서울산수』, 월간미술, 2017.

장영훈, 『서울풍수』, 도서출판 담디, 2004.

장진아, 「조선후기 문인진경산수화 연구」, 서울대학교 석사학위논문, 1997.

정희선, 『서울의 길』, 서울특별시, 2009.

진준현, 『우리 땅 진경산수』, 보림, 2005.

최열, 『옛 그림 따라 걷는 서울길』, 서해문집, 2012.

최완기, 『한양, 그곳에서 살고 싶다』, 교학사, 1997.

최완수, 『겸재 정선, 진경산수화』, 범우사, 1993.

_____, 『겸재의 한양진경』, 동아일보사, 2004.

최종현, 김창희, 『오래된 서울』, 동하, 2013.

한국문화유산답사회 엮음, 『답사여행의 길잡이15 서울』, 돌베개, 2004.

『서울명소 600선』, 서울특별시, 1994.

『서울명소고적』, 서울특별시사편찬위원회, 1958.

『서울문화재대관』, 서울특별시, 1987.

『서울성곽』, 서울특별시, 1976.

『서울육백년사(문화사적편)』, 서울특별시사편찬위원회, 1987.

『서울육백년사』 제1-6권, 서울특별시사편찬위원회, 1977-1996.

『서울의 전통문화』 제1-2권, 서울특별시, 1982.

『서울 2천년사』 제19권 조선시대 서울의 과학기술과 예술, 서울특별시시사편찬위원회, 2014.

『서울 2천년사』 제39권 현대 서울의 문화와 예술, 서울특별시시사편찬위원회, 2016.

『한강사』, 서울특별시사편찬위원회, 1985.

『한국의 발견 서울』, 뿌리 깊은 나무, 1983.

『한국의 여행 1 서울특별시』, 중앙서관, 1983.

『한국의 향토문화자원 1 서울 인천』, 전국문화원연합회, 2000.

인명 색인

이 책을 둘러싼 날들의 풍경

한 권의 책이 어디에서 비롯되고, 어떻게 만들어지며,
이후 어떻게 독자들과 이야기를 만들어가는가에 대한 편집자의 기록

2002년 미술사학자 최열은 하나은행 사보 『하나은행』에 정수영의 〈백사 야유도〉를 시작으로 조선 실경에 관한 연재를 시작하다. 연재 시작 후 독자들의 뜻밖의 호평이 이어지다. 계속해서 서울을 그린 옛 그림을 찾아 나서다. 어려움이 매우 많았지만 하나를 찾으면 그 다음이 선물처럼 등장하였고, 그럼으로 연재를 계속 이어나갈 수 있게 되다.

2006년 정선의 《장동팔경첩》을 시작으로 삼성문화재단에서 발행하는 『문화와 나』를 통해 옛 그림을 주제로 한 새로운 연재를 시작하다. 이 연재는 서울만이 아닌 관동팔경, 단양팔경, 탐라순력도를 비롯하여 조선팔도 전역의 승경지를 대상으로 삼은 수많은 실경도를 포함하다. 연재를 이어가며 해당 지역 답사는 물론 숨어 있는 작품을 찾기 위해 힘겨운 발품을 숱하게 팔다. 다양한 어려움이 있었고, 지칠 때도 있었으나 연재 도중 뜻 있는 이들이 보내오는 다양한 도움과 격려, 의미 있는 지적 등을 버팀목으로 삼다.

2009년 김석신의 〈도봉도〉를 시작으로 『서울아트가이드』에 새로운 연재를 이어가다. 여러 매체와 지면에 관련 주제를 지속적으로 게재하다.

2017년 편집자는 서울 혜화동으로 이사 후 저자로부터 혜화문 일대에 얽힌 옛 이야기와 옛 그림 이야기를 자주 듣게 되다. 그것을 계기로 편집자는 저자가 지난 2002년부터 약 이십 년 가까이 서울을 비롯한 조선팔도의 옛 그림에 관해 꾸준히 연구해왔음을 새삼스럽게 떠올리다. 연재 글 가운데 서울을 그린 옛 그림을 총망라한 책을 펴낼 것을 저자에게 제안하다. 막상 제안을 하긴 했으나 그 방대한 분량 앞에 어찌할 바를 몰랐던 편집자는 기약이 없는 채로 언젠가의 소망으로 그저 남겨두다.

2018년 9월 저자가 혜화1117를 통해 근대미술연구자 홍지석과 함께 『미술사 입문자를 위한 대화』를 출간하다. 이후 자연스럽게 후속 작업을 논의하며 이 책의 출간을 확정하다. 서울을 그린 옛 그림의 집성본이자 결정판을 만들어 세상에 내보이고 싶다는 '야망'에 불 탄 편집자는 이왕 만드는 책이니 독자들에게 익숙한 그림은 물론 잘 알려지지 않은 그림들을 최대한 보여줌으로써 서울을 그린 옛 그림의 집적이자 이십여 년 가까운 시간 동안 조선 실경 연구를 이어온 미술사학자 최열 연구의 집성을 구현하기로 하다.

2018년 12월 저자로부터 그동안 축적해온 날것의 원고 전체를 전해 받다. 200자 원고지로 약 2,500매에 달하는 원고를 받아든 편집자는 한동안 텍스트의 숲에 갇혀 옴짝달싹 못하는 지경에 빠지다. 수차례 읽고 고민한 결과 편집자는 분량 및 형식의 일관성은 물론 전체를 조망할 수 있는 구성안이 필요하다고 판단하다. 이를 바탕으로 약 한 달여에 걸쳐 대략의 구성안과 수정 및 보완의 방향을 정리, 저자에게 의견을 전달하다.

2019년 2월 저자로부터 수정 보완을 거친 1차 원고를 받다. 다시 한 번 전체를 일독한 뒤 저자와 수정의 방향에 관한 논의를 거치다. 논의의 결과를 반영한 새로운 구성안과 수정 및 보완의 방향을 또 정리하여 저자에게 전달하다.

2019년 7월 약 반 년여에 걸쳐 4~5차례 원고의 수정 및 개고 작업을 거치다. 책의 방향 및 구성은 최초의 것으로부터 많이 달라졌으나 그 변화의 내용이 궁극적으로 이 책이 나아갈 바와 잘 맞는 것으로 여겨지다. 분명히 '그림책'을 만드는 작업임에도 불구하고 정작 이미지를 볼 여유가 없던 편집자는 이제야 겨우 책에 수록할 전체 이미지 파일을 저자로부터 전달 받다. 텍스트로만 보던 그림들을 한껏 펼쳐 보는 내내 편집자는 이 책을 만들 수 있게 된 행운과도 같은 상황에 기뻐하고, 잘 만들어야 한다는 부담감, 잘 만들고 싶다는 욕망으로 몇 날 며칠 불타는 밤을 지새우다. 이 와중에 혜화문과 성균관, 창덕궁이 나오는 옛 그림이 나올 때마다 그림 속에서, 이 책을 만들고 있는 '혜화1117'의 위치는 어디쯤일까 가늠하는, 사소하지만 각별한 즐거움을 누리다.

2019년 8월 판형 및 레이아웃을 디자이너 김명선에게 의뢰하다. 디자인의 1차 시안을 입수하다.

2019년 9월 2일 출간계약서를 작성하다. 저자와 디자인 시안을 놓고 협의를 거쳐 전체 디자인의 방향을 결정하고 세부적인 것은 추후 조정키로 하다.

2019년 10월 처음보다 약 500여 매 줄어들긴 했으나 여전히 만만치 않은 분량의 원고와 150여 점의 도판을 놓고 편집자는 구성 요소와 화면 초교를 위해 씨름을 하다. 원고의 1차 정리를 끝내고 나니 해가 바뀌다.

2020년 1월 조판용 원고 정리를 마친 뒤 디자이너에게 작업을 의뢰하다. 예정보다 지체된 일정으로 편집자의 마음이 바빠지다. 이런 마음을 살펴준 디자이너의 노력으로 설 연휴 전 초교지를 받아들다. 저자의 1차 교정이 이루어지다. 편집자 역시 1차 교정을 진행하다.

2020년 2월 재교 및 오케이교를 진행하다. 책의 제목을 정해야 하는 피할 수 없는 순간이 오다. '서울을 그린 우리 옛 그림'과 '옛 그림으로 본 서울' 두 가지로 압축하다. '옛 그림'과 '서울' 중 어디에 방점을 찍어야 하는가를 놓고 저자는 물론 주변의 숱한 의견을 구하다. 결국 이 책이 옛그림을 안내하는 책이라기보다 옛그림을 통해 옛서울의 풍경을 돌아보는 데 집중하고 있다는 점을 제목에 담기로 하다. 책의 제목이 '옛 그림으로 본 서울'로 정해지다. 부제는 고민만 거듭하고 있어 결정하지 못한 채로 표지를 의뢰하다.

2020년 3월 표지 디자인을 의뢰하고, 시안을 입수하고 결정하기까지의 과정이 일사천리로 흘러가다. 표지 이미지로 한양 도성 전체를 조망한 김수철(전) 〈한양 전경도〉를 사용하기로 하다. 임득명의 〈등고상화〉에 마음이 끌렸으나 특정 지역을 표지로 내세우기

보다 서울 전체를 조망한 그림을 쓰는 것이 더 낫겠다고 여기다. 부제는 '서울을 그린 거의 모든 그림'으로 정하다. 책의 모든 요소를 확정하고, 본문의 최종교를 마치다.

2020년 3월 20일. 인쇄 및 제작에 들어가다. 이로써 이십여 년 가까운 시간 집적된 저자의 연구와 옛서울을 그린 그림의 집성이라는 성취를 이루어내다. 표지 및 본문은 김명선이, 제작 관리는 제이오에서(인쇄:민언프린텍, 제본:정문바인텍, 용지 : 표지-아르떼210그램, 순백색, 본문-뉴플러스100그램 백색 면지-화인페이퍼110그램), 기획 및 편집은 이현화가 맡다.

2020년 4월 5일 혜화1117의 여덟 번째 책 『옛 그림으로 본 서울-서울을 그린 거의 모든 그림』 초판1쇄본이 출간되다. 실제 출간일은 며칠 앞섰으나 4월 5일은 혜화1117이 출판사를 시작한 지 만 2년이 되는 날이기도 하여 판권면에 이 날짜로 표시하다.

2020년 4월 1일 서울특별시 박원순 시장으로부터 "서울의 귀환, 최열·이현화 님 '옛 그림으로 본 서울 출간 감사드립니다"라는 출간 축하 친필 카드를 받다.

2020년 4월 2일 『문화일보』에 '한지에 담긴 '과거의 한양'…… 다시 그리는 '미래의 서울'이라는 제목의 서평이 실리다.

2020년 4월 3일 『서울신문』에 '한지 위 옛 서울…… 내일의 삶이 배어 나온다'는 제목의 서평이 실리다. 『한겨레』에 '125개 조각 붙여 완성한 거대한 '한양 모자이크'라는 제목의 서평이 실리다. 『서울경제』에 '150년 전에도 서울은 아름다웠다'는 제목의 서평이 실리다. 『매일경제』에 '한양 사람들 피서 명소, 충무로에 있었네'라는 제목의 서평이 실리다.

2020년 4월 4일 『동아일보』에 '한양으로 시간여행 떠날 준비 되셨나요'라는 제목의 인터뷰 기사가 실리다. 『조선일보』에 '꽃송이 가득한 한양의 봄'이라는 제목의 서평이 실리다.

2020년 4월 7일 『경향신문』에 '화폭에 담긴 한양 400년…… 걸음마다 서울의 기억'이라는 제목의 서평이 실리다.

2020년 4월 11일 『국민일보』에 '[인터뷰] 최열, "조선시대 그림 보면 서울 곳곳이 명승'이라는 제목의 인터뷰 기사가 실리다.

2020년 4월 16일 『교수신문』에 '옛 그림으로 본 서울:서울을 그린 거의 모든 그림'이라는 제목의 서평이 실리다.

2020년 5월 5일 출간 이후 독자들로부터 받은 성원에 호응하기 위하여 18세기 정조 임금 시절 제작된 <도성도>(서울대 규장각 소장) 대형 포스터를 제작, 온라인 서점은 물론 희망하는 동네 책방에서 혜화1117의 책을 구매하는 모든 독자들을 대상으로 사은품으로 배포하다.

2020년 6월 5일 초판 2쇄본을 출간하다. 1쇄본을 바로잡는 데 있어 출간 이후 독자와 동료 편집자들로부터 수정을 제안 받은 사항을 적극 반영하다.

2020년 6월 9일 서울 서대문 인근 '원앙아리'에서 독자와의 만남을 갖다.

2020년 6월 18일 서울 경복궁 인근 '역사책방'에서 독자와의 만남을 갖다.

2020년 6월 28일 서울 '서촌그책방'에서 독자와의 만남을 갖고, 독자들과 서촌 수성계곡 인근을 함께 답사하다.

2020년 9월 12일 문화체육관광부 주최, 한국도서관협회와 종로문화재단, 청운문학도서관이 주관하고, 책방이음이 협력한 '2020년 도서관 길 위의 인문학 공모사업'의 일환인 인문학 강좌 '길 위에서 서울을 그리다, 서울의 기억을 되살리다' 첫 강연을 진행하다. 코로나19로 인해 독자들과 직접 만나는 대신 ZOOM 온라인 강연으로 진행하다.

2020년 9월 19일 '길 위에서 서울을 그리다, 서울의 기억을 되살리다' 두 번째 강연을 진행하다.

2020년 9월 26일 '길 위에서 서울을 그리다, 서울의 기억을 되살리다' 세 번째 시간에는 편집자가 '예술이 책이 될 때'라는 주제로 책의 편집 과정에 관해 독자들에게 이야기하다.

2020년 10월 10일 '길 위에서 서울을 그리다, 서울의 기억을 되살리다' 세 번째 강연을 진행하다.

2020년 10월 17일 '길 위에서 서울을 그리다, 서울의 기억을 되살리다' 답사를 진행하다. 약 네 시간에 걸쳐 국립현대미술관 서울관(종친부 경근당)→경복궁, 국립고궁박물관(느티나무)→통의동 백송터→사직단→단군성전→황학정, 국궁전시관→이중섭 하숙집터→박노수미술관→윤동주 하숙집 터→수성동 계곡 등을 독자들과 답사하다.

2020년 10월 24일 문재인 대통령이 페이스북, 트위터 등 SNS 계정을 통해 이 책에 관해 언급하다. 그 전문을 아래와 같이 옮겨 적다.

"모처럼 좋은 책을 한 권 읽었습니다. 평생 한국 미술사에 매달려온 미술사학자 최열 선생의 『옛 그림으로 본 서울』입니다. 부제가 '서울을 그린 거의 모든 그림'인데, 저자가 알고 있는 옛 서울 그림은 거의 다 담겼다는 자부심이 배어 있습니다. 실제로 125점의 조선시대 그림이 최고의 해설과 함께 수록되어 있으니, 저자로서도, 출판사로서도 역작이라고 할 만합니다. 다만 책값이 보통 책값 두 배로 비싼 것이 좀 부담입니다.

지금의 서울은 한양 또는 한성이라고 부르던 옛 서울과 전혀 모습이 다릅니다. 강·하천·산·계곡이 모두 달라졌고, 사람이 손대지 못하는 부분만 옛 모습이 남았을 뿐입니다. 눈부신 발전과 개발이 있었지만, 그로 인해 잃어버린 것들도 많습니다. 우리가 좀 더 일찍 자연과 환경의 소중함을 알았더라면 하는 탄식을 하게 되지만, 이제는 앞날의 교훈으로 삼을 뿐입니다.

서울의 옛 모습은 그림으로밖에 볼 수 없습니다. 다행히 조선 중기부터 발전한 실경 산수 또는 진경 산수화에 단편 단편 옛 모습이 남아 있습니다. 저자는 위치가 확인되는 '거의 모든' 그림을 화가와 그림의 내력까지 충실한 해석과 함께 보여줍니다.

해설과 그림을 찬찬히 들여다보고 오늘날의 모습과 비교해보노라면 읽고 보는데 꽤 많은 시간이 걸립니다. 하지만 우리의 역사와 문화를 보는 재미가 있습니다. 조선시대 서울을 그린 진경 산수화와 화가에 대한 사전과 같은 자료로서도 가치가 크다고 느낍니다."

이 책을 둘러싼 날들의 풍경

2020년 10월 25일 문재인 대통령이 SNS에 위의 글을 올린 이후 주요 언론사 등에서 실시간으로 기사화되다. 몇몇 기사의 제목을 가져오면 다음과 같다.

"文 "모처럼 좋은 책 읽었다"… '역작'이라고 극찬한 책 한 권"(중앙일보),
"文대통령이 '모처럼 좋은 책'이라 추천한 책"(서울경제),
"문재인 대통령, 미술서 '옛 그림으로 본 서울' 소개, 모처럼 좋은책"(연합뉴스),
"문 대통령이 "모처럼 좋은 책 읽었다"고 소개한 '이 책'"(국민일보),
"文 대통령 "모처럼 좋은 책 읽었다"… 주말 책 추천"(한국일보),
"문재인대통령 "모처럼 좋은 책 읽었다" 책 소개"(매일경제),
""모처럼 좋은 책 읽었다"며 文대통령이 극찬한 미술서는"(조선일보),
"문 대통령, 미술서 '옛 그림으로 본 서울' 소개…"모처럼 좋은책""(KBS),
""비싸지만 좋은 책 읽었다"…文대통령이 추천한 책은?"(동아일보),
"문 대통령, 옛 서울 모습 담긴 미술서 소개…"모처럼 좋은 책""(MBC),
"문 대통령, 옛 서울 모습 담긴 책 소개…"자연과 환경의 소중함 알았더라면""(SBS)

2020년 11월 1일 교보문고 광화문점에서 한 달 동안 '11월 이달의 기대되는 신간'으로 이 책을 선정, 중앙 통로 별도 매대를 구성하다.
2020년 11월 5일 초판 3쇄본을 출간하다.
2020년 11월 10일 독자들의 성원에 호응하고, 문재인 대통령께 추천 받은 즐거움을 독자들과 함께 나누기 위해 대형 포스터를 다시 제작하다. 초판 1쇄 후 제작한 대형 포스터는 한쪽 면에 18세기 정조 임금 시절 제작한 <도성도>를 배치했는데 새로 제작한 포스터는 양면으로 제작, 한 면에는 표지에 실린 <한양 전경도>와 본문의 <백악춘효도>, <등고상화>와 함께 문재인 대통령의 추천사 전문을 배치하고, 또다른 면에는 기존의 <도성도>를 배치하다.
2020년 11월 15일 교보문고 전 지점에서는 책을 구입한 모든 독자에게, 온라인 서점과 희망하는 동네책방에서는 혜화1117의 모든 책을 구매하는 독자께 대형 포스터 증정 이벤트를 진행하다.
2020년 12월 2일 교보문고에서 주최한 '제8회 출판영업인 특별상'에 '독특한 매력과 완성도로 자신만의 색깔을 보여준 출판사의 도서로 이 책이 많은 직원들의 투표를 통해 선정되었다는 소식을 전해 듣다.
2020년 12월 14일 교보문고에서 주최한 '제8회 출판영업인 시상식'이 코로나19로 인해 온라인으로 이루어지다. 여기에서 "개성있고 자신만의 색깔을 보여준 출판사"라는 평과 함께 '내일이 더 기대되는 출판사'로 수상하다. 수상자 가운데 특별히 교보문고 박영규 대표이사, 김형현 점포사업본부 본부장, 박정남 구매팀 차장, 김효영 구매팀 과장 등이 직접 혜화1117을 방문, 상패와 『옛 그림으로 본 서울』 표지 모양의 케이크를 전달하다.
2020년 12월 25일 초판 4쇄본을 출간하다.
2021년 4월 26일 『옛 그림으로 본 서울』을 향한 독자들의 호응에 힘입어 『옛 그림으로 본 제주』를 출간하다. '제주' 편 출간은 다시 한 번 '서울' 편에 대한 독자들의 큰 관심으로 이어지다. 이렇게 두 권의 책이 서로 영향을 주고 받으면서 이후 새로운 기획의 동력이 마련되다.
2021년 9월 8일 혜화1117이 '2021 서울국제도서전'(9월 8일~9월 12일, 서울 성수 에스팩토리)에 처음으로 참여하다. 도서전을 찾은 많은 독자들이 『옛 그림으로 본 서울』과 『옛 그림으로 본 제주』를 통해 출판사를 알게 되었다며 일부러 찾아오는 진귀한 경험을 하게 되다. 도서전 기간 동안 준비한 책이 모두 팔리는 기록을 세우다.
2022년 3월 초판 4쇄본이 거의 소진되어 5쇄본 제작 준비를 시작하다. 이인문의 <송석원 시회도>와 김홍도의 <송석원 야연도>의 이미지를 새로 입수한 것으로 바꿔 확대 배치하고, 안중식의 <백악춘효도>는 기존 여름 그림에 더해 가을 그림을 추가하여 독자로 하여금 나란히 비교하여 즐길 수 있게 하다. 초판 출간 이후 혜화1117의 벗 황우섭 작가가 혜화1117에서 촬영한 최열 선생의 사진을 표지 앞날개에 추가하다.
2022년 4월 5일 초판 1쇄본과 동일한 날, 만 2년 만에 5쇄본이 출간되다. 이 날은 혜화1117이 만 4주년이 되는 날이기도 하다.
2022년 4월 8일 문재인 전 대통령 추천사 띠지를 4쇄본까지만 제작, 부착하기로 하되 5쇄본 이후부터는 책의 뒷날개에 관련 내용을 싣기로 하다.
2022년 9월 16일 트위터 계정에 올린 아래의 글이 문재인 전 대통령의 리트윗으로 큰 주목을 받다. 다시 한 번 이 책에 대한 독자들의 관심으로 이어지다.

"문재인 전 대통령 님께서 추천해주신 책마다 독자분들의 관심을 많이 받고 있다. 책을 만드는 일을 하는 사람으로서 감사하고, 내가 만든 책 <옛 그림으로 본 서울>이 대통령 님 추천도서 중 한 권이라는 사실이 새삼스럽게 기쁘다. #옛그림으로본서울"

이 책을 둘러싼 날들의 풍경

2022년 9월 20일 온라인서점 알라딘 공식 인스타그램 계정에서 문재인 전 대통령 추천을 받은 책임을 독자들에게 알리다.

2022년 9월 28일 문재인 대통령 추천사 띠지를 원하는 독자분들의 요청으로 혜화1117 네이버 블로그에 띠지의 원본 파일을 업로드하고 관련 내용을 공지하다.

2022년 12월 15일 이 책의 저자 최열 선생이 제4회 혜곡 최순우상을 받다. 최순우 선생의 기일에 맞춰 오후 4시 국립중앙박물관 교육관 제2강의실에서 시상식이 진행되다. 이날 최열 선생은 『옛 그림으로 본 서울』을 주제로 수상 기념 강연을 하시다. 수상 소감 전문을 선생의 허락을 구해 여기에 싣기로 하다.

"참으로 기쁩니다. 60도 중반을 넘기고 있는 지금, 어린 시절 즐겨 읽던 혜곡 최순우 선생의 이름으로 이렇게 큰 칭찬을 받고 있으니 말입니다. 멋스럽고 또 맛깔스럽기 그지없는 문장을 자유자재로 구사하시는 최순우 선생님의 글을 읽으며 항상 부러웠습니다. 그 당시는 미술사 논문의 글쓰기가 너무도 건조해서, 아주 메말라서 참을 수 없던 시절이었습니다. 하지만 최순우 선생의 글을 읽는다는 일은 그 대상이 살아서 움직이는 듯 영상을 보는 것과 같이 행복했습니다.

저는 20세기 위대한 미술사학자들 가운데 혜곡 최순우 선생과 더불어 위창 오세창, 우현 고유섭, 근원 김용준, 범이 윤희순, 동주 이용희, 석남 이경성 선생님을 좋아하고 사랑합니다. 그런데 우현 선생을 제외하고는 모두가 저와 마찬가지로 대학에서 미술사학을 전공하거나 학위를 받지 않으셨습니다. 이런 사실이 저로 하여금 미술사 공부를 계속 할 수 있는 용기를 주었습니다. 물론 여전히 저는 그 분들의 위대한 성취에 한참 못 미친 상태의 미숙아라는 사실도 잘 알고 있습니다. 하지만 그 길을 걸어 온 내내 그 아름다운 이름들이 저로 하여금 멈출 수 없도록 이끌어 주었으니 가슴 벅찬 일입니다.

그러므로 더욱이 오늘 저를 수상자로 선정해 주신 심사위원 님과 더불어 요즘같은 시절, 자연과 역사를 파괴하는 이 시절에 숭고한 이상을 실현해 나가는 내셔널트러스트 문화유산기금에 진심어린 감사의 말씀을 드립니다.

미성숙한 제 공부에 대해 한 가지 변명을 할까 합니다. 가끔 권진규, 미석 박수근, 대향 이중섭, 추사 김정희처럼 유명한 이들을 대상 삼는 공부만 하느냐는 지적에 직면하곤 합니다. 그렇습니다. 그런데 그게 워낙 유명해서 제가 쓴 글이 두드러져 보일 뿐이라고 생각합니다. 사실 저는 아무도 주목하지 않아서 흔적조차 지워진 미술에 저의 온 몸과 마음을 다 했습니다. 젊어서는 프로미술과 월북미술, 북한미술, 비평사 및 인물사가 그런 것이었습니다. 제가 시작할 땐 아무도 거들떠보지 않았던 것들입니다. 우봉 조희룡 선생의 말을 빌면 '고목의 낙엽같이 썩어 사라지는 우리 중인 예술가들'과 같은 것이었지요. 중년에 접어 들어서는 의병 및 독립군, 기생 출신 화가와 변방의 지역미술 공부를 지속했습니다. 능력이 부족해 충분히 하지 못했지만 워낙 팔리지 않는 무명의 미술이므로 추사나 이중섭처럼 번듯하게 출판하자고 할 수도 없는 현실입니다. 이렇게 꽃길만이 아니라 가시밭길도 아울러 공부해 왔다는 변명을 하고 보니 배척과 망각의 지사와 기생, 지역 미술인들에게 다시 한 번 죄스러울 따름입니다.

죄를 청한 김에 혜곡 최순우 선생 영전 앞에서 한 가지 고백을 하고자 합니다. 사람에게는 세 가지 일이 있다고 합니다. 첫째는 해야 할 일이고 둘째는 하고 싶은 일이며 셋째는 잘 하는 일입니다. 저는 그 첫 번 째 일을 못했습니다. 오직 하고 싶은 일만 했습니다. 그러니 부모님을 힘들게 했고 저 스스로도 넉넉하지 못했지요. 하지만 후회는 없습니다. 오로지 동료, 후배들에게 다하지 못한 것이 아플 뿐입니다.

끝으로 두 해 전 제 곁을 떠나 다시 올 수 없는 먼 길을 떠나가신 엄마 하복순 여사에게 이 상을 바칩니다. 며칠 뒤 기일 날 묘소에 가서 혜곡최순우상 상장을 보여드리며 자랑하겠습니다. 언제나 그러하셨듯 햇살처럼 웃으시며 참 좋아하실 것 같습니다. 감사합니다.

2022년 12월 15일 최열 올림"

2023년 8월 25일 5쇄본 재고의 소진이 임박하여 6쇄본을 준비하다. 그동안 새롭게 발견하거나 등장한 서울에 관한 옛 그림 6점을 교체하고 추가하는 작업으로 일반적인 증쇄의 범위를 넘는 수정이 이루어지다. 편집자로서는 번거로운 일임에는 틀림없으나 또한 편집자로서는 세상에 내놓을 책이 세상의 꾸준한 관심을 받아 새로운 정보를 새롭게 담아낼 수 있는 기회를 갖게 되어 기쁜 일이기도 하다. 한 번 펴낸 것으로 멈추지 않고 살아 움직이듯 계속해서 보완할 수 있는 기회를 얻기를 바란다. 그로 인해 명실상부 서울에 관한 옛 그림을 담은 정본으로 자리매김할 수 있기를 꿈꾼다.

2023년 9월 5일 6쇄본이 출간되다.

2024년 5월 25일 『옛 그림으로 본 서울』, 『옛 그림으로 본 제주』에 이어 혜화1117에서 『옛 그림으로 본 조선』(전3권)을 출간하다. 이로써 저자 최열 선생의 30여 년 노정의 결산인 '옛 그림으로 본' 연작을 마무리하다.

2024년 7월 15일 '옛 그림으로 본' 연작 완간을 기념하여 혜화1117로서는 처음 해보는 시도인 '와디즈 펀딩'에 참여하다. 편집자는 이를 통해 새로운 독자를 만날 기대와 과연 그 결과가 어떻게 될 것인가에 대한 호기심으로 누구보다 결과에 주목하다.

2024년 8월 26일 '와디즈 펀딩'이 처음 설정한 목표를 훨씬 상회하는 매출액을 달성하여, 성공적으로 마무리되다. 이를 통해 『옛 그림으로 본 서울』의 7쇄를 제작하기에 이르다.

2024년 9월 5일 초판 7쇄본을 출간하다. 이후의 기록은 8쇄본 이후 추가하기로 하다.

이 책을 둘러싼 날들의 풍경

옛 그림으로 본 서울

2020년 4월 5일 초판 1쇄 발행
2024년 9월 5일 초판 7쇄 발행

지은이 최열

펴낸이 이현화

펴낸곳 혜화1117 **출판등록** 2018년 4월 5일 제2018-000042호

주소 (03068)서울시 종로구 혜화로11가길 17(명륜1가)

전화 02 733 9276 **팩스** 02 6280 9276 **전자우편** ehyehwa1117@gmail.com

블로그 blog.naver.com/hyehwa11-17 **페이스북** /ehyehwa1117

인스타그램 / hyehwa1117

ⓒ 최열

ISBN 979-11-963632-7-7 03910

이 도서의 국립중앙도서관 출판예정도서목록(CIP)은 서지정보유통지원시스템 홈페이지(http://seoji.nl.go.kr)와
국가자료종합목록 구축시스템(http://kolis-net.nl.go.kr)에서 이용하실 수 있습니다. (CIP제어번호 : CIP2020011716)